GW00871647

ÇA MARCHE !

JUNIOR CYCLE SECOND & THIRD YEAR FRENCH

2

ANNE GRILLS & MARIA HARNEY

GILL EDUCATION

Gill Education
Hume Avenue
Park West
Dublin 12
www.gilleducation.ie

Gill Education is an imprint of M.H. Gill & Co.

© Anne Grills & Maria Harney 2018

ISBN: 978-0-7171-80219

All rights reserved. No part of this publication may be copied, reproduced or transmitted in any form or by any means without written permission of the publishers or else under the terms of any licence permitting limited copying issued by the Irish Copyright Licensing Agency.

Design and print origination: Anú Design

Illustrator: Maria Murray

Cover design: Graham Thew

At the time of going to press, all web addresses were active and contained information relevant to the topics in this book. Gill Education does not, however, accept responsibility for the content or views contained on these websites. Content, views and addresses may change beyond the publisher's or authors' control. Students should always be supervised when viewing websites.

The authors and publisher have made every effort to trace all copyright holders, but if any have been inadvertently overlooked we would be pleased to make the necessary arrangements at the first opportunity.

The paper used in this book is made from the wood pulp of managed forests. For every tree felled, at least one tree is planted, thereby renewing natural resources.

For permission to reproduce photographs, the author and publisher gratefully acknowledge the following:

© Alamy: 28, 44, 79B, 94T, 94CL, 94B, 102T, 104L, 114T, 114C, 115, 117BCR, 117BR, 132B, 133R, 170, 201T, 267, 313T, 353, 354, 383T, 384T, 421C; © Getty Images: 133L, 169; © iStock/Getty Premium: 1, 3, 5, 7R, 9, 10, 12, 14, 16, 18, 20, 23, 24, 26, 27, 29, 30, 33, 35, 39, 40, 41, 45, 46, 48, 50, 51, 52, 54, 55, 57, 58, 64, 65, 70, 72, 74, 75, 79TC, 79TR, 80, 81, 90, 91, 93, 95, 97, 99, 102B, 103, 104C, 104R, 108, 109, 110, 113, 117TL, 117TR, 117CL, 117CR, 119, 120, 126, 127, 131, 132T, 133B, 134, 135, 137, 146, 147, 149, 152, 153, 154, 156, 160, 162, 163, 164, 174, 175, 178, 179, 180, 181, 183-190, 193, 194, 198, 199, 200, 201B, 202, 204, 207, 209, 210, 211, 217, 220, 221, 222, 225, 230, 231, 233, 234, 235, 236, 237, 241, 243, 244, 245, 247, 251, 253, 255, 256, 257, 259, 260 (not Coco Chanel), 261, 263, 264, 265, 266, 268, 270, 271, 272B, 273, 275, 277, 278, 279, 285, 286, 288, 292, 293, 294, 297, 298, 299, 301, 302, 304, 306, 311, 313B, 316, 317, 318, 319, 321, 325, 326, 328, 329, 331, 332, 333, 334, 335, 336, 337, 342, 343, 344, 347, 348, 349, 350, 355, 359, 361, 363, 367-374, 376, 377, 378, 380, 381, 382, 383B, 384B, 385, 386, 389, 392, 395, 398, 399, 400, 403, 406, 407, 409, 410, 412, 414, 418, 421T, 421B, 423, 424, 425; © Rex/Shutterstock: 94CR, 114B, 280, 285, 286; © Shutterstock: 68, 231CB, 272T.

Acknowledgements

A very special thank-you to our families for all your love and support. Nous vous aimons.

A tremendous team worked tirelessly to produce this beautiful, fun and exciting language course. Many thanks to all at Gill Education, especially Margaret, and to Joseph Laredo, Danièle Bourdais and Dog's-ear.

Table des matières

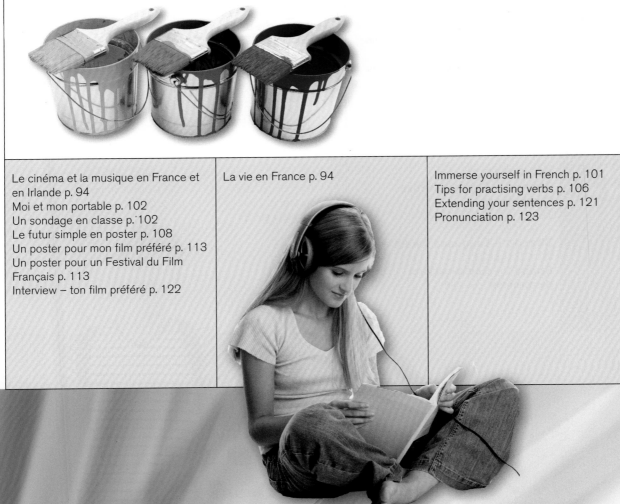

Unité	Statement of Learning (SOL) – Strand	Vocabulaire	Grammar
Unité 4 **Je fais la fête**	**SOL 2, 6, 16, 24** **Strand 1 – Communicative Competence** 1.7, 1.12, 1.13, 1.17, 1.20 **Strand 2 – Language Awareness** 2.2, 2.6, 2.7 **Strand 3 – Socio-cultural Competence** 3.2, 3.4	Faire la fête p. 135 Les fêtes p. 137	Le passé composé avec avoir p. 143 Le passé composé à la forme négative p. 150 Les participes passés irréguliers p. 157
Unités 3 et 4 **À vous de jouer !**	**SOL 2, 6, 16, 24** **Strand 1 – Communicative Competence** 1.6, 1.7, 1.22 **Strand 2 – Language Awareness** 2.1, 2.2 **Strand 3 – Socio-cultural Awareness** 3.2, 3.6	Lisez p. 169 Civilisation p. 171 Grammaire p. 11 Écrivez p. 173 Jeu de plateau p. 174 Une petite pièce de théâtre p. 176	
Unité 5 **Les aliments et ma routine quotidienne**	**SOL 2, 6, 16, 24** **Strand 1 – Communicative Competence** 1.1, 1.5, 1.9, 1.10, 1.11, 1.13, 1.17, 1.18 **Strand 2 – Language Awareness** 2.2, 2.4, 2.5, 2.6, 2.7 **Strand 3 – Socio-cultural Knowledge** 3.1, 3.7	Au café p. 179 À mon avis p. 187 À la boulangerie p. 198, 199 Au supermarché p. 201 À la boucherie p. 202	Les verbes manger et boire p. 180 L'article partitif p. 185 Les verbes pronominaux au présent p. 189 Les verbes pronominaux au passé composé p. 191 Comment poser une question p. 194 Il faut + l'infinitif p. 205
Unité 6 **Je vais en ville**	**SOL 2, 6, 16, 24** **Strand 1 – Communicative Competence** 1.3, 1.5, 1.6, 1.10, 1.13, 1.14, 1.17, 1.19, 1.20 **Strand 2 – Language Awareness** 2.1, 2.2, 2.3, 2.6, 2.7 **Strand 3 – Socio-cultural Awareness** 3.1	En ville p. 218 Les directions p. 225 Se déplacer p. 230 Là où j'habite p. 234	La préposition à p. 224 Le passé composé avec être p. 238

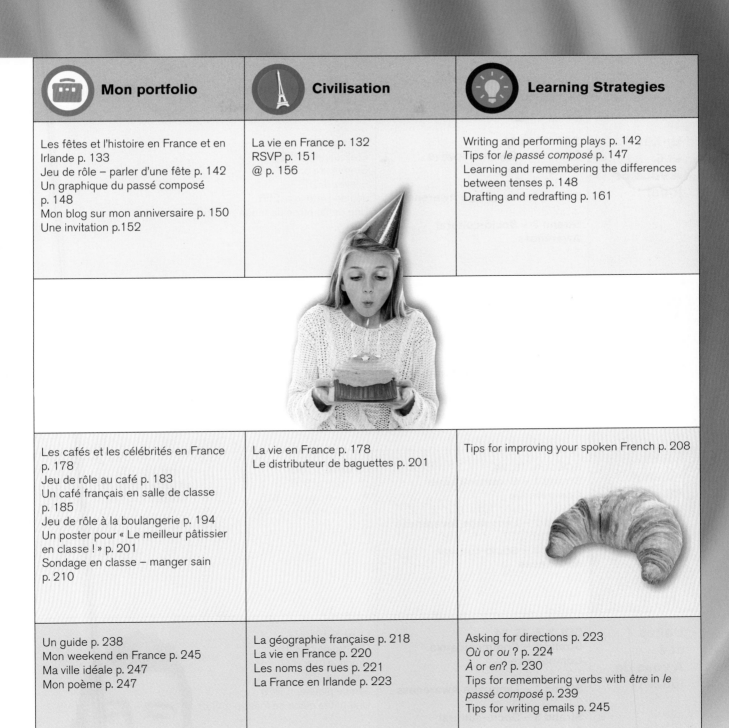

Unité	Statement of Learning (SOL) – Strand	Vocabulaire	Grammar
Unités 5 et 6 À vous de jouer !	**SOL 2,6,16,24** **Strand 1 – Communicative Competence** 1.5, 1.6, 1.17 **Strand 2 – Language Awareness** 2.1, 2.2 **Strand 3 – Socio-cultural Awareness** 3.1	Lisez p. 251 Civilisation p. 252 Grammaire p. 253 Écrivez p. 253 Jeu de plateau p. 256 Une petite pièce de théâtre p. 258	
Unité 7 À la mode	**SOL 2, 6, 16, 24** **Strand 1 – Communicative Competence** 1.3, 1.6, 1.7, 1.9, 1.11, 1.13, 1.14, 1.17, 1.19 **Strand 2 – Language Awareness** 2.1, 2.6, 2.7 **Strand 3 – Socio-cultural Awareness** 3.1	Les vêtements p. 260 Vocabulaire à la mode p. 265 Quel est votre opinion ? p. 267 Les accessoires p. 271 Faire des achats p. 277	Les adjectifs démonstratifs p. 269 Les pronoms d'objet direct p. 274 Les nombres ordinaux p. 282 Le comparatif et le superlatif p. 284
Unité 8 En pleine forme !	**SOL 2, 6, 16, 24** **Strand 1 – Communicative Competence** 1.1, 1.7, 1.10, 1.11, 1.13, 1.19, 1.22 **Strand 2 – Language Awareness** 2.1, 2.2, 2.6, 2.7 **Strand 3 – Socio-cultural Awareness** 3.4	La forme p. 298 Le corps p. 306 À la pharmacie p. 315 Chez le médecin p. 317	J'ai mal à p. 309 Les verbes pronominaux p. 311 L'impératif p. 314
Unités 7 et 8 À vous de jouer !	**SOL 2, 6, 16, 24** **Strand 1 – Communicative Competence** 1.3, 1.6, 1.7 **Strand 2 – Language Awareness** 2.1, 2.2 **Strand 3 – Socio-cultural Awareness** 3.1, 3.4	Lisez p. 324 Civilisation p. 326 Grammaire p. 327 Écrivez p. 327 Jeu de plateau p. 328 Une petite pièce de théâtre p. 330	

Mon portfolio	**Civilisation**	**Learning Strategies**

Introduction : Welcome to *Ça Marche ! 2*

Ça Marche ! 2 is an engaging, fun, creative textbook and suite of resources designed to take you on the next stage of your journey from *Ça Marche ! 1*. You will continue to build on your knowledge of French and have opportunities to use it in authentic situations relevant to modern life. You will learn about French life and culture, you will learn more strategies to support and help your learning and you will be given opportunities to reflect on your experience. Just as in *Ça Marche ! 1*, each unit has a theme with specific authentic activities, where you can use your French in a variety of ways – speaking, reading, writing or listening. You will also find lots of supporting advice and activities as you prepare for and carry out your Classroom-Based Assessment 1, as well as working towards your CBA 2, your Assessment Task and, of course, your Final Written Exam.

In each unit there are *Mon portfolio* activities relating to what you have learned. These allow you to practise your French. There is also the opportunity to use different digital technologies and make oral presentations to extend your portfolio exercises. After every second unit you will find an *À vous de jouer !* (Your turn to give it a go!) section. This includes practice exercises and games that you can play in class, as well as mini-dramas that you can have fun acting out.

Every activity you do, whether it is an exercise in a unit, a *Mon portfolio* exercise or an activity in one of the *À vous de jouer !* sections, is designed to prepare you for your CBAs and Assessment Task, and going over them is a natural way to revise for your exam.

The approach used throughout *Ça Marche ! 2* is 'Assessment for Learning (AfL)', which creates feedback that is used to improve your performance. This means that you are constantly supported in your learning. *Des critères de réussite* (Success criteria) ensure that you have specific guidelines for your *Mon portfolio* pieces; self-assessment and peer assessment ensure that you have detailed and specific feedback to inform your next step; and *Astuces* (Tips) provide strategies, along with discussion activities, to ensure that you understand new language points. Innovation, creativity, activity, engagement, authenticity and communication are central to each unit and the activities you will undertake. As its title suggests, *Ça Marche ! 2* works for you in every possible way.

Each unit uses the following features:

Unité opening page: Listed here is what **you will be able to do** by the end of the unit. You will reflect on this at the end of the unit through **'can do' statements in the Bilan de l'unité.**

Objectifs: These are language **targets** throughout the text that you can use to self-assess your learning, giving you and your teacher a snapshot of how you are progressing.

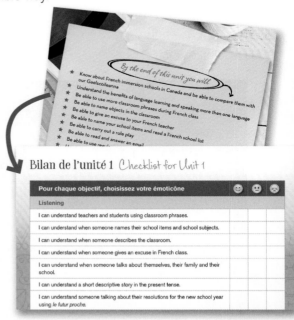

- In the box next to the objective draw the face that best reflects your learning.
- The happy face means that you are fully confident that you know this learning point.
- The neutral face means you are not yet fully confident, and may need either to revise the learning point or to ask your teacher to explain it again.
- The unhappy face means you are finding this particular learning point challenging. You should ask your teacher to explain it further.

Civilisation: These are bespoke **photo stories** and other **information about life and culture in France**. These are supported by videos, in which you will have the opportunity to hear and see more about French life and culture and make comparisons with our own and other cultures. You will also see French teenagers talk about their lives in **video blogs**.

Mots-clés: The **key words** you will meet and use throughout each unit. They are summarised at the end of every unit (*Récapitulatif*), which is handy when you come to revise.

Astuces: Tips and **learning strategies** to help you as much as possible as you learn French.

Digital technologies: These include weblinks where you can find information, games, activities, songs and lots of other fun French information at the click of the mouse in the eBook – or by typing the web address into your search bar.

Interévaluation: Peer assessment, where you **give your partner detailed feedback** based on criteria in your book. This is a great help and support for you and your classmates.

Participez: Learning activities such as **Think-Pair-Share** and **group work**, where you work with a partner or in a group.

Mon portfolio: You will see this icon when you need to complete an exercise in your portfolio. There, you are given **an exercise with specific success criteria** (a checklist to ensure you do well!). You then self-assess from a list of *étoiles* (stars) and *vœux* (wishes) where you decide what you deserve a star for, and what areas you wish to improve on in your next exercise.

There are spaces for notes (*Mon plan*) and for your answer (*Ma réponse*), and a **reflection** exercise – *Mon bilan d'apprentissage* (My learning assessment) – to complete afterwards. This keeps you focused and makes sure that you are organised and managing your work, as well as your learning.

Récapitulatif

This is a review at the end of each unit that includes a summary of key words, a learning checklist and a reflection section.

Mots-clés: A summary of the key vocabulary and verbs you have met in the unit. This is a very handy section when it comes to revision, as everything is in one spot.

Bilan de l'unité 1 *Checklist for Unit 1*

Pour chaque objectif, choisissez votre émoticône

Bilan de l'unité: A **checklist** of what you should be able to do by the end of the unit. It allows you to see where you are doing really well, and what areas you might still need to revise or get some help with.

Discutez en classe – Have a class discussion

Discutez en classe: An opportunity for you, with your classmates, to look back over the unit, see what you enjoyed (or didn't enjoy), what you found helpful and what your aims are for the next unit. It is a way to **plan and manage your learning**.

Some other icons you will meet:

 Écoutez/Listen

 Écrivez/Write

 Lisez/Read

 Parlez/Speak

 Grammaire/Grammar

As well as your *Mon portfolio* booklet, you will have a **FREE audio CD** and a **FREE interactive eBook**, where you can access the videos and photo stories.

We hope you enjoy your journey with the French language and that *Ça Marche ! 2* makes it work out perfectly for you!

Bon courage !

The teacher's resource pack includes a Teacher's Resource Book, which provides lots of extra support and resources for each unit in the *Ca Marche ! 2* textbook.

Unité 1

La rentrée

By the end of this unit you will

★ Know about French immersion schools in Canada and be able to compare them with our Gaelscoileanna

★ Understand the benefits of language learning and speaking more than one language

★ Be able to use more classroom phrases during French class

★ Be able to name objects in the classroom

★ Be able to give an excuse to your French teacher

★ Be able to name your school items and read a French school list

★ Be able to carry out a role play

★ Be able to read and answer an email

★ Be able to use regular and irregular verbs in the present tense

★ Have prepared posters, presentations and games for your school's open night

★ Be able to talk about your resolutions for the new school year using *le futur proche*

★ Have filled out a form about yourself

★ Have reflected on your learning and identified ways to improve your learning

Ex. 1.1 La vie en France

Regardez la vidéo et répondez aux questions en anglais. *Watch the video and answer the questions in English.*

1. Name one country, other than France, where French is the language used in schools.

2. What is the Irish equivalent of these schools?

3. Name one region of a country, other than France, where French is the first language.

4. Which of the following do French students *not* need for returning to school?
    *   School bag
    *   School diary
    *   School uniform

5. Give one reason why it is important to learn a foreign language in school.

OBJECTIFS

I can talk about French-language immersion schools and compare them with our Gaelscoileanna.

Gaelscoileanna ◉

 Go to www.livingin-canada.com to learn more about living in Canada.

 Search for 'French as a second language – What Parents Need to Know' on YouTube to learn about the benefits of speaking more than one language.

OBJECTIFS

I can name some of the benefits of learning and speaking a second language.

 ## MON PORTFOLIO 1.1 : **L'importance d'apprendre une langue étrangère**

Faites cet exercice dans votre portfolio. *Do this exercise in your portfolio.*

Ex. 1.2 Vocabulaire : le français en salle de classe

Écoutez le CD et entrainez-vous à bien prononcer le vocabulaire. *Listen to the CD and repeat the vocabulary to improve your pronunciation.*

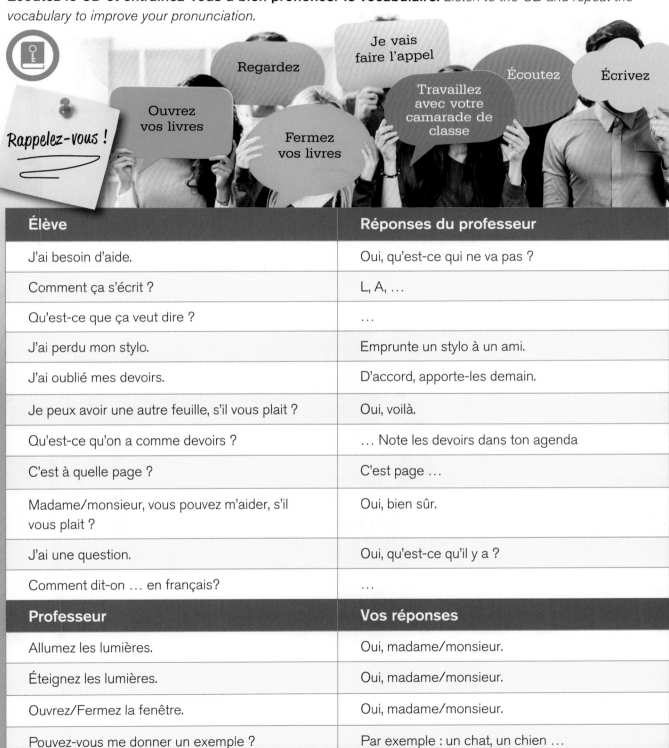

Élève	Réponses du professeur
J'ai besoin d'aide.	Oui, qu'est-ce qui ne va pas ?
Comment ça s'écrit ?	L, A, …
Qu'est-ce que ça veut dire ?	…
J'ai perdu mon stylo.	Emprunte un stylo à un ami.
J'ai oublié mes devoirs.	D'accord, apporte-les demain.
Je peux avoir une autre feuille, s'il vous plait ?	Oui, voilà.
Qu'est-ce qu'on a comme devoirs ?	… Note les devoirs dans ton agenda
C'est à quelle page ?	C'est page …
Madame/monsieur, vous pouvez m'aider, s'il vous plait ?	Oui, bien sûr.
J'ai une question.	Oui, qu'est-ce qu'il y a ?
Comment dit-on … en français?	…
Professeur	**Vos réponses**
Allumez les lumières.	Oui, madame/monsieur.
Éteignez les lumières.	Oui, madame/monsieur.
Ouvrez/Fermez la fenêtre.	Oui, madame/monsieur.
Pouvez-vous me donner un exemple ?	Par exemple : un chat, un chien …

Ex. 1.3 Démêlez les phrases

Démêlez les phrases et reliez chacune à l'image qui correspond.
Unscramble the sentences and match them with the correct pictures.

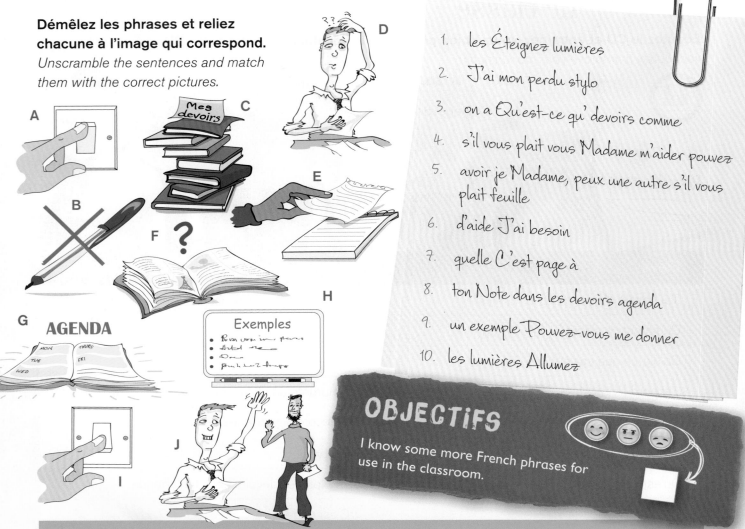

A

B

C   Mes devoirs

D

E

F   ?

G   AGENDA

H   Exemples

I

J

1. les Éteignez lumières
2. J'ai mon perdu stylo
3. on a Qu'est-ce qu' devoirs comme
4. s'il vous plait vous Madame m'aider pouvez
5. avoir je Madame, peux une autre s'il vous plait feuille
6. d'aide J'ai besoin
7. quelle C'est page à
8. ton Note dans les devoirs agenda
9. un exemple Pouvez-vous me donner
10. les lumières Allumez

OBJECTIFS

I know some more French phrases for use in the classroom.

 # Ex. 1.4 Les jeunes parlent en classe

Écoutez les jeunes et répondez aux questions. *Listen to the young people using classroom phrases. For each speaker, write the classroom phrase you hear.*

	Classroom phrase
Vanessa	
Hannah	
Luc	

Ex. 1.5 Vocabulaire : la salle de classe

Écoutez le CD et entrainez-vous à bien prononcer le vocabulaire. *Listen to the CD and repeat the vocabulary to improve your pronunciation.*

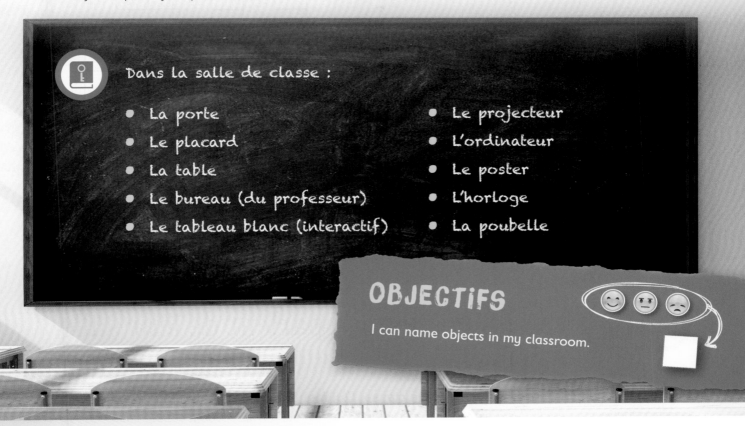

Dans la salle de classe :

- La porte
- Le placard
- La table
- Le bureau (du professeur)
- Le tableau blanc (interactif)

- Le projecteur
- L'ordinateur
- Le poster
- L'horloge
- La poubelle

OBJECTIFS

I can name objects in my classroom.

Ex. 1.6 Un plan de ma salle de classe

Dessinez le plan de votre salle de classe dans votre cahier et écrivez le nom des objets qui s'y trouvent. *In your copybook, draw a plan of your classroom and label each item in it.*

 Search for 'Sing to learn French: Dans ma salle de classe' on YouTube and you will find a nice song to help you practise your new vocabulary.

OBJECTIFS

I can draw a plan of my classroom and label the objects.

Ex. 1.7 Mots croisés

Lisez les indices et complétez la grille de mots croisés en français. *Read the clues and complete the crossword in French.*

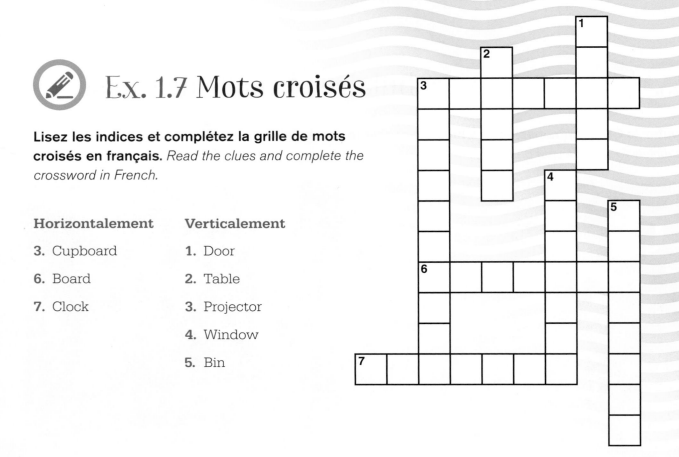

Horizontalement	Verticalement
3. Cupboard	**1.** Door
6. Board	**2.** Table
7. Clock	**3.** Projector
	4. Window
	5. Bin

 Ex. 1.8 Les jeunes parlent de leur salle de classe

Écoutez des jeunes parler de leur salle de classe. Qui mentionne les objets dans la grille? Cochez. *Listen to the young people describing their classrooms. Who mentions what? Complete the grid.*

	La fenêtre	La porte	La table	Le tableau	Le projecteur	La poubelle
Léo						
Jules						
Céline						

 Ex. 1.9 Jouez au tennis !

À deux, nommez tout ce qu'il y a dans la salle de classe. *With your partner, take turns in naming the objects in your classroom.*

Ex. 1.10 Vocabulaire : faire des excuses

Écoutez le CD et entrainez-vous à bien prononcer le vocabulaire.
Listen to the CD and repeat the vocabulary to improve your pronunciation.

- Je suis désolé(e), madame/monsieur, mais …
- J'ai oublié mon cahier / mes devoirs
- J'ai perdu mon stylo / mon livre

OBJECTIFS

I can give an excuse to my French teacher.

Ex. 1.11 Vocabulaire : mes affaires d'école

Écoutez le CD et entrainez-vous à bien prononcer le vocabulaire. *Listen to the CD and repeat the vocabulary to improve your pronunciation.*

- Une trousse
- Un stylo
- Un crayon
- Un feutre
- Une clé USB
- Une gomme
- Une règle

- Une calculatrice
- De la colle
- Une agrafeuse
- Des ciseaux
- Un taille-crayon
- Un classeur
- Un agenda

- Un cahier
- Un livre
- Un cartable
- Un iPad
- Un portable
- Un surligneur

 # Ex. 1.12 Infographie

Lisez l'infographie et répondez aux questions dans votre cahier. *Read the infographic and answer the questions in your copybook.*

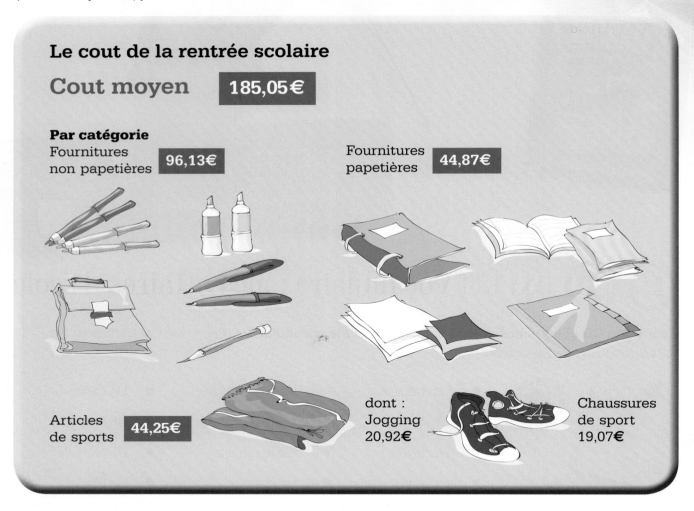

Le cout de la rentrée scolaire

Cout moyen   185,05 €

Par catégorie

Fournitures non papetières   96,13 €

Fournitures papetières   44,87 €

Articles de sports   44,25 €

dont : Jogging 20,92 €

Chaussures de sport 19,07 €

1.   What is the average overall cost of back-to-school supplies for a First Year student in France?

2.   Which category is the most expensive?

Ex. 1.13 Une liste de matériel scolaire

Lisez la liste de matériel scolaire et répondez aux questions. *Read the list of school items and answer the questions.*

Liste de matériel scolaire
Classes de 7ᵉ et 8ᵉ année

Matériel requis	7ᵉ	8ᵉ	Matériel requis	7ᵉ	8ᵉ
Classeur	2	2	Papier quadrillé	1	1
Stylo (bleu ou noir)	3	3	1 paquet de 5 diviseurs	2	2
Stylo (rouge)	2	2	Crayons de couleurs	1	1
Crayon HB (ordinaire ou à mine)	5	5	Ensemble de géométrie	1	1
Gomme à effacer	1	1	Habit de gymnase	1	1
Règle graduée en cm	1	1	Espadrilles de gymnase	1	1
Ciseaux	1	1	Calculatrice	1	1
Bâton de colle	1	1	Papiers de construction	1	1
Cartables à anneaux	5	5	1 paire d'écouteurs personnels de qualité minimale (1€ à 2€) pour utiliser à la cyberthèque	1	1
Cahiers à grandes lignes	8	8			
Feuilles mobiles (400)	1	1	1 boite de mouchoirs	1	1

1. The school asks students to buy pens in which colours?
2. How many copybooks should students buy?
3. Which of the following items are not needed: squared paper, highlighters, a calculator, a stapler, a packet of tissues?
4. Translate:
   - Paire d'écouteurs personnels
   - Ensemble de géométrie
   - Classeur

Go to www.fnac.fr and search for 'Scolaire et soutien scolaire'. Find out how much the following school supplies would cost if you bought them in France, and compare this with the cost of the same items in Ireland.

- A pencil case
- A ruler
- A pack of three pens
- A calculator
- A highlighter
- An eraser

I can read a French school supplies list.

CD1 T8

Ex. 1.14 Les jeunes donnent des excuses

Écoutez les excuses des jeunes et reliez chacune à l'image qui correspond. *Listen to the CD and match each young person with the correct image.*

1 Clément
2 Luc
3 Damien
4 Sarah
5 Julie

A.   B.   C. ÇA MARCHE !   D.   E.

1. ☐   2. ☐   3. ☐   4. ☐   5. ☐

Ex. 1.15 Des conversations

Lisez et écoutez les conversations et répondez aux questions. *Read and listen to the conversations and answer the questions.*

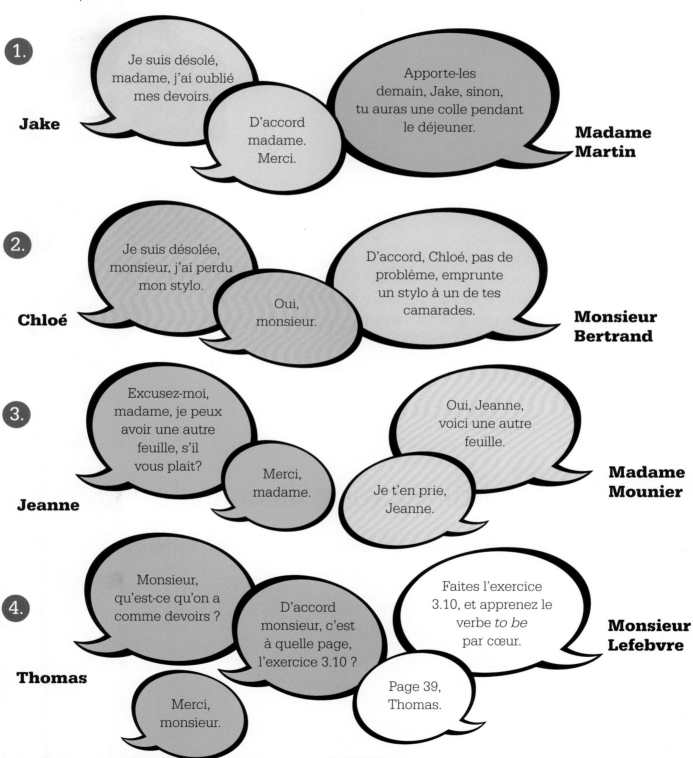

1.

Jake: Je suis désolé, madame, j'ai oublié mes devoirs.

D'accord madame. Merci.

Madame Martin: Apporte-les demain, Jake, sinon, tu auras une colle pendant le déjeuner.

2.

Chloé: Je suis désolée, monsieur, j'ai perdu mon stylo.

Oui, monsieur.

Monsieur Bertrand: D'accord, Chloé, pas de problème, emprunte un stylo à un de tes camarades.

3.

Jeanne: Excusez-moi, madame, je peux avoir une autre feuille, s'il vous plait?

Merci, madame.

Madame Mounier: Oui, Jeanne, voici une autre feuille.

Je t'en prie, Jeanne.

4.

Thomas: Monsieur, qu'est-ce qu'on a comme devoirs ?

D'accord monsieur, c'est à quelle page, l'exercice 3.10 ?

Merci, monsieur.

Monsieur Lefebvre: Faites l'exercice 3.10, et apprenez le verbe *to be* par cœur.

Page 39, Thomas.

1. Who has forgotten their homework?
2. Who asks about tonight's homework?
3. What is tonight's homework?
4. What has Chloé done with her pen?
5. What does Chloé's teacher tell her to do?
6. What does Jeanne ask for?

7. Translate:
- Par cœur
- Faites l'exercice 3.10
- Une autre feuille
- Emprunte un stylo
- Une colle
- Demain

Astuces

How to use a dictionary

When you look up a noun in a French dictionary, you will see the letters *m* or *f* (or *nm* / *nf*) beside it. This tells you whether the noun is masculine (*m*) or feminine (*f*). You will also see if the word has more than one meaning. What meanings can you find in your dictionary for the word *colle*?

When you find an adjective in the dictionary, you will see the letters *adj* beside it, e.g. *autre*.

 # Ex. 1.16 Utilisez votre dictionnaire

Cherchez les mots suivants dans votre dictionnaire. *Look up the following words in your dictionary. For each word, answer these questions:*

- vélo
- sympa
- généreux

1. Is it a noun or an adjective?
2. Is it masculine or feminine?
3. Does it have more than one meaning?

Astuces

How to improve your accent and sound more French!

After studying French in First Year, you have probably made more progress with your accent than you realise. The tips below will help you to keep improving and sounding more French. It is important to work on your pronunciation because you will have a Classroom-Based Assessment, CBA 1, towards the end of Second Year. This is an oral assessment, which could feature a role play. We will look at this in more detail in Unité 11. For now, let's focus on these tips for good pronunciation.

- Listen to the *mots-clés* on your CD as you work through each unit. This will help you to perfect the keywords and phrases you are using in class.

- When you listen to the *mots-clés*, repeat each word aloud. Imitate the sound you hear. Try to sound exactly like the speaker on the CD!

- Work on your French *r*: the *r* sound in French is very different from the *r* sound in English.

- Remember: in French, each syllable in a word has the same stress.

- Listen for and use liaison. For example: in *Ouvre ton agenda* the *n* of *ton* is pronounced so that the phrase rolls off your tongue more easily.

- The last consonant of French words is usually not pronounced. But some, such as *c*, *r*, *f* and *l*, are often pronounced. So be **CaReFuL!**

Ex. 1.17 Jeu de rôle

Carry out a role play with your partner. Choose one of the following scenarios:

- Ask your teacher for a sheet of paper to write on.

- Apologise to your teacher for forgetting your homework.

- Ask your teacher the meaning of a word or phrase.

Follow these guidelines:

Guidelines

- Use your classroom vocabulary for the role play.

- One of you plays the student and one of you plays the teacher.

- Work with your partner to write the script for your role play. First, draft it on a sheet of paper, then write the final script in your copybook.

- Record your role play as a sample of your work.

- Save your recording in a folder named 'My Digital Portfolio'. Store all your recordings there.

Astuces

It is important to have a range of work in your portfolio: oral, digital and written. You will need to select three pieces of work from your portfolio for your second Classroom-Based Assessment, CBA 2, and one of these pieces must be oral. So it's a good idea to start building a selection of work you can choose from later. CBA 2 happens around Christmas of Third Year. We will learn more about CBAs in Unité 11.

 Interévaluation *Peer assessment*

First, fill in the grid below for yourself. Then work with a partner to provide each other with feedback on your performances in Ex. 1.17. The points below help you to form good habits for all role plays and oral assessments. This will be useful for your CBAs.

	😊	😐	🙁
I pronounced the French 'R' well			
I used liaison where I should have			
I made eye contact with my partner			
I pronounced all words with an even stress			
I raised the pitch of my voice at the end of a question			
I used gestures where it suited			
I used intonation – and sounded as if I was having a conversation			
I was CaReFuL			
Words/phrases I pronounced really well …			
Words/phrases I need to practise more …			

OBJECTIFS

I can carry out a role play.

Ex. 1.18 La rentrée de Manon

Lisez le mail de Manon à sa correspondante irlandaise Aoibhínn et répondez aux questions. *Read Manon's email to her Irish pen pal Aoibhínn and answer the questions.*

Supprimer   Courriel indésirable   Répondre   Répondre à tous   Transférér   Imprimer

À: **Aoibhínn**
De: **Manon**
Sujet: **Coucou !**

Coucou Aoibhínn,

Merci pour ton dernier mail et les belles photos de tes vacances en Normandie ! C'est bientôt la rentrée, le jour J arrive ! J'achète mes affaires scolaires. Les profs sont très stricts là-dessus donc je dois avoir tout ce qu'il faut.

Mon collège s'appelle le Collège Saint-Jérôme, à Nice. J'adore mon collège. En France nous ne portons pas d'uniforme. Ici, les élèves aiment bien porter des baskets, des jeans et des T-shirts avec des sweats à capuche. Décris-moi ton uniforme – tu l'aimes bien ? Envoie-moi une photo !

Je joins une photo de mon collège – il est assez grand et très moderne. Il y a un gymnase, une bibliothèque et des terrains de foot et de tennis. Il y a aussi des laboratoires, des salles d'informatique et des cuisines. Qu'est-ce qu'il y a dans ton collège ?

Les cours commencent très tôt – à 8 heures – et je dois quitter la maison à sept heures et demie pour arriver à l'heure. Je prends le bus près de chez moi. On a une heure et demie pour le déjeuner et je retrouve mes amis Émilie et Pierre à la cantine. Ils sont sympa et on discute ensemble. Nous finissons les cours à quatre heures et demie. Tes cours commencent et finissent à quelle heure ?

Je vais finir de préparer mes affaires d'école. J'espère que j'ai tout ce qu'il faut !

Bisous,
Manon

1. What did Manon thank Aoibhínn for at the beginning of her email?

2. How is Manon preparing for her return to school?

3. What difference does she comment on between Irish and French secondary schools?

4. Name 3 facilities in Manon's school.

5. What does Manon do at lunchtime?

6. Why does she stop writing her email to Aoibhínn?

 ## MON PORTFOLIO 1.2 : **Mon courriel à Manon**

Faites cet exercice dans votre portfolio. *Do this exercise in your portfolio.*

OBJECTIFS

I can read and answer an email.

Ex. 1.19 Le blog vidéo de Chloé

Regardez le blog vidéo de Chloé. Elle se présente et elle parle de son collège. *Watch Chloe's video blog. She introduces herself and talks about her school. Answer the questions in your copybook.*

1. What is Chloé's full name?

2. How old is she?

3. When is her birthday?

4. Where does she live?

5. How many brothers and sisters does she have?

6. How does she describe herself?

7. What is the name of her school?

8. What is her favourite subject? Why?

9. What does she think about her school?

10. What sports does she play at school?

OBJECTIFS

I can understand a short video blog about a person and their school.

  # Ex. 1.20 Vocabulaire : Je me présente

Écoutez le CD et entrainez-vous bien à prononcer le vocabulaire. *Listen to the CD and repeat the vocabulary to improve your pronunciation.*

- Je m'appelle
- J'ai … ans
- J'habite à …
- J'ai … sœur(s)
- J'ai … frère(s)
- Je n'ai pas de frère/sœur
- Mon anniversaire, c'est le …
- J'ai les yeux …
- J'ai les cheveux …

- Je suis
- grand(e)/petit(e)
- de taille moyenne
- sympa
- gentil(le)
- beau/belle
- intelligent(e)
- sportif/sportive
- bavard(e)

Rappelez-vous !

CD1 T11

Ex. 1.21 Vocabulaire : les descriptions

Écoutez le CD et entrainez-vous à bien prononcer le vocabulaire. *Listen to the CD and repeat the vocabulary to improve your pronunciation.*

J'ai les yeux …

- verts
- noirs
- bleus
- marron

J'ai les cheveux …

- blonds
- bruns
- roux
- châtain

- longs
- courts
- bouclés
- raides

- Use the Chatterpix app to record a description of yourself.
- Use websites such as www.memrise.com and www.kahoot.com to take quizzes and practise your new vocabulary.

Ex. 1.22 Mots croisés

Regardez les définitions et complétez la grille de mots croisés. *Look back to Ex. 1.20 and listen to the CD again. Each of the clues below relates to one of the speakers. Complete the crossword in French.*

Horizontalement

3. My birthday is 10 June
5. I am 14
6. beautiful (f)
7. handsome (m)
8. chatty (m)
9. short (f)

Verticalement

1. My name is
2. I have one sister
4. I live in Paris

Ex. 1.23 Des jeunes se présentent

Écoutez les jeunes. Complétez la grille avec leurs réponses aux questions. *Listen to these young people introducing themselves. Complete the grid.*

	Noah	Émilie
Age		
Birthday		
Where they live		
Brothers or sisters		
Personality		
Favourite subject		
Name of their school		

OBJECTIFS

I can understand when people are introducing themselves and talking about their schools.

Ex. 1.24 À deux

Posez les questions à votre camarade et répondez à ses questions. Complétez la grille. *Talk with your classmate. Ask them questions and reply to theirs. Fill in the grid with your answers and theirs.*

	Mes réponses	Les réponses de ma / mon camarade de classe
Tu t'appelles comment ?		
Tu habites où ?		
Tu as quel âge ?		

	Mes réponses	Les réponses de ma/mon camarade de classe
C'est quand, ton anniversaire ?		
Décris toi.		
Tu as des frères et sœurs ?		
Quelle est ta matière préférée ?		

OBJECTIFS

I can fill out a form about myself.

Interévaluation *Peer assessment*

First, fill in the grid below for yourself. Then work with a partner to provide each other with feedback on your performance in Ex. 1.24.

	😊 😐 ☹️
I pronounced the French 'R' well	
I used liaison where I should have	
I made eye contact with my partner	
I pronounced all words with an even stress	
I raised the pitch of my voice at the end of a question	
I used gestures where it suited	
I used intonation – and sounded as if I was having a conversation	
I was CaReFuL	
Words/phrases I pronounced really well …	
Words/phrases I need to practise more …	

Ex. 1.25 Un Jeu – Trouvez quelqu'un qui …

Écrivez le nom d'un de vos camarades de classe dans chaque case. *Work with your classmates. Write the name of one student to match each of the descriptions below.*

Trouvez quelqu'un qui …	Nom d'élève
aime le chocolat	
n'aime pas le sport	
parle deux langues	
a un frère et une sœur	
est bavard(e)	
aime le cinéma	
a son anniversaire au mois d'octobre	
joue d'un instrument	
n'aime pas les maths	

MON PORTFOLIO 1.3 : **Une banderole**

Faites cet exercice dans votre portfolio. *Do this exercice in your portfolio.*

Les verbes réguliers

Les verbes réguliers

Let's revise what you learned about French verbs in First Year.

There are three groups of *verbes réguliers*.

- -er
- -ir
- -re

A regular verb has the same stem throughout the verb, and follows the same pattern with its endings. All regular verbs that end in *-er* follow the same pattern. The same is true for regular verbs ending in *-ir* and *-re*.

appelez-vous !

-er verbs

1. Knock the -er off the end of the verb.
2. This gives you the stem.
3. Now add the endings.

Je	e
Tu	es
Il/elle/on	e
Nous	ons
Vous	ez
Ils/elles	ent

Je regarde
Tu regardes
Il/elle/on regarde
Nous regardons
Vous regardez
Ils/elles regardent

-ir verbs

1. Knock the -ir off the end of the verb.
2. This gives you the stem.
3. Now add the endings.

Je	is
Tu	is
Il/elle/on	it
Nous	issons
Vous	issez
Ils/elles	issent

Je finis
Tu finis
Il/elle/on finit
Nous finissons
Vous finissez
Ils/elles finissent

-re verbs

1. Knock the -re off the end of the verb.
2. This gives you the stem.
3. Now add the endings.

Je	s
Tu	s
Il/elle/on	–
Nous	ons
Vous	ez
Ils/elles	ent

Je vends
Tu vends
Il/elle/on vend
Nous vendons
Vous vendez
Ils/elles vendent

 # Ex. 1.26 Discutez

With your partner, think about the grammar rules and verb endings for regular verbs. Take turns in explaining the three groups of regular verbs, and how we know their endings.

OBJECTIFS

I can understand the rules and verb endings for regular verbs in the present tense.

Les pronoms sujets

Les pronoms sujets – In French the subject pronouns are

Je	I
Tu	You
Il	He/it
Elle	She/it
On	One/we
Nous	We
Vous	You (formal/plural)
Ils	They (*m/m&f*)
Elles	They (*f*)

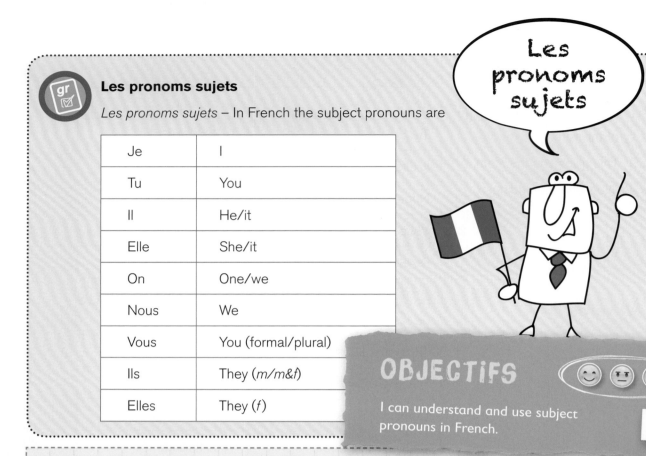

Les pronoms sujets

OBJECTIFS

I can understand and use subject pronouns in French.

 Singing a song can be a very effective way to practise and remember your subject pronouns! Search YouTube for some examples or make one up using a tune of your choice and record yourself singing it!

Ex. 1.27 Quelques verbes

Conjuguez les verbes. *Conjugate the verbs.*

	regarder	choisir	vendre
Je			
Tu			
Il/elle/on			
Nous			
Vous			
Ils/elles			

Ex. 1.28 Rajouter les verbes

Complétez les phrases avec la bonne forme du verbe entre parenthèses. *Fill in the blanks using the correct form of the verb in brackets.*

-er

1. Vous _____ (aimer) le nouveau film de James Bond ?
2. Ils _____ (porter) des baskets rouges.
3. Elle _____ (chanter) sa chanson préférée.
4. Je _____ (jouer) au foot chaque samedi matin.
5. Tu _____ (parler) toujours à ton ami après les cours.
6. Clément _____ (frapper) à la porte de son ami tous les matins.
7. Nous _____ (écouter) de la musique.

-ir

1. Je _____ (finir) de diner avant de faire mes devoirs.
2. Elle _____ (remplir) le formulaire pour s'inscrire à l'échange linguistique.
3. Tu _____ (obéir) aux règles du collège.
4. Nous _____ (choisir) des livres en français à la bibliothèque.
5. Ils _____ (saisir) le ballon.
6. Vous _____ (rougir) beaucoup !
7. On _____ (remplir) nos assiettes à la cantine.

-re

1. Tu _____ (tondre) la pelouse ce weekend ?
2. Ils _____ (vendre) leurs vélos.
3. Je _____ (perdre) souvent mon stylo.
4. Elle _____ (entendre) les enfants dans le jardin.
5. On _____ (descendre) lentement l'escalier.
6. Vous _____ (attendre) le bus ?
7. Nous _____ (répondre) aux questions du prof.

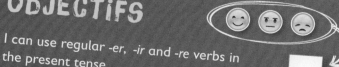

OBJECTIFS

I can use regular -er, -ir and -re verbs in the present tense.

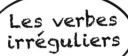
Les verbes irréguliers

appelez-vous !

gr

Les verbes irréguliers

You will remember from First Year that not all verbs are regular.
An irregular verb is a verb that does not follow the standard pattern.
Here are the irregular verbs you learned in First Year.

être	avoir	faire	aller	boire
Je suis	J'ai	Je fais	Je vais	Je bois
Tu es	Tu as	Tu fais	Tu vas	Tu bois
Il/elle/on est	Il/elle/on a	Il/elle/on fait	Il/elle/on va	Il/elle/on boit
Nous sommes	Nous avons	Nous faisons	Nous allons	Nous buvons
Vous êtes	Vous avez	Vous faites	Vous allez	Vous buvez
Ils/elles sont	Ils/elles ont	Ils/elles font	Ils/elles vont	Ils/elles boivent

 Astuces

Nous faisons
Vous faites
Ils font

How to learn verbs

Verbs really are the building blocks of your sentences. The more
you progress in speaking French, the more you will need to know
your verbs! It will help your language-learning a lot if you revise
your verbs on a regular basis. Here are some tips for learning verbs:

• Use apps such as Duolingo or Quizlet.

Quizlet duolingo

• Create a rhyme or a song to help you remember a verb.

• Search for French verb songs on YouTube.

• Create flashcards of verbs and use them to practise
  and to test yourself!

Unité 1 : La rentrée

Ex. 1.29 Quelques verbes irréguliers

Complétez les phrases avec la bonne forme des verbes entre parenthèses. *Fill in the blanks using the correct form of the verb in brackets.*

1. Je _____ (être) irlandaise.
2. Nous _____ (avoir) une grande maison.
3. Ils _____ (faire) le ménage.
4. Elle _____ (aller) au collège en bus.
5. Vous _____ (être) fille unique ?
6. Elles _____ (avoir) les cheveux bouclés.
7. Tu _____ (faire) la lessive chez toi ?
8. On _____ (boire) beaucoup de café.
9. J' _____ (avoir) treize ans.
10. Tu _____ (aller) en ville le weekend ?

CD1 T13 Ex. 1.30 Une petite histoire

Écoutez la petite histoire et cochez les verbes que vous entendez. *Listen to the story and tick the verbs that you hear.*

- aimer ☐
- chanter ☐
- choisir ☐
- danser ☐
- décider ☐
- descendre ☐
- écouter ☐

- entendre ☐
- finir ☐
- frapper ☐
- grandir ☐
- jouer ☐
- obéir ☐
- parler ☐

- perdre ☐
- porter ☐
- regarder ☐
- remplir ☐
- répondre ☐
- rougir ☐
- saisir ☐

- tondre ☐
- vendre ☐
- vieillir ☐
- visiter ☐

Ex. 1.31 À vous maintenant !

À vous d'écrire une petite histoire : choisissez huit verbes et faites huit phrases. *Write a little story using some of the verbs from Ex. 1.30. Choose eight verbs and write eight sentences.*

 Ex. 1.32 C'est vous le prof !

Work with your partner and imagine that you are teachers. How would you teach students about regular and irregular French verbs?
Create a poster to explain the basic rules.
You and your partner present the poster
to your class, and give a short lesson
on French verbs.

OBJECTIFS

I can use some irregular verbs in the present tense.

 Ex. 1.33 Journée Portes Ouvertes

Lisez l'affiche sur la Journée Portes Ouvertes du Collège Sainte-Marie et répondez aux questions.
Read the poster for the Open Day at the Collège Sainte-Marie. Answer the questions in your copybook.

JOURNÉE PORTES OUVERTES

★ ★ ★ ★ ★

Au Collège Sainte-Marie

Samedi 10 Octobre de 9h30 à 12h30

Participez à la Journée Portes Ouvertes

Visitez le collège

Parlez aux professeurs

Recontrez des futurs collégiens

OÙ ? RENDEZ-VOUS AU GYMNASE

1. What is happening on 10th October?
2. Where should you meet?
3. What time does the event end?
4. Translate:
   - Portes Ouvertes
   - Participez
   - Rendez-vous

OBJECTIFS

I can read a poster in French.

Lisez la brochure du Collège Sainte-Marie et répondez aux questions. *Read the brochure for the Collège Sainte-Marie and answer the questions.*

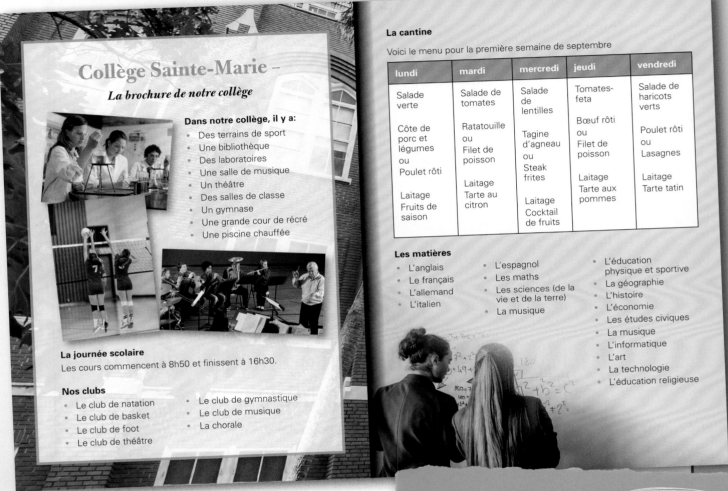

Collège Sainte-Marie –
La brochure de notre collège

Dans notre collège, il y a:
- Des terrains de sport
- Une bibliothèque
- Des laboratoires
- Une salle de musique
- Un théâtre
- Des salles de classe
- Un gymnase
- Une grande cour de récré
- Une piscine chauffée

La journée scolaire
Les cours commencent à 8h50 et finissent à 16h30.

Nos clubs
- Le club de natation
- Le club de basket
- Le club de foot
- Le club de théâtre
- Le club de gymnastique
- Le club de musique
- La chorale

La cantine

Voici le menu pour la première semaine de septembre

lundi	mardi	mercredi	jeudi	vendredi
Salade verte	Salade de tomates	Salade de lentilles	Tomates-feta	Salade de haricots verts
Côte de porc et légumes ou Poulet rôti	Ratatouille ou Filet de poisson	Tagine d'agneau ou Steak frites	Bœuf rôti ou Filet de poisson	Poulet rôti ou Lasagnes
Laitage Fruits de saison	Laitage Tarte au citron	Laitage Cocktail de fruits	Laitage Tarte aux pommes	Laitage Tarte tatin

Les matières
- L'anglais
- Le français
- L'allemand
- L'italien
- L'espagnol
- Les maths
- Les sciences (de la vie et de la terre)
- La musique
- L'éducation physique et sportive
- La géographie
- L'histoire
- L'économie
- Les études civiques
- La musique
- L'informatique
- L'art
- La technologie
- L'éducation religieuse

1. Name three facilities at the Collège Sainte-Marie.
2. What languages can you study?
3. What clubs are available?
4. At what time does the school day start?
5. Name three main courses on the menu for the first week of September.
6. Translate:
   - Les sciences
   - L'allemand
   - La bibliothèque
   - La journée scolaire
   - Les cours commencent à …
   - La cantine
   - Poulet rôti
   - Laitages

OBJECTIFS

I can read a brochure about a school in French.

MON PORTFOLIO 1.4 : Les portes ouvertes

Faites cet exercice dans votre portfolio. *Do this exercise in your portfolio.*

The French phrase *la bande-annonce* means film trailer. Search online for *la bande-annonce* for the film *Les Choristes*. This is a great French film about life in a boys' boarding school in post-WWII France. You'll love the characters and the music!

OBJECTIFS

I can speak about my school, as part of a *portes ouvertes* activity.

Ex. 1.35 Vocabulaire : mes résolutions pour la rentrée scolaire

Écoutez le CD et entrainez-vous à bien prononcer le vocabulaire. *Listen to the CD and repeat the vocabulary to improve your pronunciation.*

1. Je vais réviser les verbes irréguliers tous les soirs.
2. Je vais lire un livre tous les mois.
3. Je vais finir mes devoirs tous les soirs.
4. Je vais faire de l'exercice deux fois par semaine.
5. Je vais aider à la maison.
6. Je vais faire attention en classe.
7. Je vais faire mon lit tous les matins.
8. Je vais ranger mon casier une fois par semaine.
9. Je vais améliorer mon anglais.
10. Je vais avoir de bonnes notes en français.

OBJECTIFS

I can understand some resolutions for the new school year.

Ex. 1.36 Les jeunes parlent de leurs résolutions pour la rentrée

Écoutez et reliez chaque personne à sa résolution. *Look back to Ex. 1.35. Listen to the young people talking about their resolutions for the new school year. Match each person to the correct resolution.*

Jérôme

Ben

Luc

Jake

Clément

1. Read more
2. Revise verbs
3. Help more at home
4. Improve English
5. Do homework before going out

6. Pay attention in class
7. Get up early
8. Get good marks in French
9. Tidy locker
10. Exercise twice a week

Amélie

Emma

Océane

Lisa

Marie

OBJECTIFS

I can understand people talking about their resolutions for the new school year.

Le futur proche

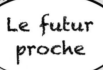

Le futur proche

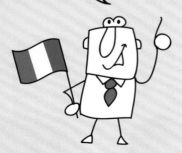

Rappelez-vous !

Let's revise what you learned about *le futur proche* in First Year.

We use this tense when we are talking about the near future.

Examples:

I am going to do my homework tonight.

I am going to practise my French verbs next week.

It is easy to form *le futur proche*:

1. Use the present tense of *aller*.
2. Add the infinitive.

Look back at Ex. 1.35. Do you recognise the *futur proche* structure?

aller	to go
Je vais	I go / I am going
Tu vas	You go / You are going
Il va	He/It goes / He/It is going
Elle va	She/It goes / She/It is going
On va	One goes/We go / One is going/We are going
Nous allons	We go / We are going
Vous allez	You go / You are going
Ils vont	They go / They are going
Elles vont	They go / They are going

Ex. 1.37 Expliquez

With your partner, think about the grammar rules behind *le futur proche*.

Take turns to explain them to each other.

Ex. 1.38 Quelques phrases au futur proche

Écrivez les phrases au futur proche. *Write these sentences in* le futur proche.

1. Vous _____ (aller) _____ (voir) votre cousin à Toulon demain ?

Exemple : Vous allez voir votre cousin à Toulon demain ?

2. Nous _____ (aller) _____ (répéter) le vocabulaire après le prof.

3. Tu _____ (aller) _____ (choisir) la bonne réponse.

4. Je _____ (aller) _____ (finir) mes devoirs plus tard.

5. Elle _____ (aller) _____ (remplir) le formulaire ce soir.

6. Ils _____ (aller) _____ (prendre) le bus après le film.

7. Elles _____ (aller) _____ (répondre) aux questions du prof.

8. On _____ (aller) _____ (tondre) la pelouse samedi après-midi.

9. Nous _____ (aller) _____ (porter) nos uniformes scolaires pour la Journée Portes Ouvertes.

10. Je _____ (aller) _____ (regarder) mon émission préférée ce soir.

Ex. 1.39 Des jeunes parlent de leurs résolutions pour la nouvelle année scolaire

Écoutez et répondez aux questions. *Listen to the teenagers and answer the questions in your copybook.*

1. What is Laetitia's resolution for the new school year?

2. Who wants to get a good grade in French this year?

3. Who wants to exercise more?

4. What is Jules's resolution for the new school year?

5. What is Zara's resolution for the new school year?

MON PORTFOLIO 1.5 : Mes résolutions

Faites cet exercice dans votre portfolio. *Do this exercise in your portfolio.*

OBJECTIFS

I can state my resolutions for the new school year, and ask someone about theirs.

 Ex. 1.40 À deux

Posez les questions à votre camarade de classe et répondez à ses questions. Complétez la grille.

Talk with your classmate. Ask them questions and reply to theirs. Fill in the grid with your answers and theirs.

	Mes réponses	Les réponses de mon/ma camarade de classe
Quelles sont tes résolutions pour la nouvelle année scolaire ?		

 Interévaluation *Peer assessment*

First, fill in the grid below for yourself. Then work with a partner to provide each other with feedback on your performances in Ex. 1.40.

	😊 😐 ☹
I pronounced the French 'R' well	
I used liaison where I should have	
I made eye contact with my partner	
I pronounced all words with an even stress	
I raised the pitch of my voice at the end of a question	
I used gestures where it suited	
I used intonation – and sounded as if I was having a conversation	
I was CaReFuL	
Words/phrases I pronounced really well …	
Words/phrases I need to practise more …	

 MON PORTFOLIO 1.6 : **Je me présente**

Faites cet exercice dans votre portfolio. *Do this exercise in your portfolio.*

Récapitulatif

Mots-clés pour Unité 1

Les phrases du prof

- Écoutez
- Écrivez
- Regardez
- Répétez

- Travaillez avec votre camarade de classe
- Je vais faire l'appel
- Ouvrez vos livres
- Fermez vos livres

- Allumez les lumières
- Éteignez les lumières
- Ouvrez la fenêtre
- Fermez la fenêtre

Élève	Réponses du professeur
J'ai besoin d'aide.	Oui, qu'est-ce qui ne va pas ?
Comment ça s'écrit ?	L, A, …
Qu'est-ce que ça veut dire ?	…
J'ai perdu mon stylo.	Emprunte un stylo à un ami.
J'ai oublié mes devoirs.	D'accord, apporte-les demain.
Je peux avoir une autre feuille, s'il vous plait ?	Oui, voilà.
Qu'est-ce qu'on a comme devoirs ?	… Note les devoirs dans ton agenda
C'est à quelle page ?	C'est page …
Madame/monsieur, vous pouvez m'aider, s'il vous plait ?	Oui, bien sûr.
J'ai une question.	Oui, qu'est-ce qu'il y a ?
Comment dit-on … en français?	…
Professeur	**Vos réponses**
Allumez les lumières.	Oui, madame/monsieur.
Éteignez les lumières.	Oui, madame/monsieur.
Ouvrez/Fermez la fenêtre.	Oui, madame/monsieur.
Pouvez-vous me donner un exemple ?	Par exemple : un chat, un chien …

Faire des excuses

- Je suis désolé(e) madame/monsieur, mais …
- J'ai oublié mon cahier / mes devoirs
- J'ai perdu mon stylo / mon livre

Je me présente

- Je m'appelle
- J'ai … ans
- J'habite à …
- J'ai … sœur(s)
- J'ai … frère(s)
- Je n'ai pas de frère/sœur

- Mon anniversaire, c'est le …
- Je suis …
  - grand(e)/petit(e)
  - de taille moyenne
  - sympa
  - gentil(le)

- beau/belle
- intelligent(e)
- sportif/sportive
- bavard(e)

Les descriptions

J'ai les yeux …

- verts
- noirs
- bleus
- marron

J'ai les cheveux …

- blonds
- bruns
- roux
- châtain

- longs
- courts
- bouclés
- raides

Des verbes réguliers en -er/-ir/-re

- aimer
- regarder
- écouter
- danser
- chanter
- porter
- décider
- frapper
- jouer

- parler
- visiter
- rougir
- finir
- choisir
- remplir
- saisir
- grandir
- obéir

- vieillir
- répondre
- descendre
- tondre
- vendre
- entendre
- perdre

Des verbes irréguliers

être	avoir	faire	aller	boire
Je suis	J'ai	Je fais	Je vais	Je bois
Tu es	Tu as	Tu fais	Tu vas	Tu bois
Il/elle/on est	Il/elle/on a	Il/elle/on fait	Il/elle/on va	Il/elle/on boit
Nous sommes	Nous avons	Nous faisons	Nous allons	Nous buvons
Vous êtes	Vous avez	Vous faites	Vous allez	Vous buvez
Ils/elles sont	Ils/elles ont	Ils/elles font	Ils/elles vont	Ils/elles boivent

Au collège, il y a …

- Des terrains de sport
- Une bibliothèque
- Des laboratoires
- Une salle de musique
- Un théâtre
- Des salles de classe

- Un gymnase
- Une cour de récré
- Une piscine
- Un club de natation
- Un club de basket
- Un club de foot

- Un club de théâtre
- Un club de gymnastique
- Un club de musique
- Une chorale

Les matières

- L'anglais
- Le français
- L'allemand
- L'italien
- L'espagnol
- Les maths
- Les sciences de la vie et de la terre (SVT)

- La musique
- L'éducation physique et sportive (EPS)
- La géographie
- L'histoire
- L'économie
- Les études civiques
- L'informatique

- L'art
- La technologie
- L'éducation religieuse

Mes résolutions pour la rentrée

- Je vais réviser les verbes irréguliers tous les soirs.
- Je vais lire un livre tous les mois.
- Je vais finir mes devoirs tous les soirs.
- Je vais faire de l'exercice deux fois par semaine.

- Je vais aider à la maison.
- Je vais faire attention en classe.
- Je vais faire mon lit tous les matins.
- Je vais ranger mon casier une fois par semaine.
- Je vais améliorer mon anglais.
- Je vais avoir de bonnes notes en français.

Bilan de l'unité 1 Checklist for Unit 1

Pour chaque objectif, choisissez votre émoticône	😊	😐	😞
Listening			
I can understand teachers and students using classroom phrases.			
I can understand when someone names their school items and school subjects.			
I can understand when someone describes the classroom.			
I can understand when someone gives an excuse in French class.			
I can understand when someone talks about themselves, their family and their school.			
I can understand a short descriptive story in the present tense.			
I can understand someone talking about their resolutions for the new school year using *le futur proche*.			
Reading			
I can understand classroom instructions.			
I can understand labels on school items.			
I can understand a description of someone and their family.			
I can understand an email about someone's return to school.			
I can understand a poster for an open day.			
I can understand a school brochure.			
I can understand a menu for a school canteen.			
I can understand a school supplies list.			
I can understand someone's resolutions for the new school year.			
Spoken production			
I can use classroom phrases.			
I can list my school items.			
I can name the objects in my classroom.			

Pour chaque objectif, choisissez votre émoticône	😊	😐	😞
I can describe myself, my family and my school.			
I can introduce myself at an open night.			
I can describe my school at an open night.			
I can state my resolutions for the new school year.			
Spoken interaction			
I can ask a teacher or a classmate a question, using classroom phrases.			
I can give my teacher an excuse.			
I can ask my friend about themselves, their family and their school.			
I can play a game in French with my classmates.			
I can ask someone about their resolutions for the new school year.			
Writing			
I can write a list of my school items for the new school year.			
I can write an email about myself and my return to school.			
I can make a poster about my school for an open night.			
I can fill out a form about myself.			
I can draw a plan of my classroom and label the objects.			
I can complete a crossword in French.			
I can make posters of French verbs, and my reasons for learning French.			
I can write a short descriptive story, using verbs in the present tense.			
I can write about my resolutions for my new school year, using *le futur proche*.			
I can write and draw a poster for my school's open night.			

Unité 1 : La rentrée

Discutez en classe – Have a class discussion

- Look back over your Portfolio exercises. In which areas did you give yourself stars?
- Look at your wishes. Have any of these improved?
- What was your favourite part of Unité 1? Why?
- You completed many different kinds of activities in Unité 1. What kinds of activities were best for helping you to learn? Why?
- What are you looking forward to learning more about in the next unit? Why?

Unité 2

Chez moi

By the end of this unit you will

★ Know about architecture in Paris

★ Know about famous French people and their homes, and be able to compare them with famous Irish people

★ Be able to describe where you live and how you help out at home

★ Be able to use *le futur simple* to describe your plans to help out at home

★ Be able to read about and describe other people's houses

★ Be able to list furniture and items in the kitchen, laundry room, sitting room and bedroom

★ Have created a poster and described your dream bedroom

★ Have written a greeting card in French to wish someone good luck in their new home

★ Be able to write an email in French

★ Understand and be able to carry out a role play at the DIY shop

★ Be able to describe your neighbours

★ Be able to read an advertisement for a holiday home to rent, a feature article about the Palais de l'Élysée and a short extract from a French novel

★ Be able to reflect on your learning and identify ways to improve your learning

 ## Ex. 2.1 La vie en France

Regardez la vidéo et répondez aux questions en anglais. *Watch the video and answer the questions in English.*

1. Who is the French architect responsible for the beautiful boulevards of Paris?
2. Give one regulation required for this type of architecture.
3. Whose room was on the top floor?
4. What did Monet do at Giverny?
5. In which part of France is the Château de Chambord?
6. When did renovations on the château take place and how much did they cost?
7. Who was the château built for and why?
8. How are Ireland and Brittany connected?
9. Name two pieces of furniture in French.

OBJECTIFS 😊 😐 ☹️

I can talk about French buildings, architecture and famous French homes.

 ## MON PORTFOLIO 2.1 : Des Irlandais célèbres et leurs maisons

Faites cet exercice dans votre portfolio. *Do this exercise in your portfolio.*

 ## Ex. 2.2 Vocabulaire : Tu habites où ?
CD1 T17

Écoutez le CD et entrainez-vous à bien prononcer le vocabulaire.
Listen to the CD and repeat the vocabulary to improve your pronunciation.

- J'habite à (name of town/city) en/dans le (name of area)
- J'habite …

  - dans une maison
  - dans un appartement
  - dans une maison de plain-pied
  - dans une maison individuelle
  - dans une maison jumelée
  - dans une ferme

  - dans un lotissement
  - à la campagne
  - au bord de la mer
  - en ville
  - en banlieue/dans la banlieue de …
  - près de

Rappelez-vous !

Les pièces

- Les chambres
- La cuisine
- La salle de bains
- Le grenier
- La salle à manger
- Le sous-sol
- Le salon

- Le bureau
- Le vestibule
- La buanderie
- Les toilettes
- Le jardin
- Le garage

C'est où ?

- En haut
- En bas
- Au rez-de-chaussée
- Au premier étage

OBJECTIFS

I can describe where I live and name the rooms in the house.

 # Astuces

Prononciation : Vowels in French often change their sound when they have an accent.

The letter *e* without an accent is normally pronounced like the *e* in the English word the – unless it's at the end of a word, in which case it's usually silent.

The *accent grave* on the letter *e* (è) makes a long, open sound. We hear it in words such as *pièces, près*.

The *accent aigu* on the letter *e* (é) makes a short, closed sound. We hear it in words such as *jumelée, étage*.

Ex. 2.3 Mots croisés : la maison

Lisez les indices et remplissez la grille de mots croisés.
Read the clues and complete the crossword.

Horizontalement

4. The attic
5. The dining room
6. The sitting room
8. On the ground floor
9. The basement
12. A semi-detached house

Verticalement

1. I live in an estate
2. A bungalow
3. The bedroom
7. The kitchen
10. Upstairs
11. The entrance hall

Ex. 2.4 Les jeunes parlent de leur maison

Écoutez les jeunes. Complétez la grille avec leurs réponses aux questions. *Listen to these young people describing their homes. Complete the grid.*

	Location of the home	Type of home	Number of bedrooms	One other piece of information about their home
Arnaud				
Luc				
Manon				

Astuces

Strategies for reading comprehension

1. In *Ça Marche ! 1* we put our skills of inference to work. Inference is when you take previous knowledge you have about a topic in English and use it to help you understand a French piece about the same topic. On the next page is a short extract from a French translation of Roald Dahl's famous novel *Charlie and the Chocolate Factory*.

2. Reading the questions first will often give you helpful clues about a passage. You can underline keywords in the questions so that you are already tuned in to the information you are seeking.

3. Take your time! Pause to take note of any keywords you recognise. This will help you gather the meaning.

4. Are there any pictures with the text? Pictures can give clues about the meaning.

5. On first reading the text, focus on all the words you know. Can you get the gist of the text? Read it again and decide which words prevent you from understanding a sentence. Can you can guess some of the words because they are similar to English? Are there any you just can't make sense of? Look those up in a dictionary.

6. Reread, reread, reread! You will always have a better understanding after a few attempts, and this will build your confidence.

Ex. 2.5 Charlie et la chocolaterie

Lisez l'extrait de *Charlie et la chocolaterie* et répondez aux questions. *Read the extract from* Charlie et la chocolaterie *and answer the questions.*

Voici Charlie.

Bonjour Charlie ! Bonjour, Bonjour et re-bonjour.

Il est heureux de faire votre connaissance.

Toute cette gentille famille – les six grandes personnes (comptez-les !) et le petit Charlie Bucket – vivait réunie dans une petite maison en bois, en bordure d'une grande ville.

La maison était beaucoup trop petite pour abriter tant de monde et la vie y était tout sauf confortable. Deux pièces seulement et un seul lit. Ce lit était occupé par les grands-parents, si vieux, si fatigués. Si fatigués qu'ils n'en sortaient jamais.

D'un côté, grand-papa Joe et grand-maman Joséphine. De l'autre, grand-papa Georges et grand-maman Georgina.

Quant à Charlie Bucket et à ses parents, Mr et Mrs Bucket, ils dormaient dans l'autre pièce, par terre, sur un matelas.

En été, ce n'était pas grave. Mais en hiver, des courants d'air glacés balayaient le sol toute la nuit. Et cela, c'était effrayant.

Pas question d'acheter une maison plus confortable, ni même un autre lit. Ils étaient bien trop pauvres pour cela.

1. What is Charlie's house made of ?

2. How many grownups live in Charlie's house?

3. Can you name his grandparents?

4. How many rooms are there in Charlie's house?

5. How many beds are there?

6. Why do Charlie's grandparents never go out?

7. Where do they spend their time?

8. Where do Charlie and his parents sleep?

9. Why is it horrible in winter?

10. What can they not afford?

OBJECTIFS

I can read a short extract from a French novel and understand it.

11. Traduisez:

il est heureux	
une gentille famille	
une maison en bois	
sauf	
seulement	
jamais	
quant à	
pas question de	

Les adjectifs réguliers

As you know, an adjective is a describing word. Adjectives give us more information about nouns.

Colours are adjectives. *Les murs bleus*.

Ma is a possessive adjective. For example: in *ma chambre*, *ma* tells us who the bedroom belongs to.

As all nouns in French are masculine, feminine, singular or plural, the adjective must agree with the noun it is describing.

If the noun is masculine, the adjective must be masculine. This means that no letter is added to the adjective:

Le grand lit

If the noun is feminine, the letter *e* is added to the adjective:

La grande chambre

If the noun is plural, we add *s* to the masculine or feminine form of the adjective:

Les grands lits

Les grandes chambres

Les adjectifs irréguliers

Les adjectifs

However, some adjectives are irregular, which means that we also need to make other changes to their spelling:

1. If an adjective already ends in *e*, we do not make any change to make it feminine.

le jeune garçon   *la jeune fille*

2. If an adjective ends in *er*, it becomes *ère* in the feminine.

Cher Jean   *Chère Sophie*

dernier   *dernière*

premier   *première*

fier   *fière*

3. If an adjective ends in *if*, it becomes *ive* in the feminine.

sportif   *sportive*

actif   *active*

4. If an adjective ends in *eux*, it becomes *euse* in the feminine.

généreux   *généreuse*

paresseux   *paresseuse*

5. Some adjectives double the last letter and add *e* in the feminine.

bon   *bonne*

gentil   *gentille*

gros   *grosse*

6. Some adjectives change completely.

beau   *belle*

fou   *folle*

long   *longue*

vieux   *vieille*

blanc   *blanche*

doux   *douce*

7. Some adjectives do not change at all: they remain the same for the masculine and feminine, singular or plural. These are known as invariable adjectives.

marron   *Elle a les yeux marron.*

noisette   *Il a les cheveux noisette.*

orange   *Elles ont les cheveux orange.*

sympa   *Ils sont sympa.*

 Ex. 2.6 À vous !

With your partner, revise the rules for adjectives. Take turns in explaining the rules. As a class, you could work in small groups to make one poster for each of the rules. When the posters are completed, hang them on your classroom wall. Each group must be able to explain all the rules, not just the one they made a poster for!

 Ex. 2.7 Les paires opposées

Reliez les adjectifs – trouvez les paires opposées. *Match the adjectives – find the contrasting pairs and write both the masculine and feminine singular forms in the grid. The first one has been done for you.*

vieux   blanc   mauvais   paresseux   grand   court

noir   petit   actif   nouveau   bon   long

Masculine singular	Feminine singular	English
vieux	vieille	old
nouveau	nouvelle	new

Les adjectifs qui précèdent les noms

Most adjectives come after the noun they are describing – but there are exceptions to the rule. Some adjectives come **before** the noun. First, of course, there are the numbers:

Un homme

Deux voitures

Then, there are a number of frequently used adjectives, which are generally short. These can be divided into four groups: to remember them, think of BAGS:

B	*beauty*	beau, joli
A	*age*	jeune, vieux, nouveau
G	*good and bad*	bon, mauvais, gentil
S	*size*	gros, grand, petit, long, haut, court

Les adjectifs qui précèdent les noms

 # Ex. 2.8 Faire des phrases

Choisissez un adjectif et un nom, puis écrivez une phrase complète. Faites attention aux accords !

Choose an adjective and a noun and write a complete sentence. Make sure that your adjectives agree!

Les adjectifs	Les noms
beau/belle	ami(e)
grand/grande	chambre
nouveau/nouvelle	chien(ne)
petit/petite	école
vieux/vieille	maison

Exemple : J'aime ma grande maison.

Ex. 2.9 C'est comment ?

Choisissez le bon adjectif pour décrire les images. *Choose the correct adjectives to match the images.*

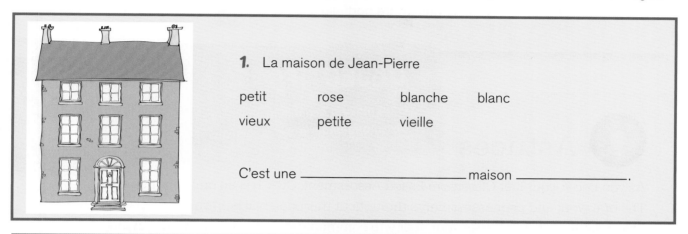

1. La maison de Jean-Pierre

petit   rose   blanche   blanc

vieux   petite   vieille

C'est une _____ maison _____ .

2. La chambre de Laetitia

petite   mignonne   petit   blanche   grande

mignon   grand   vert   verte   blanc

C'est une _____ chambre _____ avec un _____

lit et une couverture de couette _____ et _____ .

 Ex. 2.10 La maison de Bob l'Éponge

Complétez les phrases avec les mots dans la boite pour décrire la maison de Bob l'Éponge. Utilisez vos cahiers. *Choose the correct words to complete the sentences. Then write the sentences in your copybook.*

- Il habite dans un …
- Sa maison se trouve …
- Il y a deux fenêtres …

- La porte est …
- Au rez-de-chaussée, il y a …
- Au premier étage, il y a …

sous la mer   une chambre   ananas

un salon   bleues   ouverte

 OBJECTIFS

I can use adjectives in sentences, remembering the correct agreement and position.

MON PORTFOLIO 2.2 : Un graphique pour expliquer les adjectifs

Faites cet exercice dans votre portfolio. *Do this exercise in your portfolio.*

OBJECTIFS

I can make a graphic organiser to help me to revise and understand adjectives.

Astuces

As you know, your first Classroom-Based Assessment, CBA 1, is an oral communication. The oral work and peer assessments throughout this book will help you to prepare for the assessment. CBA 1 assesses your ability to communicate well in French, your awareness of language and your understanding of French culture and society. Ex. 2.11 is an interview with your partner. It is one of the possible formats for CBA 1. We will look at CBA 1 in more detail in Unité 11.

Ex. 2.11 À deux

Interviewez un(e) camarade. Utilisez l'exercice 2.2 pour vous aider. *Interview your classmate with the following questions. Use vocabulary from Ex. 2.2 (p. 40) to help you.*

	Mes réponses	Les réponses de ma/mon camarade de classe
Tu habites où ?		
Décris ta maison.		

 Interévaluation *Peer assessment*

First, fill in the grid below for yourself. Then work with a partner to provide each other with feedback on your performances in Ex. 2.11.

	😊	😐	🙁
I pronounced the French 'R' well			
I used liaison where I should have			
I made eye contact with my partner			
I pronounced all words with an even stress			
I raised the pitch of my voice at the end of a question			
I used gestures where it suited			
I used intonation – and sounded as if I was having a conversation			
I was CaReFuL			
Words/phrases I pronounced really well …			
Words/phrases I need to practise more …			

 ## Astuces

Pay attention to all the points in the peer assessment grid. They will help you to form good habits for all role plays and oral assessments. This will be useful for your CBAs.

 ## OBJECTIFS

I can describe where I live and my house.

 ## OBJECTIFS

I can ask someone about where they live and their house.

Ex. 2.12 Vocabulaire : ma chambre

Écoutez le CD et entrainez-vous à bien prononcer le vocabulaire. *Listen to the CD and repeat the vocabulary to improve your pronunciation.*

- Mon lit
- Ma lampe
- Ma table de chevet
- Mon tapis
- Mon poster

- Ma couette
- Mon oreiller
- Mes étagères
- Mon armoire
- Mes placards

- Ma chaise
- Repeindre/refaire la décoration
- Ranger

 Ex. 2.13 La déco

Écrivez les mots sous l'image qui correspond. *Write the words under the relevant pictures.*

OBJECTIFS

I can name the furniture and objects in my bedroom.

Les adjectifs possessifs

 Les adjectifs possessifs

Remember that possessive adjectives must agree with the noun they are describing. You can see there are three versions for each possessive adjective – masculine, feminine and plural. For example, 'my' could be *mon*, *ma* or *mes*.

mon frère	ma sœur	mes cousins
ton frère	ta sœur	tes cousins
son frère	sa sœur	ses cousins
notre frère	notre sœur	nos cousins
votre frère	votre sœur	vos cousins
leur frère	leur sœur	leurs cousins

Astuces

Remember that possessive adjectives agree with the noun that follows and **not** with the person, as in English:

Jeanne adore **son frère**. Michel déteste **sa sœur**.

OBJECTIFS

I can understand and use possessive adjectives.

Astuces

If a noun begins with a vowel, in the singular we always use the masculine possessive adjective in order to avoid a clash of vowel sounds. Exemples :

- une armoire
- ton armoire
- mon armoire
- son armoire

 ## Ex. 2.14 Les adjectifs possessifs

With your partner, read back over the rules for possessive adjectives. Take turns explaining them to each other.

Ex. 2.15 Le blog vidéo « Chez moi »

Regardez le blog vidéo. Répondez aux questions. *Watch the video blog. Answer the questions.*

1. Where in France does Camille live?

2. What type of house/apartment does she live in?

3. Give two details about her home.

4. Name three things in her bedroom.

5. What colour is her bedroom?

6. What is she planning to buy for her bedroom?

7. What does she do to help out at home?

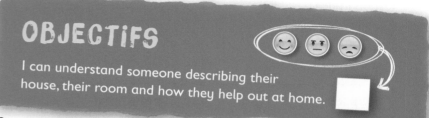

OBJECTIFS

I can understand someone describing their house, their room and how they help out at home.

 Ex. 2.16 La chambre de Julien

Lisez le mail de Julien et répondez aux questions. *Read Julien's email to a friend. Answer the questions.*

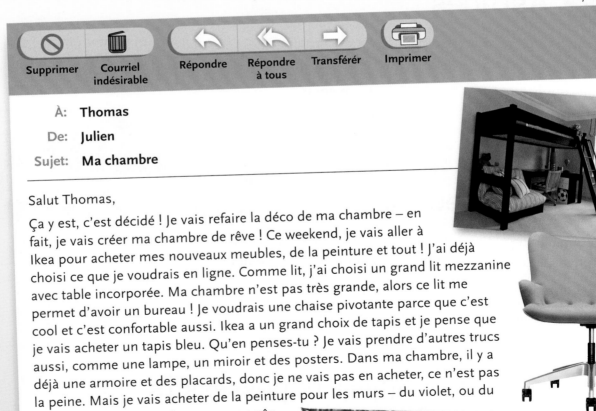

Supprimer	Courriel indésirable
Répondre	Répondre à tous
Transférér	Imprimer

À: **Thomas**

De: **Julien**

Sujet: **Ma chambre**

Salut Thomas,

Ça y est, c'est décidé ! Je vais refaire la déco de ma chambre – en fait, je vais créer ma chambre de rêve ! Ce weekend, je vais aller à Ikea pour acheter mes nouveaux meubles, de la peinture et tout ! J'ai déjà choisi ce que je voudrais en ligne. Comme lit, j'ai choisi un grand lit mezzanine avec table incorporée. Ma chambre n'est pas très grande, alors ce lit me permet d'avoir un bureau ! Je voudrais une chaise pivotante parce que c'est cool et c'est confortable aussi. Ikea a un grand choix de tapis et je pense que je vais acheter un tapis bleu. Qu'en penses-tu ? Je vais prendre d'autres trucs aussi, comme une lampe, un miroir et des posters. Dans ma chambre, il y a déjà une armoire et des placards, donc je ne vais pas en acheter, ce n'est pas la peine. Mais je vais acheter de la peinture pour les murs – du violet, ou du gris peut-être. Je ne suis pas encore sûr.
Tu veux venir à Ikea avec moi ? On va bien rigoler !

Salut,

Julien

1. When is Julien going to Ikea?

2. What type of bed is he choosing? Why?

3. What will he buy that is blue?

4. What colour is he thinking of painting his walls?

5. Translate the following:

des meubles	
une chaise pivotante	
un tapis	
des trucs	
de la peinture	

6. Find one example of each of the following:

Possessive adjective meaning my + singular noun	
Possessive adjective meaning my + plural noun	
Masculine adjective + noun	
Feminine adjective + noun	
An -ir verb in the infinitive	

 Visit www.ikea.fr to kit out your dream bedroom in French!

OBJECTIFS

I can read an email about someone's plans to decorate their bedroom.

 Le futur simple des verbes réguliers

We have learned a little about the future tense already. We have learned how to form *le futur proche*, equivalent to the English 'I am going to …'.

Je vais acheter un pantalon cet après-midi. *I am going to buy a pair of trousers this afternoon.*

Like 'I am going to …', *le futur proche* is used to talk about something you plan to do in the near future.

But in French, as in English, there is another future tense, which is used to talk about something you're thinking of doing at some time in the future (but you're not sure when). This is called *le futur simple* and is equivalent to the English 'I will …'.

Le futur simple

Note, however, that in French *le futur simple* consists of just one word; the 'will' bit of the English future is added on to the end of the verb.

With regular verbs, you simply take the verb in its infinitive form and add the following endings:

Subject pronoun	Infinitive	*Futur simple* ending	*Futur simple*
Je	finir	-ai	Je finirai
Tu	finir	-as	Tu finiras
Il/elle/on	finir	-a	Il/elle/on finira
Nous	finir	-ons	Nous finirons
Vous	finir	-ez	Vous finirez
Ils/elles	finir	-ont	Ils/elles finiront

Astuces

Did you notice how similar the endings are to the present tense of the verb *avoir*?

J'ai   Nous avons (just remove the 'av')

Tu as   Vous avez (just remove the 'av')

Il/Elle/On a   Ils/Elles ont

Le futur simple is simple because the three verb groups (-*er*, -*ir*, -*re*) all use the same endings.

There is just one small change you need to be careful with: -*re* verbs drop the *e* before adding the endings.

voyager	finir	apprendre
Je voyagerai	Je finirai	J'apprendrai
Tu voyageras	Tu finiras	Tu apprendras
Il/elle/on voyagera	Il/elle/on finira	Il/elle/on apprendra
Nous voyagerons	Nous finirons	Nous apprendrons
Vous voyagerez	Vous finirez	Vous apprendrez
Ils/elles voyageront	Ils/elles finiront	Ils/elles apprendront

Even irregular verbs use these endings! The only thing to remember is that some common irregular verbs don't use the infinitive to form *le futur simple*. We'll look at these in Unité 3.

Ex. 2.17 À deux

With your partner, think about the grammar rules behind *le futur simple*. Take turns to explain them to each other.

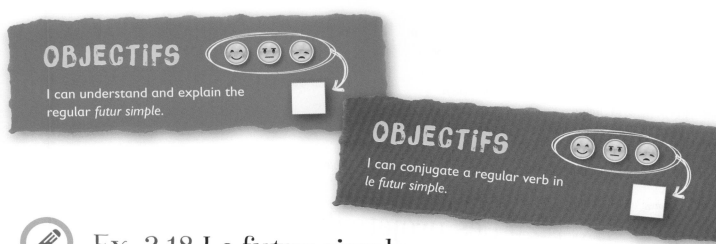

OBJECTIFS

I can understand and explain the regular *futur simple*.

OBJECTIFS

I can conjugate a regular verb in *le futur simple*.

Ex. 2.18 Le futur simple

Écrivez les verbes au futur simple. *Write the verbs in* le futur simple.

S'il fait beau l'été prochain ...

1. Je _____ (repeindre) ma chambre.

2. J' _____ (acheter) un vélo pour faire de l'exercice.

3. Nous _____ (visiter) les châteaux de la Loire.

4. Ils _____ (jouer) au foot tous les jours.

5. Elle _____ (choisir) une maison au bord de la mer pour les vacances.

6. On _____ (planter) des fleurs dans le jardin.

7. On _____ (sortir) le chien le matin et le soir.

8. Tu _____ (mettre) ton nouveau maillot de bain ?

9. Vous _____ (prendre) des vacances à la campagne ?

10. Il _____ (finir) de ranger le garage.

Ex. 2.19 Mes projets de décoration

Écrivez un mail comme celui de Julien, mais au futur simple. *Write an email like Julien's, but in* le futur simple.

Imagine you're emailing a friend to tell her/him about your intention to redecorate your room. It's not a definite plan at the moment, just an idea – something you will do … one day! Look back at Julien's email in Ex. 2.16 (p. 54). Julien uses *le futur proche* to describe what he is going to do because he intends to do it this weekend. Write your own email based on Julien's, using *le futur simple* instead!

OBJECTIFS

I can write sentences using *le futur simple*.

Ex. 2.20 Des projets de déco

CD1 T20

Écoutez les jeunes décrire leurs projets de déco pour leurs chambres et répondez aux questions. *Listen to these young people talking about their decorating plans for their rooms. Answer the questions.*

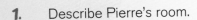

Brigitte

1. What type of bed does Brigitte want?
2. What colour curtains and duvet will she buy?
3. What new furniture will she buy?
4. Does she share her room?
5. Where is she going to buy what she needs?

1. Describe Pierre's room.
2. What colour is he planning on painting his room?
3. What will he buy at Carrefour?
4. What new furniture will he buy?
5. Why will he get a new poster?

Pierre

Search online for 'MTV – Ma maison de star'. This is the French-language version of *MTV Cribs*!

 MON PORTFOLIO 2.3 : **Ma maison/chambre de star**
Faites cet exercice dans votre portfolio. *Do this exercise in your portfolio.*

 # Ex. 2.21 À deux

Posez des questions à un(e) camarade et répondez à ses questions. Complétez la grille. *Talk with your classmate. Ask them questions and reply to theirs. Fill in the grid with your answers and theirs.*

	Mes réponses	Les réponses de ma/mon camarade de classe
Décris ta chambre.	Ma chambre est …	
Qu'est-ce qu'il y a dans ta chambre ?	Dans ma chambre, il y a …	
Est-ce que tu partages ta chambre ?	Oui, je partage ma chambre avec … Non, je ne partage pas ma chambre. J'ai ma propre chambre.	

 # Astuces

As you may have noticed, the word *propre* has more than one meaning. In this case the position of the word *propre* tells you which meaning it has in each sentence:

L'hôtel avait des chambres propres – The hotel had clean rooms

J'ai ma propre chambre – I have my own room

Here are some other adjectives whose meaning changes with their position; use a dictionary to find out the different meanings:

ancien   cher   seul

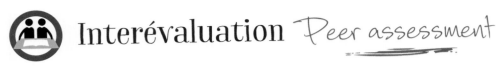

Interévaluation *Peer assessment*

First, fill in the grid below for yourself. Then work with a partner to provide each other with feedback on your performances in Ex. 2.21. The points below help you to form good habits for all role plays and oral assessments. This will be useful for your CBAs.

	😊	😐	😞
I pronounced the French 'R' well			
I used liaison where I should have			
I made eye contact with my partner			
I pronounced all words with an even stress			
I raised the pitch of my voice at the end of a question			
I used gestures where it suited			
I used intonation – and sounded as if I was having a conversation			
I was CaReFuL			
Words/phrases I pronounced really well …			
Words/phrases I need to practise more …			

OBJECTIFS 😊 😐 😞
I can ask someone about their bedroom.

OBJECTIFS 😊 😐 😞
I can answer questions about my bedroom.

Unité 2 : Chez moi

Ex. 2.28 Où se trouve … ?

À deux, regardez l'image de la maison et posez les questions suivantes à un(e) camarade. *Look at the image. Work with your partner. Ask them questions and reply to theirs.*

1. Où se trouvent les lits ?
2. Où se trouve le frigo ?
3. Où se trouve la table ?
4. Où se trouve le poêle ?
5. Où se trouve l'évier ?
6. Où se trouve la table de chevet ?
7. Où se trouve l'ilot de cuisine ?
8. Où se trouve la cheminée ?
9. Où se trouvent les tapis ?

Les lits se trouvent dans les chambres/au premier étage.

_____

_____

_____

_____

_____

_____

_____

_____

Ex. 2.29 Décrire une maison

Écrivez un paragraphe dans votre cahier pour décrire cette même maison. Utilisez vos mots-clés.
Write a paragraph in your copybook describing the house in the picture above. Use as many keywords as possible.

OBJECTIFS

I can read and write about a house in French.

Ex. 2.30 Maisons à vendre !

Lisez les annonces et répondez aux questions. *Read these ads and answer the questions.*

**PRIX ESTIMÉ :
901 000€**

**FAITES VOS OFFRES à
partir de 689 000€**

BAUGÉ EN ANJOU (49)

Situé dans le triangle entre Angers,
Tours et Le Mans

12 pièces, 7 chambres, séjour de 81 m²

Cave à vins, garage, portail en fer forgé

Une ancienne maisonnette peut encore
être rénovée et réhabilitée. Possibilité
chambres d'hôtes et gite.

Contact : Céline Laurent   05 55 34 96 68

1. How many rooms are there in this house?

2. How many bedrooms are there?

3. What is the estate agent suggesting could be used as a gite?

**PRIX ESTIMÉ
185 500€**

**FAITES VOS
OFFRES à partir
de 149 000€**

ST-JEAN-DE-LA-MOTTE (72)

À 30 km du Mans et 10 km de la Flèche. Située au calme, à proximité des écoles,
commerces, bus.

Cuisine équipée, cheminée avec poêle à bois, salle de jeux, 4 chambres, wc et sdb.
Garage double avec porte électrique.

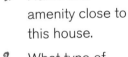

Contact : Céline Laurent   05 55 34 96 68

1. Name one amenity close to this house.

2. What type of heating is mentioned in the ad?

3. List the rooms mentioned. (Can you guess what 'sdb' stands for?)

OBJECTIFS

I can understand property ads in French.

Les prépositions

Let's revise what you learned about *les prépositions* in First Year.
We use them to indicate where something or someone is, their position in relation to something else. Exemples :

Les prépositions

1. La lampe est **sur** la table.

2. La boite est **sous** le lit.

3. Le canapé est **devant** la porte.

4. La chaise est **derrière** le bureau.

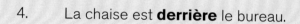

5. Le poster est **entre** les fenêtres.

6. La chaise est **près du** poêle.

7. Le micro-ondes est à **côté de** l'évier.

Unité 2 : Chez moi

Ex. 2.31 Vocabulaire : les prépositions

Écoutez le CD et entrainez-vous à bien prononcer le vocabulaire. *Listen to the CD and repeat the vocabulary to improve your pronunciation.*

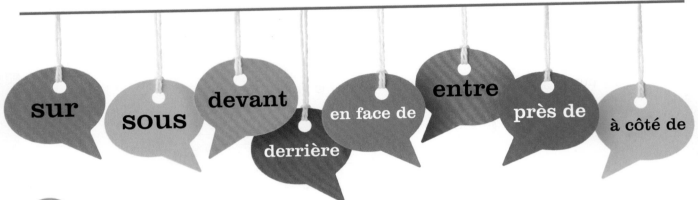

sur

sous

devant

derrière

en face de

entre

près de

à côté de

 # Ex. 2.32 La chambre de Dracula !

Écoutez la description de la chambre de Dracula et mettez les meubles dans sa chambre ! *Listen to the description of Count Dracula's bedroom and furnish it.*

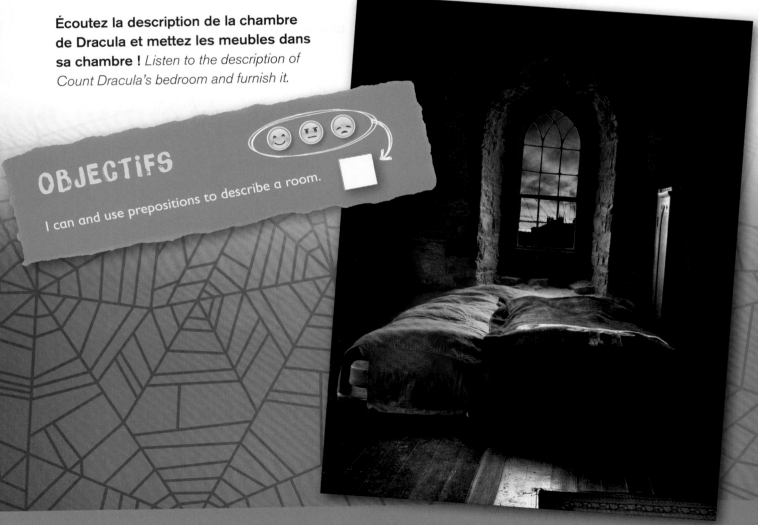

OBJECTIFS

I can and use prepositions to describe a room.

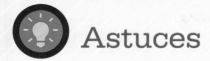

Astuces

Les nombres ordinaux

There are two types of numbers: cardinal numbers and ordinal numbers. Cardinal numbers are *one*, *two*, *three*, etc. Ordinal numbers tell us the **order** of things: *first*, *second*, *third*.

In French, the ordinal numbers are based on the cardinal numbers.

Cardinal number   deux   Ordinal number   deuxième
Cardinal number   trois   Ordinal number   troisième
Can you spot the pattern of the ending that you use to form an ordinal number?

As always, there is an exception!

Cardinal number   un/une   Ordinal number   premier/première

Ex. 2.33 Mon immeuble et mes voisins

Écoutez Léa et remplissez les blancs. *Listen to Léa and fill in the blanks.*

Salut, moi, c'est Léa et j'habite dans _____ dans le style Haussmann, à Paris . Il y a cinq _____ et moi, j'habite au _____ avec ma mère, mon père, ma sœur et notre _____ Rémy. Notre appartement est assez grand. Il y a une petite _____ avec un coin-repas, une salle à manger, _____ , deux salles de bains, _____ chambres et un grand _____ avec une belle vue du parc. Nos _____ sont sympa. Monsieur et Madame Martin habitent au _____ . Ils ont _____, qui s'appelle Princesse. Ma meilleure amie, Amélie, habite au _____ étage avec sa mère et sa petite sœur. Xavier, mon voisin du _____ étage, adore jouer de la guitare. Amélie, Xavier et moi _____ tous les trois en cinquième et nous _____ au collège ensemble le matin. Ma voisine du _____ étage s'appelle Marthe. Elle est _____ et elle travaille à l'hôpital. La famille Mounier habite _____ , ils ont aménagé _____ chambres de bonne pour faire un grand appart. C'est très cool avec une vue magnifique sur la ville. Ils ont une petite _____ , Chloé, qui a trois ans. Et finalement, il y a le _____ , Monsieur Lefebvre, qui habite au _____ . Il est assez sévère !

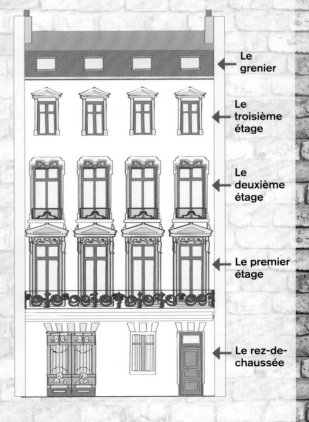

Le grenier

Le troisième étage

Le deuxième étage

Le premier étage

Le rez-de-chaussée

1. Who lives on the following floors?

Ground floor	
1st floor	
2nd floor	
3rd floor	
4th floor (attic)	

2. Give one other detail about each of Léa's neighbours.

Monsieur et Madame Martin	
Amélie	
Xavier	
La famille Mounier	
Monsieur Lefebvre	

3. Traduisez

- un coin-repas
- tous les trois
- aménager
- chambres de bonne
- sévère

OBJECTIFS

I can understand someone talking about an apartment building and their neighbours.

Ex. 2.34 À deux

Posez les questions à votre camarade de classe et répondez à ses questions. Complétez la grille.
Talk with your classmate. Ask them questions and reply to theirs. Fill in the grid with your answers and theirs.

	Mes réponses	Les réponses de mon/ma camarade de classe
Qu'est-ce que tu as comme voisins ?		
Comment s'appellent-ils ?		
Parle-moi de tes voisins.		

Interévaluation *Peer assessment*

First, fill in the grid below for yourself. Then work with a partner to provide each other with feedback on your performances in Ex. 2.34.

	😊 😐 ☹️
I pronounced the French 'R' well	
I used liaison where I should have	
I made eye contact with my partner	
I pronounced all words with an even stress	
I raised the pitch of my voice at the end of a question	
I used gestures where it suited	
I used intonation – and sounded as if I was having a conversation	
I was CaReFuL	
Words/phrases I pronounced really well …	
Words/phrases I need to practise more …	

OBJECTIFS

😊 😐 ☹️

I can ask about and describe someone's neighbours.

Ex. 2.35 Vocabulaire : les tâches ménagères

Écoutez le CD et entrainez-vous à bien prononcer le vocabulaire.
Listen to the CD and repeat the vocabulary to improve your pronunciation.

- Je fais le ménage
- J'aide ma mère / mon père / mes parents
- Je range ma chambre
- Je tonds la pelouse
- Je fais la lessive / le repassage / mon lit / la vaisselle
- Je passe l'aspirateur
- J'aide à faire les courses
- Je fais le jardinage

Ex. 2.36 Que font-ils ?

Écoutez les jeunes qui parlent de ce qu'ils font pour aider chez eux le weekend. *Listen to these young people talking about how they help at home at the weekend.*

	Activity	Location
Marie		
Quentin		
Luc		
Camille		

OBJECTIFS

I can understand people describing how they help out at home.

😊 😐 ☹️

 Ex. 2.37 À deux

Posez les questions à votre camarade de classe et répondez à ses questions. Complétez la grille.
Talk with your classmate. Ask them questions and reply to theirs. Fill in the grid with your answers and theirs.

	Mes réponses	Les réponses de mon/ma camarade de classe
Qu'est-ce que tu fais pour aider chez toi ?		
Qui fait le plus chez toi ? Qu'est-ce qu'il/elle fait ?		

 MON PORTFOLIO 2.4 : Mon courriel à Mathieu

Faites cet exercice dans votre portfolio. *Do this exercise in your portfolio.*

 MON PORTFOLIO 2.5 : Ma carte à Mathieu

Faites cet exercice dans votre portfolio. *Do this exercise in your portfolio.*

 La vie en France

To let people know you are moving house, you can send *une carte de déménagement*, which informs people of your new address.

Carte
de déménagement

MA NOUVELLE ADRESSE

Ex. 2.38 Le blog de Mathieu

Mathieu

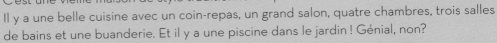

Dans un mois, je rangerai toutes les affaires dans ma chambre parce que dans un mois, si tout va bien, nous déménagerons en Provence ! Youpi !

Notre nouvelle maison est assez grande et très belle. C'est une vieille maison de style traditionnel en pierre. Il y a une belle cuisine avec un coin-repas, un grand salon, quatre chambres, trois salles de bains et une buanderie. Et il y a une piscine dans le jardin ! Génial, non?

Dans le salon, il y a déjà deux fauteuils, un canapé et une télé. Dans la cuisine, il y a un four, un micro-onde et un frigo. Dans la buanderie, il y a un lave-linge, un sèche-linge et une table à repasser ... enfin, tout ce qu'il faut !

Ma pièce préférée, c'est ma chambre, bien sûr. Pour le moment, elle est vide, alors je mettrai mon lit, ma table de chevet, mon bureau et ma chaise, ma lampe, mes étagères et mon speaker Bluetooth pour écouter de la musique. S'il fait beau cet été, je peindrai les murs en blanc et je mettrai les posters de mes groupes et vedettes préférés.

Une fois installé dans ma chambre, j'aiderai mes parents à ranger tous nos livres et nos bibelots dans les autres pièces. J'aiderai ma mère à faire le jardinage et nous participerons tous à la décoration de la maison. Le soir, j'aiderai papa à faire la cuisine, et après tout ce travail, je me détendrai dans la piscine !

1. Where is Mathieu moving to next month?
2. Describe his house.
3. What furniture/equipment is already in the kitchen?
4. What is his favourite room?
5. What does he use to listen to his music?
6. What will he do when he's settled in?
7. Translate:
   - De style traditionnel
   - Tout ce qu'il faut
   - Une fois installé
   - Je me détendrai
8. Find:

An example of a feminine adjective	
An example of a plural noun	
An example of a verb in the infinitive	
An example of a verb in *le futur simple*	

OBJECTIFS

I can understand a blog about someone's plans for moving house.

Interévaluation *Peer assessment*

First, fill in the grid below for yourself. Then work with a partner to provide each other with feedback on your performance in Ex. 2.38.

	😊 😐 ☹️
I pronounced the French 'R' well	
I used liaison where I should have	
I made eye contact with my partner	
I pronounced all words with an even stress	
I raised the pitch of my voice at the end of a question	
I used gestures where it suited	
I used intonation – and sounded as if I was having a conversation	
I was CaReFuL	
Words/phrases I pronounced really well …	
Words/phrases I need to practise more …	

Ex. 2.39 Au magasin de bricolage

Lisez les conversations au magasin de bricolage et répondez aux questions. *Read the conversations at the DIY store. Answer the questions below.*

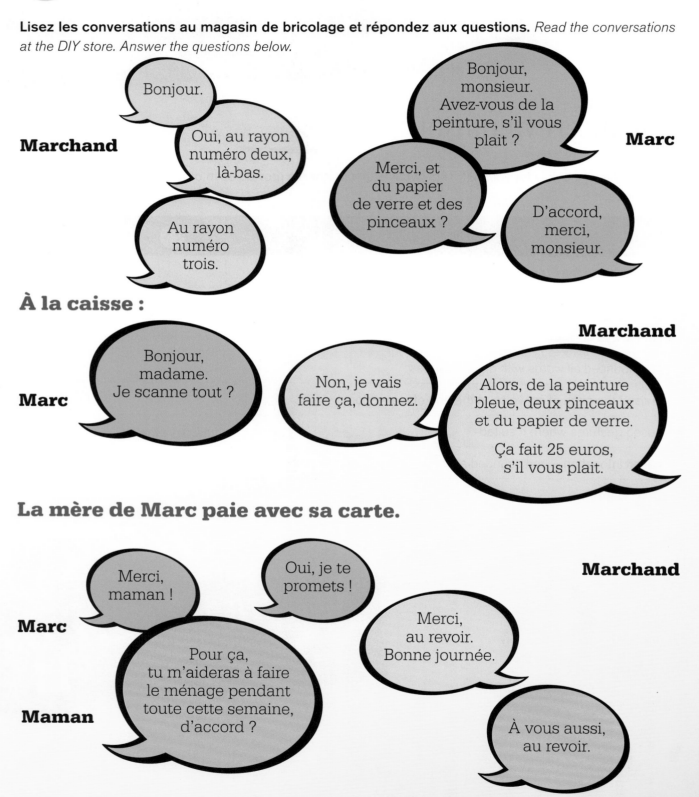

Marchand

Bonjour.

Oui, au rayon numéro deux, là-bas.

Au rayon numéro trois.

Marc

Bonjour, monsieur. Avez-vous de la peinture, s'il vous plait ?

Merci, et du papier de verre et des pinceaux ?

D'accord, merci, monsieur.

À la caisse :

Marc

Bonjour, madame. Je scanne tout ?

Non, je vais faire ça, donnez.

Marchand

Alors, de la peinture bleue, deux pinceaux et du papier de verre.

Ça fait 25 euros, s'il vous plait.

La mère de Marc paie avec sa carte.

Marc

Merci, maman !

Oui, je te promets !

Maman

Pour ça, tu m'aideras à faire le ménage pendant toute cette semaine, d'accord ?

Marchand

Merci, au revoir. Bonne journée.

À vous aussi, au revoir.

1. What does Marc buy?
2. What item is in Aisle 2?
3. What item is in Aisle 3?
4. Who pays?
5. What must Marc do for his Mum?

  # Ex. 2.40 Vocabulaire : au magasin de bricolage

- La peinture
- Un pinceau
- Le papier de verre
- Le papier peint
- La colle

- Peindre
- Le bricolage
- Faire du bricolage
- Bricoler
- Repeindre / refaire la décoration

- Organiser
- Ranger
- Nettoyer

Astuces

The following role play is another example of the type of role play you could carry out for CBA 1.

 # Ex. 2.41 Refaire la déco de sa chambre

Carry out a role play with your partner. The scenario is as follows:

A student wants to redecorate their bedroom. They make a trip to the DIY shop to buy wallpaper, paste and a brush. They find a shop assistant. They ask where they can find the materials they need. The shop assistant directs the student. The student takes the items to the checkout and buys them.

Follow the guidelines below:

- Use your classroom vocabulary for the role play.

- One of you plays the student and one of you plays the shop assistant.

- Work with your partner to write the script for your role play. First, draft it on a sheet of paper, then write the final script in your copybook.

- Record your role play as a sample of your work.

- Save your recording in a folder named 'My Digital Portfolio'. Store all your recordings there.

Interévaluation *Peer assessment*

First, fill in the grid below for yourself. Then work with a partner to provide each other with feedback on your performances in Ex. 2.41. The points below help you to form good habits for all role plays and oral assessments. This will be useful for your CBAs.

	😊	😐	😞
I pronounced the French 'R' well			
I used liaison where I should have			
I made eye contact with my partner			
I pronounced all words with an even stress			
I raised the pitch of my voice at the end of a question			
I used gestures where it suited			
I used intonation – and sounded as if I was having a conversation			
I was CaReFuL			
Words/phrases I pronounced really well …			
Words/phrases I need to practise more …			

 Visit www.carrefour.fr and see how you would decorate your bedroom or a room in your house.

 **OBJECTIFS**

😊 😐 😞

I can carry out a role play at the DIY shop in French.

 Search online for 'La maison préférée des Français'. You will see different types of houses from all over France. We have a similar TV show in Ireland. Can you name it?

Ex. 2.42 Des annonces

Lisez les textes et répondez aux questions.
Read the texts and answer the questions.

Une maison en carton, c'est possible dans la réalité ? Eh oui ! Il existe en France une maison en carton, qui est non seulement solide, mais aussi très écologique !

 A   **La maison de demain ?**

True or false?

1. This house is made out of cardboard.
2. The house is not very strong.
3. The house is eco-friendly.

B   **Airbnb en France**

1. This apartment has direct access to a swimming pool. True or false?
2. How many people does it accommodate?
3. How many bedrooms are there?
4. From what time can you arrive? By what time should you leave?

Accès direct à une plage de sable

À propos de ce logement

Appartement idéal pour 4 personnes
Dans une petite résidence, au calme. Situé à 100 mètres seulement de la plage et des commerces, il est parfait pour les vacances

Le logement

Notre appartement de 40 m² est récent, équipé tout confort, au rez-de-jardin d'une résidence de haut standing

Capacité d'accueil : 4	Arrivée : À partir de 16:00
Salles de bains : 1	Départ : Avant 11:30
Chambres : 1	

C   **Le Palais de l'Élysée**

1. The French President lives at the Palais de l'Élysée. True or false ?
2. Where in Paris is the Palais de l'Élysée?
3. How old is it?
4. Around how many people work there?

Moi, président, je travaille ... et j'habite à l'Élysée !

Dès le dimanche 14 mai, le « château », surnom du palais de l'Élysée, aura de nouveaux locataires : Emmanuel Macron, le nouveau président, s'y installe avec sa femme Brigitte. Comme François Hollande avant lui, Emmanuel Macron travaillera et dormira dans ce palais !

Le palais de l'Élysée est le bureau du président, ainsi que sa maison le temps de son mandat. Situé au coeur de Paris, dans le 8ᵉ arrondissement, l'Élysée est décrit depuis quelques années comme pas assez moderne, peu pratique ou difficile à protéger Pourtant, il n'est pas encore question de quitter ce palais, vieux de bientôt 300 ans, où, en plus du président, environ 800 personnes travaillent !

Emmanuel Macron

Récapitulatif

Mots-clés pour Unité 2

Tu habites où ?

- J'habite à (name of town/city) en/dans le (name of area)
- J'habite …
  - dans une maison
  - dans un appartement
  - dans une maison de plain-pied
  - dans une maison individuelle
  - dans une maison jumelée
- dans une ferme
- dans un lotissement
- à la campagne
- au bord de la mer
- en ville
- en banlieue/dans la banlieue de …
- près de …

Ce qu'il y a dans ma maison

- Les pièces
- Les chambres
- La cuisine
- La salle de bains
- Le grenier
- La salle à manger
- Le sous-sol
- Le salon
- Le bureau
- Le vestibule
- Le jardin
- Le garage

C'est où ?

- En haut
- En bas
- Au rez-de-chaussée
- Au premier étage

Dans ma chambre, il y a …

- Un lit
- Une lampe
- Une table de chevet
- Un tapis
- Un poster
- Une couette
- Un oreiller
- Des étagères
- Une armoire
- Des placards
- Une chaise

Je/J' …

- refais la déco de ma chambre
- range ma chambre
- aide mes parents
- organise mes affaires
- nettoie

Dans le salon, il y a …

- Un canapé / un sofa
- Un fauteuil
- Un poêle

- La cheminée
- Une télévision
- Une table

- Un coussin
- Des bibelots
- Des tableaux

Dans la cuisine, il y a …

- Un four
- Un évier
- Un lave-vaisselle
- Un micro-ondes

- Un frigo
- Une table
- Une chaise
- Une bouilloire

- Une casserole
- Un placard
- Un ilot de cuisine

Dans la buanderie, il y a …

- Un lave-linge / une machine à laver
- Un sèche-linge
- Une planche à repasser
- Un balai
- Un fer à repasser
- De la lessive

Les prépositions

- sur
- sous
- devant
- derrière
- en face de
- entre
- près de
- à côté de

Les tâches ménagères

- Je fais le ménage
- J'aide ma mère / mon père / mes parents
- Je range ma chambre
- Je tonds la pelouse
- Je fais la lessive / le repassage / mon lit / la vaisselle
- Je passe l'aspirateur
- Je fais la cuisine / les courses
- Je fais le jardinage

Le bricolage

- la peinture
- un pinceau
- le papier de verre
- le papier peint
- la colle
- peindre
- le bricolage
- faire du bricolage
- bricoler
- refaire la décoration

Bilan de l'unité 2 *Checklist for Unit 2*

Pour chaque objectif, choisissez votre émoticône	🙂	😐	🙁
Listening			
I can understand someone saying where they live.			
I can understand someone describing their house in detail.			
I can understand someone describing their bedroom.			
I can understand someone talking about plans to decorate their bedroom.			
I can understand someone describing where objects are located.			
I can understand someone describing their neighbours.			
I can understand someone describing their plans to help out at home.			
I can understand a conversation at a DIY shop.			
Reading			
I know the names of the different rooms in a house.			
I can understand a short description and a blog about someone's house and where they live.			
I can understand a blog about someone's plans to create their dream bedroom.			
I can understand ads for household items.			
I can understand a detailed description of a room saying where things are located.			
I can understand a blog about an apartment building and the people living in it.			
I can understand a blog about someone's DIY plans for the weekend.			
I can understand a conversation at a DIY shop.			
I can understand an article about different types of houses.			
I can understand an ad for a holiday home rental.			
I can understand an extract from a French novel.			

Pour chaque objectif, choisissez votre émoticône	😊	😐	☹️
Spoken production			
I can name the different rooms in a house.			
I can name different types of houses and where they are located.			
I can name the objects and furniture in the kitchen, sitting room, bedroom and laundry room.			
I can describe where objects and furniture are placed.			
I can use ordinal numbers to name the different floors in an apartment building.			
I can describe my house and my neighbours.			
I can say what chores I do to help out at home.			
Spoken interaction			
I can ask someone about their house and where they live.			
I can ask someone to describe the different rooms in their house.			
I can ask someone to describe their neighbours.			
I can ask someone to describe their dream room.			
I can carry out a role play at the DIY shop.			
I can talk about my plans for helping out at home.			
Writing			
I can write the names of the rooms in a house.			
I can write the objects and furniture in the kitchen, sitting room, bedroom and laundry room.			
I can write a blog about my dream bedroom or house.			
I can write an email about my house.			
I can write a role play at the DIY shop.			
I can complete a crossword in French.			
I can make posters of my new vocabulary and grammar.			
I can draw a plan of a house and label it.			

Discutez en classe – Have a class discussion

- Look back over your Portfolio exercises. In which areas did you give yourself stars?
- Look at your wishes. Have any of these improved?
- What was your favourite part of Unité 2? Why?
- You completed many different kinds of activities in Unité 2. What kinds of activities were best for helping you to learn? Why?
- What are you looking forward to learning more about in the next unit? Why?

À vous de jouer!

UNITÉS 1 ET 2

1. **Lisez le texte d'introduction du roman *Journal d'une ado expatriée* (A) et l'extrait de ce roman (B). Répondez aux questions dans votre cahier.** *Read the introductory text to the novel* Journal d'une ado expatriée *(A) and the extract from the novel (B). Answer the questions in your copybook.*

(A)

Journal d'une ado expatriée
by Véronique Martin-Place

★★★★★

Léa, une jeune adolescente de 13 ans vivant à Nantes, adore le théâtre et sa bande de copines qu'elle connait depuis toujours. Seule ombre au tableau, elle vit seule avec son père. Sa maman réside depuis six mois à Chicago pour des raisons professionnelles. Ses parents décident de réunir à nouveau leur petite famille. Pour cela, Léa et son père doivent quitter la France pour les États-Unis. L'annonce de cette nouvelle est loin de satisfaire Léa, une adolescente vive et déterminée à prendre sa vie en main.

Cette histoire plaira tant aux jeunes ados rêvant d'ailleurs qu'à ceux directement concernés par la problématique de l'expatriation. Ils se reconnaitront dans les états d'âme de Léa, ses humeurs, ses joies et ses peurs.

Un livre pour les pré-ados et jeunes ados expatriés ou sur le point de le devenir.

1. What is the name of the main character?

2. What does she love?

3. Where does her mum live? Where does her dad live?

4. Why must she move to the United States?

5. Name one type of person this book might appeal to.

UNITÉS 1 ET 2

(B)

> Ma Léa,
>
> j'espère que tu as passé une bonne journée. Maman rentre demain. Il faut donc mettre un peu d'ordre dans la maison. Est-ce que tu peux :
>
> – ranger ta chambre et la salle de bains ?
> – y passer l'aspirateur ;
> – vider le lave-vaisselle ;
> – mettre la table pour nous deux ce soir.
>
> C'est tout. Je rentre tôt et on ira faire les courses ensemble.
>
> Merci. Ton papa.

1. Who is coming home tomorrow?
2. The house is tidy: true or false?
3. Name three things Léa's father asks her to do.
4. What will they do when he gets home?

Extract and images from « Journal d'une ado expatriée » reprinted with kind permission of the author – Véronique Martin-Place.

2. LE CANADA

Faites des recherches en ligne, puis répondez aux questions dans votre cahier.
Research online to find out more about the French language in Canada. Answer the questions in your copybook.

1. Where in Canada is French mainly spoken?
2. What is the capital of this region?
3. How did French come to be spoken in Canada?
4. Who is the Canadian Prime Minister? Find three pieces of information about the Prime Minister.
5. When did he visit Ireland? Find three pieces of information about his visit.
6. Name one food item, one festival and one feast day that are part of French Canadian culture.

À vous de jouer! **UNITÉS 1 ET 2**

3. (A)

Nommez trois différences entre les verbes réguliers et les verbes irréguliers.
Name three differences between regular and irregular verbs in French.

(B)

Complétez les phrases avec la bonne forme du verbe entre parenthèses au présent. *Complete the sentences using the correct form of the present tense of the verb in brackets.*

1. Je _____ (regarder) un film avec des amis.

2. Nous _____ (manger) en famille chaque soir.

3. Tu _____ (remplir) le formulaire au crayon ?

4. Elles _____ (jouer) au foot dans une équipe locale.

5. Il _____ (choisir) un nouveau livre.

6. Vous _____ (entendre) ce bruit ?

7. On _____ (rendre) visite à Chloé ce soir.

8. Je _____ (répondre) toujours à mes mails.

9. Tu _____ (porter) une jupe ou un pantalon au collège ?

10. Elle _____ (finir) ses études cette année.

UNITÉS 1 ET 2

(C)

Complétez chaque phrase avec le bon verbe au présent. *Choose the right verb. Complete the sentences using the present tense.*

avoir	boire	aller	faire	être

1. Je _____ en cinquième.

2. Nous _____ beaucoup de sports pendant la récré.

3. Elles _____ beaucoup de livres dans leurs sacs.

4. Il _____ au collège en car.

5. Tu _____ un café ou un chocolat chaud ?

6. Ils _____ à l'entrainement avant le match.

7. Elle _____ déjà quatorze ans.

(D)

Complétez chaque phrase avec le bon verbe au futur proche. *Complete the sentences in* le futur proche *using the verb in brackets.*

1. Nous _____ (jouer) au foot samedi matin.

2. Ils _____ (rendre) visite à leurs cousins à Paris le weekend prochain.

3. Elle _____ (organiser) ses affaires d'école pour la semaine prochaine.

4. Tu _____ (sortir) avec ta bande vendredi soir ?

5. Je _____ (retrouver) mon copain au cinéma tout à l'heure.

6. Elles _____ (ranger) leurs casiers pendant la récré.

7. Vous _____ (lire) le nouveau roman de J K Rowling ?

UNITÉS 1 ET 2

4. **Remplissez le formulaire.** *Complete the form.*

Moi et mon collège	
Votre nom	
Le nom de votre collège	
Le nom de votre collège	
Vous êtes en quelle classe ?	
Quels sont les équipements du collège ?	
Quels clubs y a-t-il au collège ?	
Quelles matières étudiez-vous au collège ?	
Quelles sont vos résolutions pour la rentrée ?	

UNITÉS 1 ET 2

5. **Jeu de plateau.** *Board game.*

You will need:

- A different coloured counter for each player
- A dice

Rules

- 2–5 players
- The youngest player rolls first, the second-youngest rolls second, etc.
- Roll the dice and move on that number of squares.
- Take the challenge on your square.
- If you give an incorrect answer, you miss a turn.
- The first player to reach 'Vous avez gagné' wins the game!

💡 Astuces

Try to use as much French as possible during the game. Here are some useful phrases.

Commençons !	Let's begin!
À moi !	My turn!
À toi !	Your turn!
Lance le dé !	Throw the dice!
Avance d'une case !	Move forward one square!
Recule d'une case !	Go back one square!
Passe ton tour !	Miss a turn!

1

Départ

Bonne chance !

2

Décrivez l'image.

3

Dites quelles sont vos quatre matières préférées

4

Zut ! Reculez d'une case !

5

Nommez trois clubs dans votre collège.

6

Give one tip for French pronunciation.

7

Où habitez-vous ?

8

Vous avez de la chance ! Avancez de deux cases.

9

Conjuguez le verbe aller au présent.

10

Quelles sont vos deux résolutions principales pour la rentrée ?

11

Comment dit-on I forgot my pen en français ?

12

Vous avez de la chance ! Avancez de deux cases.

13

Ask for another sheet of paper in French.

14

Name four nouns in French.

15

Name four irregular verbs in French.

16

Zut ! Reculez d'une case !

17

How do you form le futur proche ?

18

If you were talking to two friends, would you use tu or vous ?

19

Introduce yourself, giving four pieces of information.

20

Ask to go to the bathroom in French.

21

Décrivez l'image.

22

Is the noun feutre masculine or feminine?

23

Vous avez de la chance ! Avancez de deux cases.

24

The teacher says, Éteignez les lumières – what do you do ?

Vous avez gagné ! Chapeau !

À vous de jouer ! **UNITÉS 1 ET 2**

6. **Une petite pièce de théâtre !** *A little play!*

Below is the script for a short play. Act it out in small groups or with your entire class. It's a great way to practise your new vocabulary. Audience members can take notes to help the actors improve their pronunciation!

Présentation

C'est la rentrée au Collège St Jean et les élèves sont en classe de français avec Monsieur Martin.

La liste de personnages

Chloé

Jéhan

le professeur, Monsieur Martin

Mise en scène

La salle de classe

Chloé :	Jéhan – qu'est-ce qu'on a comme devoirs à faire, ce soir ?
Jéhan :	Je ne sais pas, Chloé – je n'ai pas noté dans mon agenda !
Monsieur Martin :	Chloé, Jéhan, voici les devoirs pour ce soir. Je les ai écrits au tableau blanc pour vous. Notez-les tout de suite dans vos agendas, s'il vous plait.
Chloé et Jéhan :	Merci, Monsieur Martin.
Jéhan :	Psst, Chloé, j'ai perdu mon stylo !
Chloé :	Oh, Jéhan – tu perds toujours quelque chose ! Tiens, voilà un stylo.
Jéhan :	Merci, Chloé, tu es gentille !
Chloé :	Je sais !
Monsieur Martin :	Alors, tout le monde, dites-moi … Quelles sont vos résolutions pour la rentrée ?
Jéhan :	Moi, je vais organiser mes affaires d'école, surtout mes stylos !
Chloé :	Bonne résolution, Jéhan !
Monsieur Martin :	Oui, bonne résolution, Jéhan !

La vie des ados

By the end of this unit you will

★ Know about French cinema, TV and music, and be able to compare them with cinema, TV and music in Ireland

★ Know how to research France, French films and culture, and present your findings to your class

★ Be able to talk about how you use your mobile phone and apps

★ Have interviewed a friend about how they use their mobile phone and apps

★ Have read blogs where people describe their favourite TV shows and films, and how they use their mobile phones

★ Have heard people describe their favourite TV shows and films, and how they use their mobile phones

★ Have written blogs about your favourite TV shows and films

★ Have read film blurbs

★ Be able to carry out a role play at the cinema

★ Have practised using irregular verbs in the present tense

★ Be able to talk about your plans for the future, using *le futur simple* with irregular verbs

★ Be able to form and use different types of questions

★ Have completed a questionnaire and class survey

★ Have created a poster for a French film

★ Have planned a viewing of a French film for your class

★ Be able to reflect on your learning and identify ways to improve your learning

Ex. 3.1 La vie en France

Regardez la vidéo et répondez aux questions en anglais.

1. Who were the French creators of cinema?
2. Name one French title of an English-language movie.
3. Where can you go in Dublin to see a French film?
4. When is the annual French Film Festival in Ireland?
5. Name two French film stars.
6. What apps are popular among French teenagers?
7. When is la Fête de la musique ?

 Visit www.ifi.ie to learn how you can go to see a French film, or to see the study guide for *Les Choristes*, a really captivating French movie.

 MON PORTFOLIO 3.1 : **Le cinéma et la musique en France et en Irlande**

Faites cet exercice dans votre portfolio.

OBJECTIFS

I can talk about French cinema, music and cultural activities, and compare them with cultural activities in Ireland.

Ex. 3.2 Vocabulaire : la technologie

Écoutez le CD et entrainez-vous à bien prononcer le vocabulaire. Puis reliez les images avec les bons mots-clés.

Je décris mon portable

Tu as un portable ?

Oui, j'ai un portable / Non, je n'ai pas de portable

- Un portable
- Un smartphone
- Des écouteurs
- Un appareil photo
- Une appli (gratuite/payante)
- Un jeu / des jeux
- Le net / Internet
- Un appel vidéo
- Un écran (tactile)
- Un réseau social / des réseaux sociaux

Ex. 3.3 Mots croisés

Complétez la grille de mots croisés. (Faites attention – écrivez l'article qui convient avec le nom.)

Horizontalement

5. Games
6. Video calls
8. Calls
10. Headphones

Verticalement

1. An app with a cost
2. A touch screen
3. A smartphone
4. The social networks
7. A mobile phone
9. The net

OBJECTIFS

I can name things to do with a mobile phone.

Ex. 3.4 Vocabulaire : Que fais-tu avec ton smartphone ?

Écoutez le CD et entrainez-vous à bien prononcer le vocabulaire.

- Je télécharge des applis / de la musique / des vidéos / des photos
- J'appelle mes copains
- J'envoie des textos/sms
- J'écoute de la musique
- Je regarde des vidéos sur YouTube
- Je regarde des émissions en streaming
- Je vais sur Internet
- Je suis un peu accro
- Je discute en ligne avec mes copains
- Je joue à des jeux
- J'allume mon ordi
- J'éteins mon portable

Ex. 3.5 Mon portable et moi

Écoutez des jeunes parler de leur portable et cochez les bonnes réponses.

	Je télécharge des applis	Je regarde des émissions en streaming	J'écoute de la musique	J'envoie des textos	Je suis accro
Luc					
Emma					
Kevin					
Jules					

OBJECTIFS

I can understand young people talking about how they use their mobile phones.

  # Ex. 3.6 Benoit et Ève

Écoutez le CD et complétez le texte. Ensuite, répondez aux questions.

Benoit

J'adore mon nouveau _____ . C'est le dernier iPhone. L'écran est super facile et j'ai de nouveaux

_____ . Je peux faire plein de choses avec, et pas seulement envoyer des _____ ou appeler

mes copains !

J'ai téléchargé plusieurs _____ gratuites, comme Twitter, Instagram, Snapchat, mais mon appli _____ ,

c'est Akinator. C'est un génie qui _____ tout : on pense à quelqu'un de célèbre, on répond à des questions

et il devine à qui on pense. Vraiment bluffant ! Vas-y, télécharge l'appli, c'est trop drôle, tu vas bien t'amuser !

Unité 3 : La vie des ados

Ex. 3.10 Vocabulaire : des expressions avec le verbe faire

Écoutez le CD et entrainez-vous à bien prononcer le vocabulaire.

- Faire la grasse matinée
- Faire de la natation
- Faire une promenade
- Faire une randonnée
- Faire ses devoirs
- Faire le ménage
- Faire des courses

Ex. 3.11 Les jeunes parlent de leur weekend

Écoutez des jeunes parler de leur weekend et remplissez la grille.

	Activities	Day
Jéhan	1.	1.
	2.	2.
Camille	1.	1.
	2.	2.
Quentin	1.	1.
	2.	2.

Ex. 3.12 Vocabulaire : les activités

Écoutez le CD et entrainez-vous à bien prononcer le vocabulaire, puis reliez les images avec les bonnes expressions.

- Aller au cinéma/ciné
- Aller sur Internet
- Écouter de la musique
- Sortir avec des amis
- Retrouver des amis
- Mettre à jour son statut sur Instagram
- Jouer au foot / au basket, etc.

OBJECTIFS

I can name some weekend activities.

Rappelez-vous !

Jouer à / faire de

Two verbs are used to speak about sports in French: *jouer à* and *faire de*. Use *jouer à* when talking about games you play in a team or against someone. Remember that the preposition *à* will need to agree with the name of the sport (masculine, feminine or plural).

- Je joue au foot (*m.sing*)
- Je joue à la pétanque (*f.sing*)
- Je joue aux échecs (*pl*)

Use *faire de* when talking about sports you generally do by yourself. Remember that the preposition *de* will also need to agree with the name of the sport.

- Je fais du ski (*m.sing*)
- Je fais de la natation (*f.sing*)
- Je fais de l'athlétisme (sport starts with a vowel)

Jouer à / faire de

OBJECTIFS

I can understand and explain the use of *jouer à* and *faire de*.

Ex. 3.13 Que font-ils le weekend ?

Écoutez des jeunes parler de leur weekend et remplissez la grille.

	Activities	Day
Zoé	1. 2.	1. 2.
Hugo	1. 2.	1. 2.
Éva	1. 2.	1. 2.

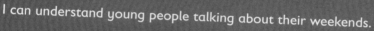

OBJECTIFS

I can understand young people talking about their weekends.

Ex. 3.14 Quelques verbes irréguliers

Complétez les phrases avec la forme du verbe irrégulier entre parenthèses au présent.

1.   Nous _____ (faire) de la natation.

2.   Je _____ (mettre) à jour mon statut sur Instagram.

3.   Elle _____ (sortir) souvent avec ses amis.

4.   Tu _____ (faire) les courses ce matin ?

5.   Ils _____ (aller) au cinéma en ville.

6.   Vous _____ (faire) une randonnée aujourd'hui ?

7.   On _____ (aller) au café après l'école.

8.   Elles _____ (faire) la grasse matinée tous les samedis.

9.   Il _____ (mettre) un pull avant de sortir.

10. Je _____ (sortir) le vendredi soir avec mes amis.

OBJECTIFS

I can use the irregular verbs *faire*, *sortir*, *mettre* and *aller* in sentences.

Astuces

Tips for practising verbs, especially irregular ones!

Verbs are crucial in any language: you need to able to spell and conjugate them. As you learn French, you will come across quite a few irregular verbs. In this unit, you have come across *faire*, *sortir*, *aller* and *mettre*. It is important to take time to learn any new verbs you meet and revise them regularly..

1. Think about the verbs you already know. Can you list them in the infinitive form in alphabetical order? Can you name a verb that begins with each letter of the alphabet?

2. For every verb you meet, make sure you know whether it is regular or irregular. If it is irregular, remember in what way(s) it is irregular.

3. Make sure you know the meaning(s) of the verb.

4. Look for patterns: find a similarity to a word in English or another French word (e.g. *partir* is a bit like the English 'to depart'). For each verb, find a strategy that will help you to remember it.

5. Songs offer a fun way to learn and remember things. Just think about the number of songs you can sing effortlessly: you didn't have to deliberately learn and study them! Use songs in your language learning. YouTube has lots of songs for French verbs.

6. Use index cards or online apps such as Quizlet. Create a card for each verb you want to learn or revise. When you think you know the verb, ask someone to test you. This can be a really helpful strategy: when we know we are going to be tested on something, we usually find the time to do our revision! Verbs are vital! It is worth taking the time to learn and practise them so that you can become confident in speaking and writing French.

Faire: to make/do	Sortir: to go out	Mettre: to put	Aller: to go
Je fais	Je sors	Je mets	Je vais
Tu fais	Tu sors	Tu mets	Tu vas
Il/elle/on fait	Il/elle/on sort	Il/elle/on met	Il/elle/on va
Nous faisons	Nous sortons	Nous mettons	Nous allons
Vous faites	Vous sortez	Vous mettez	Vous allez
Ils/elles font	Ils/elles sortent	Ils/elles mettent	Ils/elles vont

Le futur simple des verbes irréguliers

Le futur simple

We have learned that most verbs form *le futur simple* by adding regular endings (-*ai, -as, -a, -ons, -ez, -ont*) to the infinitive form, e.g. *j'aimerai, je sortirai* and (after taking away the final e) *je prendrai*.

However, there are a few irregular verbs that don't form *le futur simple* with their infinitive. You need to know them by heart as they can be quite different. The good news is that they use the same endings as the regular verbs.

Infinitive	Futur simple stem	Futur simple (je)	English
aller	ir-	J'irai	I will go
avoir	aur-	J'aurai	I will have
devoir	devr-	Je devrai	I will have to
être	ser-	Je serai	I will be
faire	fer-	Je ferai	I will do
pouvoir	pourr-	Je pourrai	I will be able to
venir	viendr-	Je viendrai	I will come
vouloir	voudr-	Je voudrai	I will want to

 Ex. 3.15 Les verbes au futur simple

Écrivez les verbes au futur simple.

	aller	être	faire	venir	vouloir
Je/J'	irai				
Tu	iras				
Il/elle/on	ira				
Nous	irons				
Vous	irez				
Ils/elles	iront				

Unité 3 : La vie des ados

OBJECTIFS

I can write common irregular verbs in *le futur simple*.

MON PORTFOLIO 3.4 : Le futur simple en poster

Faites cet exercice dans votre portfolio.

Ex. 3.16 Mes projets pour le weekend s'il pleut

Complétez les phrases avec la forme au futur simple du verbe entre parenthèses.

1. J' _____ (aller) au cinéma dimanche après-midi.

2. Mon copain Alex _____ (venir) avec moi. Ça _____ (être) sympa !

3. Le matin, mes parents _____ (faire) la grasse matinée.

4. Ma mère _____ (avoir) le temps de finir son livre.

5. Et toi, tu _____ (vouloir) faire quoi ce weekend ?

Ex. 3.17 À deux

With your partner, think about *le futur simple* and how to form it with regular and irregular verbs. Take turns explaining it to each other.

Ex. 3.18 Le blog de Marc

Lisez le blog de Marc et répondez aux questions.

Marc

Même s'il pleut le weekend prochain, ce sera un weekend très chargé. J'ai plein de projets ! Comme je serai sans doute un peu fatigué après la semaine au collège, je me coucherai tôt vendredi soir. Samedi matin, je ne ferai pas de grasse matinée ; je ferai mes devoirs, comme ça, ils seront faits. Samedi après-midi, je retrouverai mes copains Luc et Benjamin au café. Ils auront sans doute beaucoup de choses à me raconter. S'il pleut, on ne jouera pas au foot alors on ira au ciné ensemble. Après, je rentrerai chez moi et je dînerai en famille. Dimanche matin, j'irai voir mes cousins de Nice avec mes parents. On s'amusera bien même s'il pleut parce qu'ils ont une table de ping pong chez eux. Nous rentrerons à la maison en fin d'après-midi. Alors tu vois, je ne m'ennuierai pas !

1. Underline the verbs in *le futur simple* and list them in the grid below.

Le futur simple	Anglais
sera	will be

2. Répondez aux questions dans votre cahier.

(a) What does Marc plan to do on Friday evening?

Why?

(b) What will he not do on Saturday morning?

Why?

(c) When will he meet Luc and Benjamin?

(d) Where will they go on Saturday night?

(e) What plans has Marc for the Sunday?

(f) What will they do at the end of the afternoon?

3. Traduisez :

- Même si
- Très chargé
- Comme
- Fatigué
- Tôt
- Retrouver
- On s'amusera bien
- Tu vois
- Je ne m'ennuyerai pas

OBJECTIFS

I can read a blog about someone's plans for the weekend.

Ex. 3.19 Les jeunes et leurs projets de weekend

Écoutez des jeunes parler de ce qu'ils feront s'il pleut le weekend prochain et répondez aux questions.

1. What will Sophie do on Friday?
2. Where will Antoine go with his cousin?
3. Who will go swimming on Saturday morning?
4. What will Chloé do on Saturday night?
5. Who will go with her?

OBJECTIFS

I can understand teenagers talking about their plans for a wet weekend.

 # Ex. 3.20 À deux

Posez les questions à votre camarade de classe et répondez à ses questions. Complétez la grille.

	Mes réponses	Les réponses de mon/ma camarade
Tu as des projets pour le weekend prochain s'il pleut ?		
Qu'est-ce que tu feras vendredi soir ?		
Qu'est-ce que tu feras samedi matin ?		
Qu'est-ce que tu feras samedi après-midi ?		
Qu'est-ce que tu feras samedi soir ?		
Qu'est-ce que tu feras dimanche ?		

 Interévaluation

First, fill in the grid below for yourself. Then work with a partner to provide each other with feedback on your performances in Ex. 3.21.

	😊 😐 ☹️
I pronounced the French 'R' well	
I used liaison where I should have	
I made eye contact with my partner	
I pronounced all words with an even stress	
I raised the pitch of my voice at the end of a question	
I used gestures where it suited	
I used intonation – and sounded as if I was having a conversation	
I was CaReFuL	
Words/phrases I pronounced really well …	
Words/phrases I need to practise more …	

 **OBJECTIFS**

I can use sentences with *le futur simple*, including irregular verbs. 😊 😐 ☹️ →☐

OBJECTIFS

I can ask and answer questions about my plans for a wet weekend. 😊 😐 ☹️ →☐

 Visit www.allocine.com. Find three films that you would like to see if you were in France.

Ex. 3.21 Vocabulaire : aller au cinéma

Écoutez le CD et entrainez-vous à bien prononcer le vocabulaire.

C'est …

- un film d'action
- un film d'horreur
- un film de science-fiction
- un film comique
- un film romantique
- un thriller (de guerre)

L'action se déroule …

- en France
- aux États-Unis
- à la campagne
- dans un château

OBJECTIFS

I can name different types of films and where they are set.

MON PORTFOLIO 3.5 : Un poster pour mon film préféré

Faites cet exercice dans votre portfolio.

MON PORTFOLIO 3.6 : Un poster pour un Festival du Film Français

Faites cet exercice dans votre portfolio.

Ex. 3.22 Des films

Lisez les résumés et répondez aux questions.

Les Tuche

Quand une famille suisse, les Tuche, gagne 100 million d'euros, leur vie change complètement. La famille peut maintenant réaliser ses rêves, et surtout le rêve de leur fille Cathy, qui part vivre à Monaco. Mais ce n'est pas facile pour les Tuche de s'habituer à cet argent.

La Classe entre les murs

François est un jeune professeur de français dans un collège difficile près de Paris. Dans sa classe, François est enthousiaste et il fait de son mieux pour motiver les adolescents. Quand un élève se retrouve devant le conseil de discipline, François essaie de l'aider.

Le Petit Nicolas

Nicolas est heureux. Il a des parents qui l'aiment, et une bande de copains. Mais un jour, il entend une conversation entre ses parents, et apprend que bientôt un petit frère sera là. Nicolas est jaloux et imagine que ses parents n'auront plus de temps pour lui, à cause de ce nouveau bébé.

Vrai ou faux ?

Les Tuche

1. The Tuche family is from France.

2. Their son wants to live in Monaco.

La Classe entre les murs

3. The school is near Paris.

4. François tries to help students, even when they get into trouble.

Le Petit Nicolas

5. Nicolas thinks he is going to have a baby brother.

6. He is delighted with this news.

OBJECTIFS

I can read film blurbs in French.

Ex. 3.23 La bataille de Dunkerque

Lisez l'article et répondez aux questions.

ROYAUME-UNI
Londres ◉
• Dunkerque
◉ Paris

Dunkerque : un film de guerre à ne pas rater

La bataille de Dunkerque, pendant la Seconde Guerre mondiale, reste mal connue du public. Le film *Dunkerque* raconte l'aventure extraordinaire et véridique de soldats anglais sur les plages de Dunkerque, dans le nord de la France au printemps 1940.

Au début du film, l'Allemagne, en guerre avec plusieurs pays d'Europe, envahit le nord de la France et 400 000 soldats britanniques sont bloqués à Dunkerque. Le film nous montre la guerre dans toute son horreur : ces soldats ne peuvent rien faire, ils vont tous mourir sous les bombardements allemands.

Mais Dunkerque n'est qu'à soixante kilomètres des côtes anglaises – alors l'opération Dynamo se met en place. Des bateaux militaires britanniques, mais aussi des bateaux de pêche et de plaisance, vont traverser la Manche pour venir chercher les soldats. Une mission dangereuse mais réussie. En moins de 10 jours, 350 000 soldats sont sauvés.

Dunkerque, un film passionnant pour découvrir un moment important de la Guerre de 39–45.

1. Is the film based on a true story?
2. Where is it set?
3. What happened to the British troops in Dunkirk?
4. What made the rescue Operation Dynamo possible?
5. Who took part apart from the British Navy?
6. How successful was Operation Dynamo?

OBJECTiFS

I can read a French feature article about a film.

☺ 😐 ☹

Ex. 3.24 Au cinéma

Lisez et écouter les conversations au cinéma et répondez aux questions.

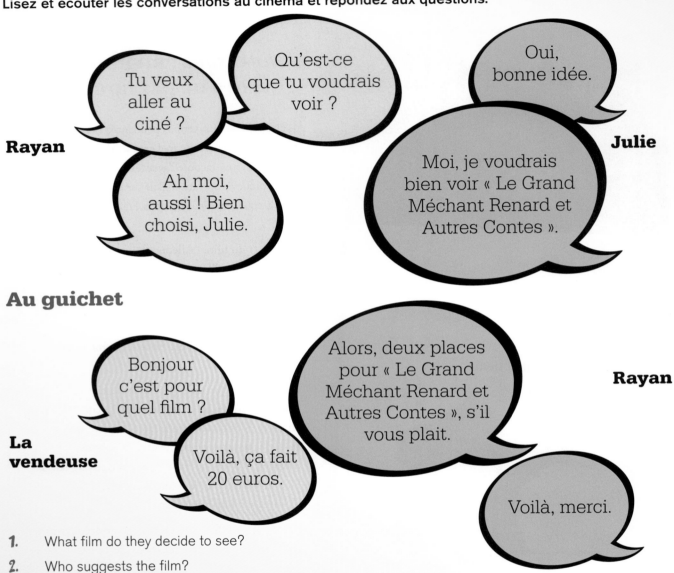

Rayan

Tu veux aller au ciné ?

Qu'est-ce que tu voudrais voir ?

Oui, bonne idée.

Julie

Moi, je voudrais bien voir « Le Grand Méchant Renard et Autres Contes ».

Ah moi, aussi ! Bien choisi, Julie.

Au guichet

La vendeuse

Bonjour c'est pour quel film ?

Voilà, ça fait 20 euros.

Alors, deux places pour « Le Grand Méchant Renard et Autres Contes », s'il vous plait.

Rayan

Voilà, merci.

1. What film do they decide to see?
2. Who suggests the film?
3. When they arrive at the cinema, what does the assistant ask them?
4. How much are the tickets?
5. Traduisez :
   - Bonne idée
   - Bien choisi
   - Au guichet
   - Une place

OBJECTIFS

I can understand a conversation at the cinema.

Ex. 3.25 Des jeunes iront au cinéma

Écoutez des jeunes parler de cinéma. Reliez chaque jeune au film dont il parle.

Jérôme

1.

2.

Brigitte

Pierre

3.

4.

Vanessa

A.

B.

C.

D.

Search for 'Comme une française: how to go to the cinema in France' for an interesting blog post. Compared with Ireland, going to the cinema in France is quite a different experience!

OBJECTIFS

I can understand people talking about going to the cinema.

 Ex. 3.26 Jeu de rôle

Posez les questions à votre camarade de classe et répondez à ses questions.

Carry out a role play with your partner on the topic of going to the cinema in France.

Follow the guidelines below:

● Choose the vocabulary you would like to use in your role play.

● Work with your partner to write the script for your role play. First, draft it on a sheet of paper, then write the final script in your copybook.

● Record your role play as a sample of your work.

● Save your recording in a folder named 'My Digital Portfolio'. Store all your recordings there.

● Remember: a role play is one of the possibilities for your CBA 1.

 Interévaluation

First, fill in the grid below for yourself. Then work with a partner to provide each other with feedback on your performances in Ex. 3.26.

	😊 😐 😟
I pronounced the French 'R' well	
I used liaison where I should have	
I made eye contact with my partner	
I pronounced all words with an even stress	
I raised the pitch of my voice at the end of a question	
I used gestures where it suited	
I used intonation – and sounded as if I was having a conversation	
I was CaReFuL	
Words/phrases I pronounced really well …	
Words/phrases I need to practise more …	

OBJECTIFS
I can carry out a role play at the cinema.

Astuces

Prononciation

The phrase *est-ce que* is pronounced as just two syllables. It sounds like 'eskuh'.

Try pronouncing these questions.

- Est-ce que tu as un stylo ?
- Est-ce que tu as aimes le film ?
- Est-ce que tu as des frères et sœurs ?

Note that *est-ce que* becomes **est-ce qu'** when it is followed by a word starting with a vowel:

- Est-ce qu'il aime aller au ciné ?
- Est-ce qu'elle regarde *Ellen* à la télé ?

 # Ex. 3.31 La forme interrogative

Posez la question en utilisant « Est-ce que/qu' » comme dans les exemples. N'oubliez pas l'accord des verbes !

Exemples :

Je regarde souvent la télé. Et toi ? Est-ce que tu regardes souvent la télé ?

Ma mère n'aime pas les infos. Et ta mère ? Est-ce qu'elle aime les infos ?

1. Je regarde toujours un film le soir. Et toi ?
2. Je vais au cinéma ce weekend. Et vous ?
3. Mon père aime surtout les films de guerre. Et ton père ?
4. Mes copains n'aiment pas jouer au foot. Et tes copains ?
5. Mes sœurs font la grasse matinée le dimanche. Et tes sœurs ?
6. Ma copine fait de la natation le samedi. Et ta copine ?

OBJECTIFS

I can form a question in two different ways: raising the pitch of my voice at the end of a statement and using *est-ce que*.

Les pronoms interrogatifs

To ask questions other than for a yes or no answer, you need to use interrogative pronouns.

You have already come across a few. Look at the grid: which ones can you translate into English without looking in a dictionary?

Les pronoms interrogatifs

Où ?	
Qui ?	
Que / Qu'est-ce que ?	
Comment ?	
Pourquoi ?	
Quand ?	
Combien (de) ?	
Quel(s)/quelle(s) ?	

OBJECTIFS

I know the meanings of interrogative pronouns.

Ex. 3.32 Reliez les phrases

Reliez chaque question avec la bonne réponse.

1. Ton copain va où ?	(a) Alex et Chloé.
2. Qui va au ciné avec toi ?	(b) En bus.
3. Qu'est-ce qu'il y a au ciné ?	(c) Les séries policières.
4. On va comment au ciné ?	(d) Au ciné.
5. Pourquoi tu adores ce film ?	(e) Un thriller.
6. Tu vas quand au ciné ?	(f) Il est genial !
7. C'est combien la place de ciné ?	(g) Tous les weekends.
8. Quelle émission tu préfères à la télé ?	(h) 8 euros.

1		2		3		4		5		6		7		8	

Unité 3 : La vie des ados

Pour chaque objectif, choisissez votre émoticône	🙂	😐	🙁
Spoken production			
I can describe a mobile phone.			
I can say what apps I have.			
I can say how I use my mobile phone.			
I can list weekend activities.			
I can ask a question using different question forms.			
I can list my plans for a wet weekend.			
I can name different types of TV show.			
I can name different types of film.			
Spoken interaction			
I can ask someone about their mobile phone and apps.			
I can answer questions about my mobile phone and how I use it.			
I can ask and answer questions about weekend activities.			
I can talk about my plans for a wet weekend, and ask someone about theirs.			
I can carry out a role play at the cinema.			
I can interview a friend about their favourite film.			
Writing			
I can list the features of a mobile phone.			
I can write a blog about using my mobile phone.			
I can carry out a class survey about mobile phones.			
I can fill out a form about mobile phones and apps.			
I can complete a crossword about mobile phones.			
I can make a graphic organiser about *le future simple* and irregular verbs.			
I can write a blog about my plans for a wet weekend, using *le futur simple*.			
I can write a blog about my favourite TV shows and films.			

Discutez en classe

- Look back over your Portfolio exercises. In which areas did you give yourself stars?
- Look at your wishes. Have any of these improved?
- What was your favourite part of Unité 3? Why?
- You completed many different kinds of activities in Unité 3. What kinds of activities were best for helping you to learn? Why?
- What are you looking forward to learning more about in the next unit? Why?

Unité 3 : La vie des ados

Unité 4

Je fais la fête

By the end of this unit you will

★ Know about Christmas markets and traditions in France
★ Have completed a research project on some cultural differences between national celebrations in Ireland and France
★ Have read advertisements for events at Halloween and Christmas
★ Have written a birthday invitation for a party
★ Have written a blog about a party that has already happened
★ Have completed a role play, talking about a party that has happened
★ Be able to describe your plans for the Halloween break and Christmas holidays
★ Know how to write an email to your friend, inviting them to visit you
★ Have designed an infographic to practise *le passé composé*
★ Have practised using *le passé composé* to talk about a celebration you have had
★ Know more about irregular verbs
★ Be able to reflect on your learning and identify ways to improve your learning

 # Ex. 4.1 La vie en France

Regardez la vidéo et répondez aux questions en anglais.

1. When do French people celebrate *La Fête du Travail et du Muguet*?

2. What French celebration occurs on 14 July?

3. Name one custom that occurs in France on April Fool's Day.

4. For someone to be legally married in France, where must their ceremony take place?

5. What happens in France during *La Fête de la musique*?

6. What national holiday is related to the 11th hour of the 11th day of the 11th month?

7. How did one school project raise awareness about World War 2 in France?

8. What do you know about Valentine's Day celebrations in France?

9. What is the French name for Santa Claus?

10. When are the following feasts: *l'Épiphanie* and *La fête de la Chandeleur*?

 Search online for a list of French celebrations, compare them with Irish celebrations and see what differences there are.

 ## OBJECTIFS

I know about different national holidays and celebrations in France.

 Search www.commeunefrancaise.com for 'feast days' to learn more about French people's celebrations.

 Search YouTube for the film trailer of *Joyeux Noël*, a French film about an extraordinary event that occurred on Christmas Eve 1914 on the Western Front during World War I. Can you find out what happened that night? What does this event reveal about the war and the soldiers involved?

 Visit www.journal-suzon.fr – *Le journal de Suzon*. Can you read this blog and give three interesting pieces of information about the war and Suzon's experiences of it?

MON PORTFOLIO 4.1 : Les fêtes et l'histoire en France et en Irlande

Faites cet exercice dans votre portfolio.

 Find out about the history of the Irish flag. It will help you with your research project.

OBJECTIFS

I can talk about some historical links between France and Ireland.

  ## Ex. 4.2 Des affiches

Lisez les affiches et répondez aux questions dans votre cahier.

A

1. What is being advertised.

2. This event will take place on what date and at what time?

3. Where can you find parking?

Marché de Noël

De nombreuses animations
Samedi 19 et dimanche 20 décembre
de 11h à 19h
VERNOU-SUR-BRENNE

Parking de l'Hôtel de ville (le long de la patinoire)

B

1. In this poster, Halloween falls on what day of the week?

2. What does the poster invite you to visit?

3. What can you expect to experience there?

4. What do visitors receive? →

C

1. What is this poster advertising?

2. What is happening on 24 November?

3. How do you enter?

4. How much is the prize worth? ↓

HALLOWEEN

SAMEDI 31 OCTOBRE

VENEZ VISITER NOTRE MAISON HANTÉE ...

PETITS Ou GRANDS, VENEZ PARTAGER

AVEC NOUS SuEURS FROIDES, FRISSONS,

CRIS ET ANGOISSE DE 16H À 20H

DES SACS SURPRISES SERONT REMIS AUX VISITEURS !
ON VOUS ATTEND À L'ANCIEN REST-O-PUB LAC MASSON SITUÉ AU 108 CHEMIN MASSON

CONCOURS

DÉCOREZ VOTRE MAISON POUR HALLOWEEN !

AJOUTEZ DE L'AMBIANCE À VOTRE FÊTE
AVEC UN DE NOS DEUX KITS DÉCO À GAGNER !

POUR PARTICIPER, VISITEZ « KITS HALLOWEEN »
SUR FACEBOOK !

TIRAGE LE 24 OCTOBRE

VALEUR DE PLUS DE 100€

Crèche de Noël traditionnelle

Valbonne village

Du 14 décembre au 4 janvier

6ème edition de crèche Provençale

Visite tous les jours de 9h à 19h

Réalisée par : l'Association ACAV

Les compagnons de l'Abbaye de Valbonne

D

1. What is this poster promoting?

2. In which part of France is the display?

3. What are the visiting times?

 ←

E

1. When is the feast of the Epiphany?

2. How big is the cake?

3. It is homemade. True or false?

4. When must you place an order by? →

Dimanche 5 janvier
Fêtez l'Épiphanie !

Commandez votre galette des rois
au Sou des Écoles des Hurtières

galette
des rois

Galette 6/8 parts = 10 euros
Fait maison !
Commandes avant le vendredi 3 janvier 18h
au 06 19 98 05 00
Livraison possible le dimanche 5 et toute
la semaine suivante

OBJECTIFS

I can read posters or small ads about various feasts and celebrations.

 CD1 T45

Ex. 4.3 Faire la fête

Écoutez le CD et entrainez-vous à bien prononcer le vocabulaire. Puis, reliez chacun mot à l'image qui correspond.

Qu'est-ce que tu achètes pour ta fête ?

J'achète …

- des invitations
- des bougies
- des décorations
- des pailles

- des cadeaux
- des cierges magiques
- un gâteau
- des ballons

Qu'est-ce que tu fais pour organiser une fête chez toi ?

- Je télécharge de la musique
- J'envoie des invitations
- Je décore la maison

- Je prépare un buffet
- Je souhaite la bienvenue à mes copains
- Je commande des pizzas !

Qu'est-ce que tu vas faire pendant la fête ?

- Je vais danser
- Je vais bavarder avec mes copains
- Je vais souffler les bougies de mon gâteau

- Je vais écouter de la musique
- Je vais manger des chips
- Je vais m'amuser

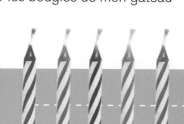

Ex. 4.4 Reliez les phrases

Je vais envoyer	la maison
Je vais décorer	bien m'amuser
Je vais préparer	des invitations à mes amis
Je vais retrouver	de la musique
Je vais télécharger	des friandises et des boissons
Je vais commander	mes amis
Je vais	de la pizza

OBJECTIFS

I can pronounce my new vocabulary with a good French accent.

Ex. 4.5 Mots croisés

Lisez les indices et remplissez la grille de mots croisés. (Faites attention – écrivez l'article qui convient devant le nom.)

Horizontalement

5. An invitation

Verticalement

1. I will buy
2. To organise
3. Music
4. A party
5. A candle
6. To download

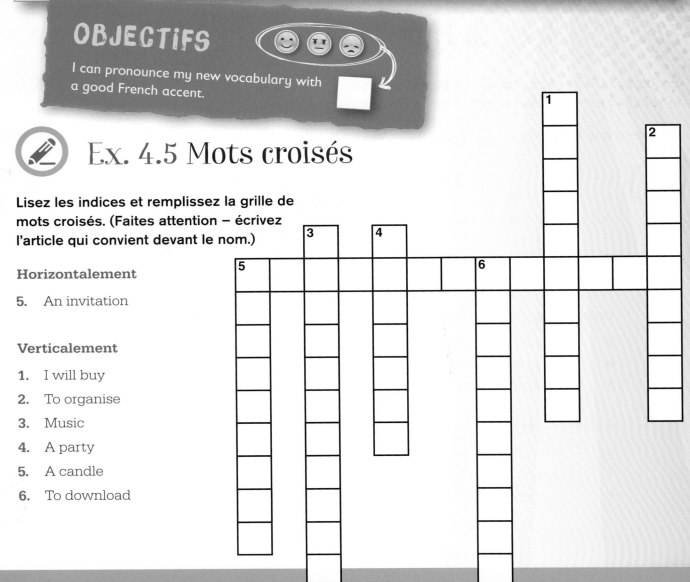

Ex. 4.6 Des jeunes se présentent

Écoutez des jeunes parler de leurs projets de fête. Puis complétez la grille.

	Date of party	What are they buying?	What will they do at the party?	What are they celebrating?	Time of the party
Amélie					
Juliette					
Louis					
Zac					

OBJECTIFS

I can understand people describing their party plans.

Ex. 4.7 Vocabulaire : les fêtes

Écoutez le CD et entraînez-vous à bien prononcer le vocabulaire.

- Joyeux anniversaire / bon anniversaire
- Joyeux Noël
- Joyeuses Pâques
- Bonne fête (de Hanoukka)
- Bonne Année (et bonne santé)
- Félicitations

Ex. 4.8 Les fêtes

Écrivez le vœu qui correspond à la fête.

La fête	Le vœu
Noël	
Pâques	
La Saint-Sylvestre	
Hanoukka	
Un anniversaire	
Un mariage	

OBJECTIFS

I know the correct greetings/wishes for different celebrations.

  # Ex. 4.9 Des conversations

Lisez le dialogue et répondez aux questions.

Oui, ça va.

Salut, Manon, ça va ?

Quentin

Tu vas aller à la fête de Marie, samedi soir ?

Bien sûr, j'ai hâte d'aller à sa fête ! Ça va être génial. Et toi, tu y vas ?

Je ne sais pas encore … je dois faire du babysitting ce soir-là. Mes parents vont au ciné mais ils pensent revenir vers 9 heures.

Manon

Eh bien alors, tu pourras venir à 9 heures ! Allez, Quentin, viens ! On va s'amuser !

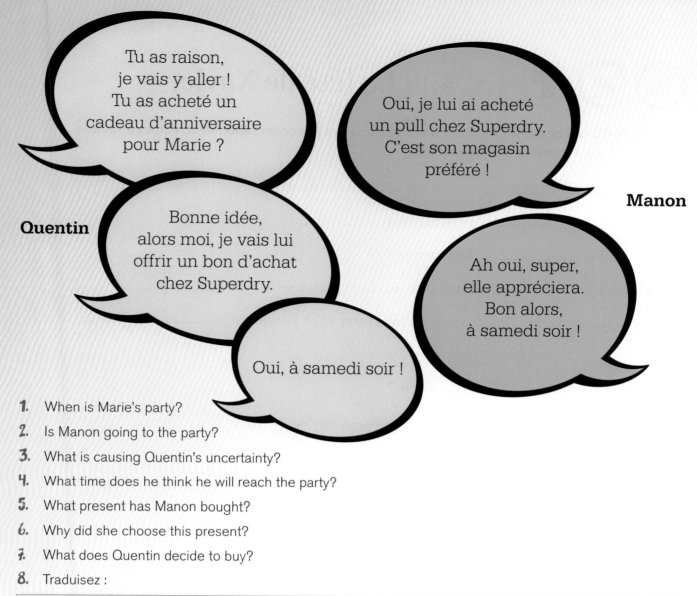

Quentin

Tu as raison, je vais y aller ! Tu as acheté un cadeau d'anniversaire pour Marie ?

Bonne idée, alors moi, je vais lui offrir un bon d'achat chez Superdry.

Oui, à samedi soir !

Oui, je lui ai acheté un pull chez Superdry. C'est son magasin préféré !

Manon

Ah oui, super, elle appréciera. Bon alors, à samedi soir !

1. When is Marie's party?

2. Is Manon going to the party?

3. What is causing Quentin's uncertainty?

4. What time does he think he will reach the party?

5. What present has Manon bought?

6. Why did she choose this present?

7. What does Quentin decide to buy?

8. Traduisez :

Ça va être génial	
Tu as raison	
Un bon d'achat	

9. Trouvez les expressions suivantes dans le dialogue.

I can't wait to go to her party.

Are you going (there)?

I don't know yet.

You'll be able to come.

You're right.

I'll get her a gift token.

See you Saturday night!

OBJECTIFS

I can read and understand a conversation about a party and party plans.

Ex. 4.10 La fête de Xavier

Écoutez le CD et complétez les phrases. Ensuite, lisez la conversation avec votre camarade de classe. Puis, répondez aux questions.

Arthur : _____, Chloé, tu vas aller à la _____ de Xavier ?

Chloé : Salut, oui, j'y _____. J'adore les fêtes _____.

Arthur : Tu as déjà _____ un déguisement ?

Chloé : Oui, si je trouve un costume pas cher, je ___ déguiserai en Wonder Woman ! Et ___ ?

Arthur : Tu sais comme _____ le « Big Bang Theory » ! Eh bien, je vais me _____ en Sheldon Cooper.

Chloé : Trop _____ - bonne idée !

Arthur : C'est bien le 31 _____, la fête ?

Chloé : Ben oui, bien sûr. Samedi soir 8 _____ chez Xavier.

Arthur : Il faut _____ quelque chose ?

Chloé : Je ne pense pas, _____ j'apporterai des boissons. Tu peux apporter des bonbons peut-être ?

Arthur : _____, ok, alors je passerai chez toi à 7 heures et demie ?

Chloé : Oui super, _____ ira ensemble ! À samedi !

1. Xavier's party is to celebrate:
- (a) Christmas ☐
- (b) Halloween ☐
- (c) All Saints ☐

2. Chloé thinks Arthur's costume idea is:
- (a) boring ☐
- (b) dull ☐
- (c) funny ☐

3. Chloé is bringing:
- (a) crisps ☐
- (b) sweets ☐
- (c) drinks ☐

4. She tells Arthur to bring:

   (a) candles ☐

   (b) sweets ☐

   (c) decorations ☐

5. Chloé will call for Arthur on the night of the party.

   True ☐

   False ☐

6. Trouvez les expressions suivantes dans le dialogue :

   • Have you already chosen a costume?

   • I'll dress up as …

   • Do we need to bring something?

   • I'll bring some drinks.

   • Maybe you can bring some sweets.

   • I'll come by your place.

   • We'll go together.

OBJECTIFS

I can listen to and understand a conversation about parties and party plans.

 Interévaluation

First, fill in the grid below for yourself. Then work with a partner to provide each other with feedback on your performances in Ex. 4.10.

	😊 😐 😞
I pronounced the French 'R' well	
I used liaison where I should have	
I made eye contact with my partner	
I pronounced all words with an even stress	
I raised the pitch of my voice at the end of a question	
I used gestures where it suited	
I used intonation – and sounded as if I was having a conversation	
I was CaReFuL	
Words/phrases I pronounced really well …	
Words/phrases I need to practise more …	

 # Astuces

Writing and performing role plays

You have had a lot of practice asking and answering questions with your partner. You can use this experience to write role plays! Remember you can carry out a role play for your CBA 1 and indeed you will also need 1 oral piece for your CBA 2, so you could decide to carry out a role play for this also. Here are some tips to help you use your creative writing skills and acting abilities.

1. Always plan. Use a page for rough work (or the rough work box in your Portfolio) to note the questions you want to ask.

2. Choose names and personalities for your characters. It can be even more fun if you take on a dramatic persona: your character can be any person you imagine.

3. Decide who will play each character.

4. Consider using props and costumes. In Mon portfolio 4.2, you can use phones as props. You could also give the characters hats, glasses or other costume elements.

5. Show your character's personality and attitude. You will find that if you are playing alongside someone who is really acting out their role, then you will do the same. The role play comes more naturally and it is much more fun!

6. Write your script and practise reading it out loud with your partner. Practise it several times, until you are both confident and comfortable.

7. Remember to sound French! Try to use 'filler' words and sounds that you have heard French speakers use, e.g. *bein*, *euh*, *alors*. These fillers help you to sound more French and they will buy you a little bit of time to think of your line!

8. Use your voice properly when you are asking questions: raise the pitch of your voice at the end of a question.

9. A role play involves acting with other people. You are not just listing words and phrases you have learned: you are using your new vocabulary to mimic real-life situations. React to your partner and go with the flow.

10. *Amusez-vous bien !*

 ## MON PORTFOLIO 4.2 : Jeu de rôle - parler d'une fête

Faites cet exercice dans votre portfolio.

Le passé composé

When we talk about things that happened in the past, we use a past tense. As in English, there are different past tenses in French. One of these tenses is called *le passé composé*.

We use this tense to talk about *completed actions* in the past.

In English, we can talk about a completed action in two ways:

- I ate
- I have eaten

In French, *le passé composé* covers both of these sentences :

- J'ai mangé

Don't you think the French version, *J'ai mangé*, looks similar to one of the English versions?

Looking at the French, *J'ai mangé*, you can see that **two verbs** are used to form the tense:

- Verb 1 = *avoir* (the auxiliary verb) in the present tense

Avoir : To have	
J'	ai
Tu	as
Il/elle/on	a
Nous	avons
Vous	avez
Ils/elles	ont

- Verb 2 = *mangé*, which is the past participle form of *manger*.

To form the past participle of regular verbs, we follow these rules:

- *-er* verbs change their ending to *-é* : *bavarder* = *J'ai bavardé*

- *-ir* verbs change their ending to *-i* : *finir* = *J'ai fini*

- *-re* verbs change their ending to *-u* : *vendre* = *J'ai vendu*

We will look at the past participles of irregular verbs later on.

Ex 4.11 Les verbes réguliers au passé composé

Écrivez les verbes au passé composé avec je …

Verb 1: Infinitive	Verb 2: Past participle	Passé composé	English
choisir	choisi	j'ai choisi	I chose / I have chosen
finir			
regarder			
manger			
entendre			
vendre			
organiser			
inviter			
réussir			
servir			
répondre			
rendre			
parler			
trouver			

OBJECTIFS

I can understand how to form and use *le passé composé* with avoir and regular verbs.

Ex. 4.12 La conjugaison au passé composé

Conjuguez les verbes au passé composé.

Exemple :

Regarder : *To look at*	
avoir (au présent)	participe passé
J'ai	regardé
Tu as	regardé
Il/elle/on a	regardé
Nous avons	regardé
Vous avez	regardé
Ils/elles ont	regardé

Finir : *To finish*	
avoir (au présent)	participe passé

Attendre : *To wait for*	
avoir (au présent)	participe passé

Bavarder : *To chat*	
avoir (au présent)	participe passé

OBJECTIFS

I can conjugate verbs with regular past participles in *le passé composé*.

Ex. 4.13 À deux

Lisez le blog de Benjamin avec votre camarade et soulignez les verbes au passé composé.

BENJAMIN ✳✳✳✳✳✳✳✳✳✳✳✳

Le weekend dernier, <u>j'ai organisé</u> une fête chez moi pour l'anniversaire de ma sœur. D'abord, j'ai envoyé des invitations à tous ses copains. Ma mère a acheté de la nourriture et des boissons et mon père a préparé le buffet. En plus, il a fait un grand gâteau ! Mon frère Tristan a téléchargé de la musique.

Le jour est enfin arrivé. Nous avons décoré la maison avec des ballons et une grande bannière qui disait « Bon Anniversaire, Sophie ».

La fête a commencé à 7 heures et tous les invités ont apporté des cadeaux et des bonbons. Ils ont dansé, ils ont bavardé, ils ont chanté et ils ont joué à des jeux très drôles. À neuf heures, Sophie a soufflé les bougies et mon père a coupé le gâteau. On a tous bien mangé et tout le monde a adoré la fête !

1. Remplissez la grille avec les verbes au passé composé.

Passé composé	Translation
J'ai organisé	I organised

2. Who was the party for?

3. Who sent the invitations?

4. What did Benjamin's mum buy for the party?

5. What did his father do?

6. How did Tristan help with the party?

7. What decorations did they put up?

8. What did their friends bring?

9. When did the party start?

10. What did Sophie do at nine o'clock?

11. Who cut the cake?

OBJECTIFS

I can read a blog about a birthday party, using regular verbs in *le passé composé*.

 ## Astuces

Tips for *le passé composé*

1. *Le passé composé* is a two-verb tense.

2. Verb 1 is either *avoir* or *être*. (So far, we have learned only about *avoir*.)

3. Check that you have the correct part of *avoir* in the present.

4. Make sure that you have formed Verb 2 – the past participle – correctly. The regular past participle endings are:

   -er verbs: *-é*

   -ir verbs: *-i*

   -re verbs: *-u*

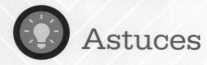

Astuces

Learning and remembering the differences between tenses

1. Spend time learning how to recognise the tense in English so that you know when to use it in French.

2. Use an index card or a small notebook to record your knowledge about tenses. It will be useful for you to have all this information in one place, so that you can refer back, revise and clarify when you need to. For example:
   - Give an example of a regular verb in each tense
   - Explain how the tense is formed
   - Write out the rules surrounding the tense.

3. Handwrite your notes about each tense. It really helps to handwrite notes for each tense as the action of handwriting reinforces the information and helps you remember.

4. Include diagrams, flow charts, arrows or other illustrations in your notes to help you remember the essential grammar points. These notes are for you, so make them as helpful as possible.

5. When you are confident in one tense, make a grid/table and write a verb in each of the tenses you have learned. So far you know the present tense, *le futur simple*, *le futur proche* and the some of *le passé composé*. Don't rush this point, only do this when you are very clear on your new tense. It can be visually helpful and clear to see a verb in each tense, so you can see the changes between the tenses.

6. Ask for help if you're unsure. Tenses can be tricky: there can be small spelling changes in verb forms. Make a note of these and try to remember them.

7. Think–pair–share–check. Work with your partner to take turns in explaining the tenses to each other. This is a good way to revise what you have learned.

8. Practise, practise, practise. There are no shortcuts when it comes to learning your verbs. However, verbs are the core of a sentence and the time you spend learning how to use them is time well spent! When you know your verbs, you will become much more confident in speaking and writing French.

MON PORTFOLIO 4.3 : Un graphique du passé composé

Faites cet exercice dans votre portfolio.

Ex. 4.14 Le passé composé 1

Complétez les phrases avec le passé composé.

1. J' _____ (avoir) _____ (visiter) Buckingham Palace le weekend dernier.

2. Nous _____ (avoir) _____ (finir) nos devoirs.

3. Vous _____ (avoir) _____ (regarder) les photos ?

4. Ils _____ (avoir) _____ (choisir) leur déguisement.

5. Tu _____ (avoir) _____ (vendre) ta voiture ?

6. Elle _____ (avoir) _____ (danser) jusqu'à 22 h.

7. Tu _____ (avoir) _____ (inviter) tes amis ?

8. Elles _____ (avoir) _____ (manger) des sandwiches.

9. On _____ (avoir) _____ (entendre) un bruit.

10. J' _____ (avoir) _____ (bavarder) avec mes copains.

 # Ex. 4.15 Le passé composé 2

Écrivez les phrases au passé composé dans votre cahier.

1. À Noël, nous (organiser) une fête à la maison.

2. Ma mère (envoyer) les invitations.

3. Alexis (finir) ses devoirs.

4. J' (attendre) mes copains pendant deux heures.

5. Ils (vendre) leur voiture et ils (acheter) une moto.

6. Vous (choisir) la bonne réponse et vous (gagner) au quiz !

7. Tu (donner) à manger au chat ?

8. Elle (rougir) en voyant son père.

9. Elles (entendre) un chat dans le jardin.

10. J' (regarder) son clip sur YouTube.

OBJECTIFS 😊 😐 ☹️

I can use *le passé composé* with *avoir* with regular verbs.

149

Ex. 4.16 Le blog vidéo de Thomas

Regardez le blog vidéo de Thomas et répondez aux questions dans votre cahier.

1. Where was Thomas's party?

2. What was he celebrating?

3. What day and time was his party?

4. What did Romain do to help?

5. Why was the party almost a disaster?

OBJECTIFS

I can watch and understand a video blog about a party.

 MON PORTFOLIO 4.4 : Mon blog sur mon anniversaire

Faites cet exercice dans votre portfolio.

 Le passé composé à la forme négative

As you know, *ne … pas* is used to make a sentence negative. *Ne* and *pas* are placed around the verb in the sentence. With *le passé composé*, there are two verbs. So how do we form the negative?

Look at the sentences below. Can you work out where *ne* and *pas* have been placed?

(a) Je n'ai pas mangé de chips.

(b) Tu n'as pas fini tes devoirs ?

(c) Nous n'avons pas entendu la musique.

1. Underline the words *ne* (*n'*) and *pas* in each of the sentences above.

2. What pattern have you noticed? Which verb is surrounded by *ne* and *pas*?

3. What does this tell you about the rule for using *ne* and *pas* with *le passé composé*?

ne ... pas

 **OBJECTIFS**

I can write the negative form of a sentence in *le passé composé*.

 **OBJECTIFS**

I understand the rule for using *ne ... pas* with *le passé composé*.

Ex. 4.17 Des invitations

Lisez les invitations et répondez aux questions.

RSVP

You have seen these letters on invitations. Did you know that the letters RSVP stand for French words? Can you find out what they are?

1. What date is Max's celebration?

2. What is Max celebrating?

3. The event will take place at what time?

4. How should Amélie reply?

> Chère Amélie,
> Je t'invite à mon anniversaire qui aura lieu :
> Le 20 décembre
> De 19 heures à 22 heures
> Chez moi
> Merci de confirmer ta présence
> par texto ou téléphone au
> 06.12.31.73.50
> Max

> Je t'invite le samedi 5 juin
> au 10 rue St Juan, Nice
> pour fêter mon anniversaire
> Rendez-vous à 20h
> J'espère que tu pourras être là !
> Rsvp 06.17.25.30.74

2. It is a:

   (a) wedding anniversary celebration ☐

   (b) birthday party ☐

   (c) fancy dress party ☐

3. The party starts at:

1. The party is on:

   (a) 5 July ☐

   (b) 5 May ☐

   (c) 5 June ☐

   (a) 2 p.m. ☐

   (b) 8 p.m. ☐

   (c) 6 p.m. ☐

OBJECTIFS

I can read and understand party invitations in French.

MON PORTFOLIO 4.5 : Une invitation

Faites cet exercice dans votre portfolio.

Ex. 4.18 Des invitations

Écoutez des jeunes qui téléphonent à des copains pour les inviter à une fête. Complétez la grille.

	What are they celebrating?	When is the party?	What time does it start?	Where is the party?
Hugo				
Luc				
Emma				

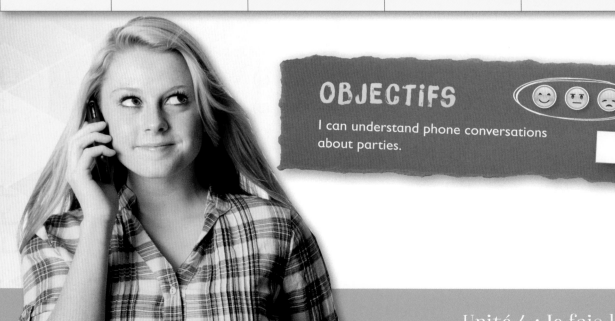

OBJECTIFS

I can understand phone conversations about parties.

 Ex. 4.19 À deux

Posez les questions à votre camarade de classe et répondez à ses questions. Complétez la grille.

	Mes réponses	Les réponses de mon/ma camarade
C'est quand, ton anniversaire ?		
Comment tu as fêté ton dernier anniversaire ?		
Décris ta dernière fête d'anniversaire.		

OBJECTIFS

I can ask and answer questions about my birthday.

 Interévaluation

First, fill in the grid below for yourself. Then work with a partner to provide each other with feedback on your performances in Ex. 4.19.

	🙂	😐	🙁
I pronounced the French 'R' well			
I used liaison where I should have			
I made eye contact with my partner			
I pronounced all words with an even stress			
I raised the pitch of my voice at the end of a question			
I used gestures where it suited			
I used intonation – and sounded as if I was having a conversation			
I was CaReFuL			
Words/phrases I pronounced really well …			
Words/phrases I need to practise more …			

 Visit www.dromadaire.com to write a virtual birthday card.

 Search YouTube for '*Joyeux anniversaire*' sung by the Minions!

Ex. 4.20 Le mail de Maxime

Lisez le mail de Maxime et répondez aux questions.

| Supprimer | Courriel indésirable | Répondre | Répondre à tous | Transférér | Imprimer |

À: **Archie**

De: **Maxime**

Salut Archie,

Quoi de neuf ? Ici, tout va bien. J'ai passé un examen d'anglais hier et j'ai bien réussi ! Maman était très heureuse ! Du coup, j'ai le droit d'organiser une petite fête d'Halloween à la maison. Génial ! Je sais que tu as aussi des vacances scolaires, et comme Ryanair a annoncé des soldes, est-ce que tu veux venir chez moi pendant les vacances pour fêter Halloween ? Bien sûr, si tu viens, on ira te chercher à l'aéroport - et tu pourras rencontrer tous mes copains. Génial ! Parle avec tes parents et fais-moi savoir leur réponse ! Je croise les doigts pour qu'ils acceptent !

À bientôt,
Maxime

1. What did Maxime do yesterday?

2. Why is his mum happy with him?

3. What is he allowed to organise?

4. What are Maxime's plans for Archie?

5. Traduisez :

Quoi de neuf ?	
J'ai bien réussi	
J'ai le droit de	
Les vacances scolaires	
Pendant	
Bien sûr	
Je croise les doigts	

6. Trouvez :

An -er verb in le passé composé	
A verb in the infinitive	
A verb in the present tense	
A verb in le futur simple	

OBJECTIFS

I can understand an email invitation from a friend.

@

In French, the @ symbol is called *l'arobase*.

French web addresses end in the letters .*fr*. What is the equivalent in Ireland?

  Ex. 4.21 Un mail

CD1 T50

Écoutez le CD et entrainez-vous à bien prononcer le vocabulaire.

C'est quoi, ton adresse mail ?

- Mon adresse mail, c'est smartin-arobase-yahoo-point-fr.
- Tu veux venir chez moi pendant les vacances ?
- Oui, je veux bien !
- Oui, d'accord, bonne idée.
- Oui, merci ! Ce sera génial.
- Je suis désolé(e).
- Je ne sais pas encore.
- Ça dépend de mes parents !
- Je suis désolé(e), c'est très gentil, je ne peux pas, je vais rendre visite à mes cousins.
- Je suis désolé(e), c'est très gentil, je ne peux pas, je dois étudier pour mes examens blancs.

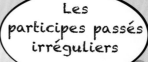

Les participes passés irréguliers

When using *le passé composé* with irregular verbs, we still follow the same pattern we used when working with avoir and regular verbs.

Avoir is used in exactly the same way, however, verb 2 – the past participle does not follow the same set of rules. As the verbs are irregular, you have to learn them.

Here are some patterns that will help you remember them:

Past participles ending in *-u*

pouvoir	j'ai pu	recevoir	j'ai reçu
vouloir	j'ai voulu	boire	j'ai bu
devoir	j'ai dû*	lire	j'ai lu

* The past participle of *devoir* takes a circumflex accent to distinguish it from the word *du*.

Past participles ending in *-is*

| mettre | j'ai mis |
| prendre | j'ai pris |

Past participles ending in *-ert*

| offrir | j'ai offert |
| ouvrir | j'ai ouvert |

Past participles ending in *-it*

écrire	j'ai écrit
dire	j'ai dit
faire	j'ai fait

Avoir and *être*, as usual, are very different:

| avoir | j'ai eu (pronounced u) |
| être | j'ai été |

Ex. 4.22 À vous

Reliez l'infinitif avec le passé composé.

1	boire	A	J'ai fait
2	être	B	J'ai pu
3	faire	C	J'ai bu
4	avoir	D	J'ai été
5	devoir	E	J'ai eu
6	pouvoir	F	J'ai dû

| 1 | | 2 | | 3 | | 4 | | 5 | | 6 | |

Ex. 4.23 La fête de Sophie

Reliez les phrases et les images.

J'ai pris des photos.	
J'ai ouvert la lettre.	
J'ai lu l'invitation de Sophie à sa fête d'anniversaire.	
J'ai écrit une réponse à Sophie.	
J'ai bu du coca.	

OBJECTIFS

I can form *le passé composé* with *avoir* with common irregular verbs.

Ex. 4.24 Des participes passés irréguliers

Écrivez les verbes au passé composé.

Avoir	
Avoir (Verb 1)	Past participle (Verb 2)
J'ai	eu
Tu as	

Prendre	
Avoir (Verb 1)	Past participle (Verb 2)
J'ai	
Tu as	

Vouloir	
Avoir (Verb 1)	Past participle (Verb 2)
J'ai	
Tu as	

OBJECTIFS

I can conjugate irregular verbs in *le passé composé*.

Ex. 4.25 Le blog de Yanis

Écoutez le CD et complétez le texte.

Ma fête

Samedi dernier, _____ mes 14 ans chez moi. _____ une

super fête d'anniversaire ! _____ des invitations à tous mes copains par

texto. _____ une liste pour ne rien oublier. Ma mère et moi _____

_____ de la nourriture pour un buffet, des boissons et des décorations. Mon copain Luc

_____ de la musique, et moi, _____ la maison. _____ des cartes et

_____ beaucoup de cadeaux : j'ai de la chance ! Nous _____ et nous

_____ et surtout nous _____ ! Ma mère _____ un gâteau délicieux

et _____ toutes mes bougies d'un coup ! Baptiste _____ de la guitare, et tout le

monde _____ « Joyeux anniversaire » !

OBJECTIFS

I can understand a blog in *le passé composé*.

 Ex. 4.26 Le passé composé négatif

Écrivez les phrases à la forme négative.

1. J'ai fêté mon anniversaire. _____

2. J'ai envoyé les invitations. _____

3. J'ai décoré la maison. _____

4. Nous avons rigolé. _____

5. Baptiste a joué de la guitare. _____

6. Nous avons chanté. _____

OBJECTIFS

I can form and use *le passé composé* in negative as well as positive sentences.

Astuces

Drafting and redrafting

You have had plenty of practice in drafting and redrafting your work, especially in your *Mon portfolio* exercises. Drafting and redrafting is essential: it is excellent practice that will ensure your answers are always improving.

The process of drafting and redrafting is part of your CBA 2, where you will choose three pieces of work to submit, and also carry out an Assessment Task based on these pieces. Drafting and redrafting makes you look at your work critically: you will choose what to change, add or delete. In your *Mon portfolio* exercises, you use the *Bilan d'apprentissage*. This helps you to reflect critically, which again is excellent preparation for CBA 2 and the Assessment Task.

Let's look at how we draft and redraft.

1. Always read the question carefully and underline any key words.

2. If success criteria are given, read them carefully.

3. Plan your answer, using the question *and* the success criteria.

4. Gather your ideas and do a rough draft.

5. Write your first full draft.

6. Critically check this against the question and the success criteria. Have you answered the question? Have you covered each of the success criteria properly?

7. Based on your reflection, decide how you want to improve your first draft. You can use a different coloured pen to write in additions or changes to your first draft.

8. Finally, make sure you are happy with the changes. Then write out your final version.

Now let's use this process to complete Ex. 4.19 on p. 153. You answered this question earlier in the unit. However, you have learned more grammar and vocabulary since then. Redraft your original answer and improve on it here, using what you have learned (including *le passé composé* in the negative!).

Ex. 4.27 La galette des rois

Lisez l'article sur la galette des rois et répondez aux questions.

Galette des rois : à qui la fève ?

Fêter les Rois, ou l'Épiphanie, le 6 janvier est une tradition de plus en plus populaire. Après Noël, on voit partout ce gâteau plat et rond, la galette des rois, que l'on reconnait à sa couronne dorée : en effet, la personne qui trouve la fève dans son morceau de galette devient roi ou reine et porte la couronne.

L'Épiphanie est une fête chrétienne et célèbre l'arrivée des Rois mages avec leurs cadeaux pour l'Enfant Jésus. Mais l'origine de la galette est encore plus ancienne : pendant l'Antiquité, les Romains organisaient des banquets en hommage aux dieux : les plus riches cachaient une pièce d'or dans un gâteau, les plus pauvres une fève de haricot. La personne avec la pièce ou la fève était le roi du jour. De nos jours, les fèves sont de petites figurines en porcelaine.

Une personne en France n'a pas le droit de trouver la fève dans sa part de galette : c'est le président de la République. Il n'a pas le droit d'être roi ! Il n'y a donc jamais de fève dans la galette au Palais de l'Élysée.

Pour chaque objectif, choisissez votre émoticône	😊	😐	😞
I can invite a person to visit during the holidays.			
I can use the correct greeting/wish for different celebrations.			
Spoken interaction			
I can ask and answer questions about party plans.			
I can ask and answer questions about birthday parties.			
I can talk about my plans for a party I have been invited to.			
I can carry out a role play about a party I have been invited to.			
Writing			
I can write a list of things needed for a party.			
I can write a blog about my party plans.			
I can write a role play inviting someone to my party.			
I can write a party invitation.			
I can write an email inviting a friend to stay.			
I can write a brief description of a photo related to a party.			
I can complete a crossword using party vocabulary.			
I can make an infographic about *le passé composé* with *avoir*.			

Discutez en classe

- Look back over your Portfolio exercises. In which areas did you give yourself stars?
- Look at your wishes. Have any of these improved?
- What was your favourite part of Unité 4? Why?
- You completed many different kinds of activities in Unité 4. What kinds of activities were best for helping you to learn? Why?
- What are you looking forward to learning more about in the next unit? Why?

À vous de jouer !

UNITÉS 3 ET 4

1. Lisez les textes et répondez aux questions dans votre cahier.

(A)

Nemo, le nouveau résident de l'Élysée

Selon la tradition présidentielle, Emmanuel Macron, le président de la République, a un nouveau partenaire au palais de l'Élysée : il s'appelle Nemo. C'est un secrétaire ou un ministre ? Pas du tout ! C'est un chien noir de deux ans !

M. Macron a choisi son chien dans un refuge de la SPA, la Société Protectrice des Animaux. C'est le premier chien de président à être adopté : M. Macron a payé 250 euros pour Nemo. En général, les présidents reçoivent les chiens en cadeau.

Le président a choisi le nom de Nemo en référence au personnage du livre de Jules Verne, *20 000 Lieues sous les mers*. Emmanuel Macron aime effectivement beaucoup ce roman d'aventure.

Avoir un chien au palais de l'Élysée est une tradition qui date de 1848. Le premier chien d'un chef d'État français était celui de Napoléon III. Il s'appelait Néro.

Depuis presque cinquante ans, tous les chiens de l'Élysée sont des labradors. Une fois de plus,

M. Macron n'a pas tout à fait suivi la tradition : Nemo n'est pas un chien de race, c'est un labrador-griffon.

Danièle Bourdais

1. Who is Nemo?

2. Where does he live and with whom?

3. Where was Nemo adopted from?

4. Who is Nemo named after? Why?

5. Who was Néro?

6. Name two ways in which Emmanuel Macron has departed from tradition in terms of having a dog at the Élysée.

(B)

Imagination d'enfants + Lego = villes du futur !

Pendant les vacances de Noël, les enfants de 6 à 12 ans peuvent participer gratuitement à des ateliers de Lego organisés par la Mairie de Paris. Et qu'est-ce qu'ils font dans ces ateliers ? Ils imaginent la ville du futur et ils la construisent en briques de Lego, bien sûr !

Et quelle imagination ! Un jeune garçon invente une machine qui utilise la lumière du soleil pour éclairer les appartements la nuit, et une machine qui utilise l'eau de pluie pour arroser les parcs de la ville.

D'autres jeunes architectes inventent des maisons-bateaux, des transports ultra-rapides ou encore un système de « Chevalib' », un peu comme les Vélib' (ces vélos en libre-service dans les grandes villes, que l'on prend dans un endroit et qu'on remet quand on arrive à sa destination) mais cette fois, avec des chevaux gratuits !

Toutes les idées sortent de l'imagination des enfants. Aucun adulte ne les influence mais les organisateurs des ateliers ont remarqué une chose : pour la majorité des enfants, l'élément essentiel dans la ville du futur, c'est la nature ! Ils ont inventé « la campagne dans la ville » !

Danièle Bourdais

1. Where did these Lego workshops take place?
2. How much does it cost to attend a workshop?
3. What is the main theme of the workshops?
4. Name three ideas the children came up with.
5. What do the organisers find most striking about the children's ideas?
6. What do you think of the children's ideas?

2. LA CATHÉDRALE DE NOTRE-DAME

Faites des recherches en ligne puis répondez aux questions dans votre cahier.

1. When was the cathedral built?
2. Where in Paris is it located?
3. How is the cathedral connected to Victor Hugo?
4. What type of architecture is it famous for?
5. How much does it cost to visit the cathedral?
6. Write three other facts about La Cathédrale de Notre-Dame.

3. DES VERBES IRRÉGULIERS AU PRÉSENT

Complétez les phrases avec le verbe entre parenthèses au présent.

1. Nous (faire) du ski nautique en été.
2. Je (aller) au collège en bus le matin.
3. Elle (faire) ses devoirs tous les soirs.
4. Tu (mettre) souvent à jour ton statut Facebook ?
5. Ils (aller) au ciné avec leurs amis.
6. Vous (mettre) la table pour aider chez vous ?
7. On (aller) à la boulangerie acheter des croissants frais.
8. Elles (faire) des gâteaux de temps en temps.
9. Il (mettre) toujours son portable dans sa poche.
10. Je (faire) mon lit le matin avant de partir.

4. (A)

How do you form *le futur simple* of regular -er, -ir and -re verbs?

UNITÉS 3 ET 4

(B)

What are the verb endings for *le futur simple*?

Futur simple – verb endings	
Je	
Tu	
Il/elle/on	
Nous	
Vous	
Ils/elles	

(C)

Write the following verbs in *le futur simple*.

Aller	
J'	
Tu	
Il/elle/on	
Nous	
Vous	
Ils/elles	

Avoir	
Je	
Tu	
Il/elle/on	
Nous	
Vous	
Ils/elles	

Faire	
Je	
Tu	
Il/elle/on	
Nous	
Vous	
Ils/elles	

Être	
J'	
Tu	
Il/elle/on	
Nous	
Vous	
Ils/elles	

✏️ **5.** Explain the three ways of forming a question in French.

_____

_____

_____

6. Écrivez les verbes au passé composé avec je.

Infinitive	Past participle	Passé composé	Anglais
regarder	regardé	J'ai regardé	I looked / I have looked
remplir			
vendre			
finir			
aider			

7. (A)

Écrivez les phrases au passé composé dans votre cahier.

1. Nous (regarder) la télé hier soir.

2. Marc (choisir) les décorations pour la fête.

3. Tu (parler) à tes amis ?

4. Elle (attendre) le bus.

5. Ils (manger) leurs légumes.

(B)

Écrivez les phrases au négatif.

UNITÉS 3 ET 4

8. **Jeu de plateau.**

You will need:

- A different coloured counter for each player
- A dice

Rules

- 2-5 players
- The youngest player rolls first, the second-youngest rolls second, etc.
- Roll the dice and move forward that number of squares.
- Take the challenge on the square you land on.
- If you give an incorrect answer, you miss a turn.
- The first player to reach 'Vous avez gagné' wins the game!

 ## Astuces

Try to use as much French as possible during the game. Here are some useful phrases.

Commençons !	Let's begin!
À moi !	My turn!
À toi !	Your turn!
Lance le dé !	Throw the dice!
Avance d'une case !	Move forward one square!
Recule d'une case !	Go back one square!
Passe ton tour !	Miss a turn!

1 Départ
Bonne chance !

2 Décrivez l'image.

3 Name four items in French that you would see at a party.

4 Zut ! Reculez d'une case !

5 Qu'est-ce que vous aimez regarder à la télé ?

6 Give one tip for learning verbs.

7 Quand regardez-vous la télé ?

8 Vous avez de la chance ! Avancez de deux cases.

9 Conjuguez le verbe aller au présent.

10 Quelles sont vos deux principales résolutions pour la rentrée ?

11 Comment dit-on « Happy birthday » en français ?

12 Vous avez de la chance ! Avancez de deux cases.

13 C'est quand, votre anniversaire ?

14 Comment fêterez-vous votre prochain anniversaire ?

15 Explain how you form le futur simple of regular verbs.

16 Zut ! Reculez d'une case !

17 Que faites-vous pour aider à la maison ?

18 What is le passé composé of avoir?

19 How many verbs are used to form le passé composé?

20 Name 4 verbs that are irregular in le futur simple.

21 Décrivez l'image.

22 Que faites-vous avec votre portable ?

23 Vous avez de la chance ! Avancez de deux cases.

24 Quelle est votre émission préférée ?

Vous avez gagné !

À vous de jouer ! **UNITÉS 3 ET 4**

9. Une petite pièce de théâtre !

> Below is the script for a short play. Act it out in small groups. It's a great way to practise your new vocabulary. Audience members can take notes to help the actors improve their pronunciation!

Présentation

Trois amis bavardent au café.

Les personnages

Hugo   Nathan   Marie

Mise en scène

Au café

Hugo :	Nathan, tu vas venir à la fête de Luc pour Halloween ?
Nathan :	Oui, bien sûr. Halloween, moi, j'adore ! Et toi, Marie ? Est-ce que tu y vas ?
Marie :	Ah oui. C'est trop drôle ! Moi, je vais me déguiser en Cruella d'Enfer, la méchante dans *Les 101 Dalmatiens* ! Et toi, Hugo, tu as choisi quel déguisement ?
Hugo :	Je vais me déguiser en Batman !
Nathan :	Super, et moi, si je trouve une cape noire et rouge, je serai Dracula !
Marie :	Il faut apporter quelque chose ?
Hugo :	Je ne pense pas, mais je vais apporter des bonbons.
Nathan :	J'ai hâte d'y aller - ça va être génial !
Marie et Hugo :	Oui, on va bien s'amuser !

Les aliments et ma routine quotidienne

By the end of this unit you will

★ Know about French foods and regional dishes, and be able to compare them with Irish food and dishes

★ Have researched different foods and the areas they come from, and have presented this information to your class

★ Be able to give your opinion on your favourite foods

★ Have interviewed a friend about what they did yesterday

★ Be able to understand and carry out a role play at a café

★ Have watched a video blog about a person's daily routine and healthy eating habits

★ Have heard people talk about their eating habits and daily routines

★ Have written a blog about your daily routine and eating habits

★ Know how to read café menus and shop signs

★ Be able to read a blog about healthy lifestyle and health week in school

★ Be able to understand and carry out a role play at a bakery

★ Be able to understand the vocabulary for food shopping

★ Be able to read a shopping list

★ Have played a vocabulary game

★ Have practised using reflexive verbs in *le passé composé*

★ Be able to talk about what you did using *le passé composé*

★ Have completed a questionnaire and class survey about your daily routine and eating habits

★ Have made a poster for a school bake-off

★ Have planned a French breakfast or a visit to a French café

★ Be able to reflect on your learning and identify ways to improve your learning

 # Ex. 5.1 La vie en France

Regardez la vidéo et répondez aux questions.

1. Name three foods for which France is famous.
2. Brittany is known for which food specialities?
3. Where in Ireland are snails farmed?
4. Name two famous French cafés.
5. What is the difference between a croque-monsieur and a croque-madame?
6. Name the speciality for which each of these cities is famous:
   - Nice
   - Bordeaux
   - Dijon
7. How is a restaurant recognised for its high standards?

 Visit www.lesdeuxmagots.fr/en to find out about a famous French café.

OBJECTIFS

I can talk about French food and regional and local specialities.

 MON PORTFOLIO 5.1 : Les cafés et les célébrités en France

Faites cet exercice dans votre portfolio.

Ex. 5.2 Vocabulaire : au café

Écoutez le CD et entrainez-vous à bien prononcer
le vocabulaire. Puis reliez les images avec les bons mots.

Qu'est-ce que vous prenez ?

- Nous avons des sandwichs au jambon
- Nous avons des sandwichs au fromage
- Voici l'addition
- Merci, bonne journée

Le client:

Moi, je voudrais …

- un café crème
- un café au lait
- un thé
- un chocolat chaud
- un jus d'orange
- une glace

Qu'est-ce que vous avez comme sandwichs ?

Je voudrais …

- un sandwich au jambon / au fromage
- une crêpe
- un croque-monsieur
- un croque-madame
- des frites
- une glace
- L'addition, s'il vous plait
- Merci
- Je vous en prie
- Bonne journée

Ex. 5.3 On va au café !

Écoutez des jeunes commander au café et complètez la grille.

	What do they drink?	What do they eat?	How much is the bill?
Adrien			
Clara			
Noé			

OBJECTIFS

I can understand people ordering food and drinks at a café.

Manger et boire

Manger et boire

The verbs *manger* and *boire* are useful verbs for this topic.
Make sure you revise them!

Manger : *To eat*	
Je	mange
Tu	manges
Il/elle/on	mange
Nous	mangeons
Vous	mangez
Ils/elles	mangent

Boire : *To drink*	
Je	bois
Tu	boit
Il/elle/on	boit
Nous	buvons
Vous	buvez
Ils/elles	boivent

OBJECTIFS

I can conjugate the verbs *manger* and *boire* in the present tense.

  # Ex. 5.4 Une conversation au café

**Écoutez et complétez la conversation au café. Répondez aux questions
dans votre cahier.**

Serveur : _____, vous êtes combien ?

Marie : Nous sommes _____.

Serveur : Alors, par _____, s'il vous plait.

Serveur : _____ désirez ?

Marie : Je voudrais un café crème et un sandwich, s'il vous plait. Qu'est-ce que vous avez comme

_____ ?

Serveur : Fromage, _____ et pâté.

Marie : D'accord, alors je voudrais un sandwich au _____, s'il vous plait.

Serveur : Très bien. Et vous ?

Thomas : Moi, je voudrais un chocolat chaud et un _____, s'il vous plait.

Serveur : Alors, un _____ crème, un sandwich au jambon, un chocolat _____ et un croque-monsieur.

Marie : Merci, monsieur.

Serveur : Je vous en _____.

Thomas : Vous avez la wifi, ici ?

Serveur : Oui, bien _____. Voilà le code.

Marie : On peut avoir _____, s'il vous plait ?

Serveur : Voilà, _____.

Marie : Merci, _____.

Serveur : Au revoir, _____.

1. How many customers are there?
2. What does Marie order?
3. What type of sandwiches are available at the café?
4. What sandwich does Marie order?
5. Does the café have Wi-Fi?
6. Who asks for the bill?
7. Translate:
   - Un sandwich au jambon
   - Un chocolat chaud
   - Au fromage
   - Vous avez la wifi ?
   - L'addition, s'il vous plait

OBJECTIFS

I can understand a conversation in a French café.

CD2 T5

Ex. 5.5 Des jeunes au café

Écoutez les conversations au café et remplissez la grille.

	To drink	To eat	Other request
Julien			
Zoé			

OBJECTIFS

I can understand people asking for things in a French café.

Ex. 5.6 Café de Flore à Paris

Lisez la liste des boissons et répondez aux questions dans votre cahier.

ENTRÉES	PLATS	DESSERTS	BOISSONS	PETIT DÉJEUNER
	Froides	Chaudes	Thés/Infusions	Alcools

Orange, Citron Pressé	7,80€
Pamplemousse Pressé	8.50€
Coca-Cola, Coca-Cola Light, Coca-Cola Zéro	6,80€
Paris Cola, Paris Cola Zéro	6,80€
Schweppes Tonic, Orangina	6.80€
Schweppes Premium Tonic	7.00€

1. What is the most expensive drink on the menu?

2. What fruit-flavoured drinks are available on the menu?

3. What does the word *pressé* mean?

4. What menu would I view to learn which coffees are available?

5. What kinds of food can I order from the menu?

MON PORTFOLIO 5.2 : Jeu de rôle au café

Faites cet exercice dans votre portfolio.

OBJECTIFS

I can ask carry out a role play in a café.

Interévaluation

First, fill in the grid below for yourself. Then work with a partner to provide each other with feedback on your performance in Ex. 5.6.

	😊	😐	😞
I pronounced the French 'R' well			
I used liaison where I should have			
I made eye contact with my partner			
I pronounced all words with an even stress			
I raised the pitch of my voice at the end of a question			
I used gestures where it suited			
I used intonation – and sounded as if I was having a conversation			
I was CaReFuL			
Words/phrases I pronounced really well …			
Words/phrases I need to practise more …			

- Visit https://www.solosophie.com/cafe-de-flore-review for a review of the Café de Flore in Paris.

- Search for 'Comme une française: sentences you can use in a French restaurant' for an interesting blog post about dining in a French restaurant or café.

 # Ex. 5.7 Les Deux Magots

Lisez les menus et répondez aux questions dans votre cahier.

PETIT-DÉJEUNER

Le Classique 12.00

Boisson chaude au choix
(café, double expresso, café filtre, café crème, cappuccino, thé Dammann ou Chocolat à l'ancienne)
Croissant et tartines avec beurre de Poitou-Charentes (15 g)

Le Complet 19.00

Boisson chaude au choix
(café, double expresso, café filtre, café crème, cappuccino, thé Dammann ou Chocolat à l'ancienne)
La sélection du boulanger : une viennoiserie et tartines avec beurre de Poitou-Charentes (15 g), confiture artisanale ou miel
Jus de fruits pressés (orange ou pamplemousse) (20 cl)

Le Petit Déjeuner JP Sartre 26.00

Boisson chaude au choix renouvelable une fois
(café, double expresso, café filtre, café crème, cappuccino, thé Dammann ou Chocolat à l'ancienne)
La corbeille du boulanger : deux viennoiseries et des tartines avec beurre de Poitou-Charentes (15 g), confiture artisanale ou miel
Jus de fruits pressés (orange ou pamplemousse) (20 cl)
Yaourt nature ou salade de fruits (en saison)

1. What does the *Classique* breakfast offer?

2. What extras does the *JP Sartre* breakfast offer, in comparison with *Le Complet*?

3. Which breakfast would you choose and why?

4. Honey is available on the *Classique* menu. True or False.

5. What flavour fruit juices are available on Le Complet menu?

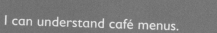

OBJECTIFS

I can understand café menus.

 Visit menuonline.fr/deux-magots to see the menu for Les Deux Magots.

 MON PORTFOLIO 5.3 : **Un café français en salle de classe**

Faites cet exercice dans votre portfolio.

L'article partitif

 L'article partitif

To say 'some', we use the partitive article: *du, de la, de l', des.*

Singular			Plural
du	de la	de l'	des
With a masculine singular noun	**With a feminine singular noun**	**With a singular noun (*m* or *f*) starting with a vowel**	**With a plural noun (*m* or *f*)**
du café	de la confiture	de l'eau	des crêpes

Ex. 5.8 L'article partitif

Complétez les phrases avec la bonne forme de l'article partitif.

1. Je bois souvent _____ café.

2. Moi, je vais boire _____ eau minérale non-gazeuse.

3. Tu veux _____ confiture ?

4. J'aimerais manger _____ crêpes.

5. Nous buvons souvent _____ thé au citron.

6. Elle boit toujours _____ café.

7. Tu préfères boire _____ coca ou _____ eau ?

8. Vous avez _____ café décaféiné ?

9. Je préfère boire _____ thé au citron.

10. Un croque-monsieur est fait avec _____ fromage et _____ jambon.

 With your partner, read back over the rules for *l'article partitif*. Take turns explaining them to each other.

OBJECTiFS

I can understand and use the partitive article.

Ex. 5.9 Leurs plats préférés

Écoutez le CD et complétez la grille.

	Aime	N'aime pas	Adore	Déteste
Jules				
Valentin				
Lou				
Sara				

OBJECTIFS

I can understand people giving their opinions about foods.

  # Ex. 5.10 Vocabulaire : à mon avis

Écoutez le CD et entrainez-vous à bien prononcer le vocabulaire.

- J'aime
- Je n'aime pas
- J'adore
- Je déteste
- Oui, moi aussi

- Je suis d'accord
- Tu as tort
- Tu as raison
- Tu rigoles
- Tu es fou/folle

- C'est bon
- C'est délicieux
- C'est dégoutant
- Ça ne me dit rien

 ## Astuces

Can you remember from *Ça Marche ! 1* why the feminine form of *fou* is irregular?

Ex. 5.11 Une discussion en groupe

Regardez les plats. Choisissez une expression de la liste pour donner ton opinion sur chaque plat.

- Work together in small groups. Give your opinion on each dish.

- The first person starts by giving their opinion on one of the dishes.

- Moving around the group, each person can either agree or disagree.

- When you get more confident, you can jump into the conversation at any point and agree or disagree with your classmate.

- It's often fun to have one student who is secretly chosen to always disagree. This can bring some drama to your discussion.

OBJECTIFS

I can give my opinion about different dishes.

OBJECTIFS

I can participate in a group talk.

Les verbes pronominaux au présent

In *Ça Marche ! 1*, we learned about reflexive verbs. These are verbs that have an extra pronoun.

Je **me** *lève* – I get (myself) up

Here, *me* is the extra pronoun. It is called the reflexive pronoun.

Many of these verbs relate to your daily routine. How many of these can you remember from last year?

- Je me réveille
- Je me lève
- Je me lave
- Je m'habille

- Je me coiffe
- Je me couche
- Je m'appelle
- Je m'amuse

They follow the same pattern as regular verbs in the present tense.

Note that the reflexive pronoun *me* becomes *m'* in front of a verb starting with a vowel. Similarly, *te* and *se*.

Se coucher			
1	**2**	**3**	
Subject pronoun	Reflexive pronoun	Verb	English
Je	me	couche	I go to bed
Tu	te	couches	You go to bed
Il/elle/on	se	couche	He/she goes / We go to bed
Nous	nous	couchons	We go to bed
Vous	vous	couchez	You go to bed
Ils/elles	se	couchent	They go to bed

 Les verbes pronominaux au présent

Se laver			
1	**2**	**3**	
Subject pronoun	Reflexive pronoun	Verb	English
Je	me	lave	I wash (myself)
Tu			
Il/elle/on			
Nous			
Vous			
Ils/elles			

 With your partner, think about how to form reflexive verbs in the present tense. Take turns explaining this to each other.

OBJECTIFS

I can understand and explain how to form a reflexive verb in the present tense.

OBJECTIFS

I can form the present tense of a reflexive verb.

Les verbes pronominaux au passé composé

How to use reflexive verbs in le passé composé.

1. Keep the subject pronoun and the reflexive pronoun the same as in the present tense.

2. Use être rather than avoir as the auxiliary (Verb 1)

3. Place the auxiliary between the reflexive pronoun and the past participle (Verb 2).

4. Follow the regular verb rules for forming the past participle. (Verbs with an infinitive form which ends in *-er* will change to *-é*).

5. Since you are using *être*, you must make the past participle agree with the subject by adding:

   ● *-e* for feminine singular

   ● *-es* for feminine plural

   ● *-s* for masculine plural.

6. You will learn about other verbs that take *être* in the next unit.

1	2	3	4	
Subject pronoun	Reflexive pronoun	Auxiliary (Verb 1): être	Past participle (Verb 2)	English
Je	me	suis	levé	I (have) got up (*m*)
Je	me	suis	levée	I (have) got up (*f*)
Tu	t'	es	levé	You (have) got up (*m*)
Tu	t'	es	levée	You (have) got up (*f*)
Il	s'	est	levé	He (has) got up
Elle	s'	est	levée	She (has) got up
On	s'	est	levés/levées	We (have) got up (*m/f*)
Nous	nous	sommes	levés	We (have) got up (*m* or *m+f*)
Nous	nous	sommes	levées	We (have) got up (*f*)
Vous	vous	êtes	levé/levés*	You (have) got up (*m* or *m+f*)
Vous	vous	êtes	levée/levées*	You (have) got up (*f*)
Ils	se	sont	levés	They (have) got up (*m* or *m+f*)
Elles	se	sont	levées	They (have) got up (*f*)

* Remember that *vous* can be the polite form of 'you' in the singular.

Ex. 5.12 À vous

Conjuguez les verbes « se réveiller » et « s'amuser » au passé composé.

1	2	3	4	
Subject pronoun	Reflexive pronoun	Auxiliary (Verb 1): être	Past participle (Verb 2)	English
Se réveiller				
Je (*m*)				
Je (*f*)				
Tu (*m*)				
Tu (*f*)				
Il				
Elle				
On (*m/f*)				
Nous (*m* or *m+f*)				
Nous (*f*)				
Vous (*m* or *m+f*)				
Vous (*f*)				
Ils (*m* or *m+f*)				
Elles (*f*)				
S'amuser				
Je (*m*)				
Je (*f*)				
Tu (*m*)				
Tu (*f*)				
Il				
Elle				
On (*m/f*)				
Nous (*m* or *m+f*)				
Nous (*f*)				
Vous (*m* or *m+f*)				
Vous (*f*)				
Ils (*m* or *m+f*)				
Elles (*f*)				

With your partner, think about how to form *le passe composé* of reflexive verbs. Take turns explaining this to each other.

OBJECTIFS

I can explain and form *le passé composé* of a reflexive verb.

Ex. 5.13 Quelle journée !

Regardez le blog vidéo de Julien. Remplissez les blancs avec des verbes pronominaux au passé composé. Puis répondez aux questions dans votre cahier.

Quelle journée ! D'habitude, du lundi au vendredi, je me réveille à sept heures pile et à neuf heures le samedi et dimanche. Mais hier, vendredi, mon réveil n'a pas sonné et je _____ à huit heures. Quelle horreur ! Je _____ tout de suite et _____ _____ très rapidement.

Je _____ n'importe comment et _____ _____ hyper vite. Je n'ai pas eu le temps de prendre le petit déjeuner. Tu imagines ! J'ai dû courir comme un fou mais j'étais au collège à l'heure. Ouf ! Le soir, _____ _____ plusieurs fois que mon réveil était bien réglé. Je _____ _____ à neuf heures et demie pour être sûr de me réveiller tôt. Mais quel imbécile ! Je me suis réveillé à sept heures ce matin ... et on est samedi !

1. At what time does Julien normally wake up on a weekday?

2. What happened yesterday?

3. Why?

4. Did he get to school on time?

5. What did he do in the evening.

6. Why was he stupid?

7. Traduisez :
   - À sept heures pile
   - Tout de suite
   - Tu imagines !
   - Quel imbécile !
   - Mon réveil n'a pas sonné
   - N'importe comment
   - Bien réglé

8. Trouvez :

A verb in the present tense	
A reflexive verb in *le passé composé*	
A verb that takes *avoir* in *le passé composé*	

I can understand someone describing what they did on a particular day in the past, using reflexive verbs in *le passé composé*.

Comment poser une question

To form a question, you can do one of three things:

1. Make a statement and raise the pitch of your voice at the end.

2. Add *Est-ce-que* at the beginning of the sentence.

3. Use inversion (swap the verb and subject pronoun - formal use, usually in writing).

With reflexive verbs, it is best to stick to 1 and 2.

Tu t'es levé tôt ce matin ?

Est-ce que tu t'es levé tôt ce matin ?

However you might need to recognise reflexive verbs used with an inversion in a question in a text.

T'es-tu bien amusé(e)?

Vous êtes-vous bien amusé(e)(s)?

Rappelez-vous !

Poser une question

Ex. 5.14 Posez des questions

Écrivez les questions. *Write the questions for the answers below. (Note that there are two possibilities and remember to make the auxiliary verb agree!)*

Exemple :

Oui, je me suis levée très tôt.

Tu t'es levée tôt ? *or* Est-ce que tu t'es levée tôt ?

1. _____ Non, je me suis couchée tard.

2. _____ Oui, je me suis amusé comme un fou.

3. _____ Oui, je me suis réveillée à cinq heures.

4. _____ Non, je me suis habillé en jean.

Ex. 5.24 La viande

Reliez les traductions avec les mots que vous venez d'apprendre (Exercice 5.24).

Turkey	
Chicken	
Duck	
Minced beef	
Pork chops	
Meat	
Beef	
Lamb chops	

 # Ex. 5.25 Jouons à « On fait les courses » !

Play this game with your class. The first player says '*Je fais les courses et j'achète …*' and they name one food item. The second player continues by adding an item. They say '*Je fais les courses et j'achète …*', then name the first player's item and add one of their own. The third player adds a third item. If anyone cannot remember all the items, start again. Who can remember the longest list of foods?

 Visit www.puzzlemaker.com or www.kahoot.com to create a crossword or other game that tests your partner's vocabulary.

OBJECTIFS

I can play a game to practise my new vocabulary.

Ex. 5.26 La liste de courses

Sylvia veut acheter ces aliments. Écrivez sa liste de courses.

Ex. 5.27 La pyramide alimentaire

Regardez la pyramide alimentaire et répondez aux questions dans votre cahier.

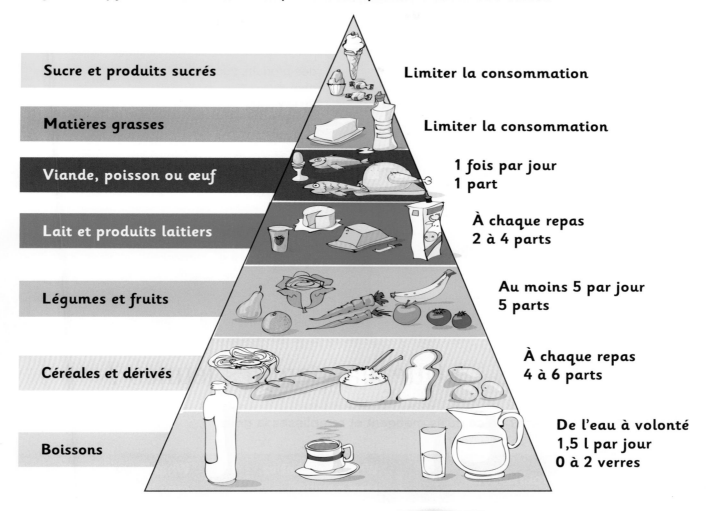

Sucre et produits sucrés	Limiter la consommation
Matières grasses	Limiter la consommation
Viande, poisson ou œuf	1 fois par jour 1 part
Lait et produits laitiers	À chaque repas 2 à 4 parts
Légumes et fruits	Au moins 5 par jour 5 parts
Céréales et dérivés	À chaque repas 4 à 6 parts
Boissons	De l'eau à volonté 1,5 l par jour 0 à 2 verres

1. Name one food item from each food level on the pyramid.

2. How much meat, fish or eggs should you eat per day?

3. How much dairy should you eat per day?

4. How much carbohydrate should you eat per day?

5. What food groups should you have at every meal?

OBJECTIFS

I can read the food pyramid in French.

 Il faut + l'infinitif

Il faut + infinitive = 'It is necessary to …' / 'It is important to …'.
Il faut manger des fruits ou des légumes au moins cinq fois par jour.
It is necessary to eat fruit or vegetables at least five times per day.

Il faut
+ l'infinitif

Ex. 5.28 Manger sain

Écrivez des phrases en utilisant il faut + l'infinitif, avec les aliments suivants.

Exemple :

Il faut manger des céréales à chaque repas.

Les aliments
des produits sucrés
de la viande
du lait
des légumes
de l'eau

Combien ?
Manger … à chaque repas
Limiter la consommation de …
Manger … une fois par jour
Manger … au moins cinq fois par jour
Boire … à volonté

OBJECTIFS

I can use *il faut* + *l'infinitif*.

 CD2 T14 Ex. 5.29 Que mangent les jeunes ?

Écoutez des jeunes parler de ce qu'ils mangent et remplissez la grille.

	Favourite food	What they eat to stay healthy	What they avoid to stay healthy
Audrey			
Corentin			
Chloé			

OBJECTIFS

I can understand people taking about their healthy eating habits.

Ex. 5.30 La Semaine du Gout au collège

Lisez le blog de Julien et répondez aux questions dans votre cahier.

Moi, je mange des pizzas et des frites. Je suis en bonne santé, alors, manger des pizzas et des frites, c'est manger équilibré, non ?! La semaine dernière, au collège, c'était la Semaine du Gout et on a gouté plein d'aliments nouveaux pour moi. Par exemple, du poivron, de l'artichaut et de la betterave. J'ai bien aimé le poivron, mais je n'ai pas vraiment aimé la betterave et pas du tout l'artichaut ! Beurk !

On a appris aussi l'importance de manger sain. Maintenant je sais qu'il faut manger trois fois par jour, qu'il ne faut pas grignoter et qu'il ne faut jamais manger en vitesse (moi, je ne fais que ça !). Il faut aussi éviter les produits trop sucrés. Ben, il n'y a pas de sucre dans les frites !

Il faut aussi bouger. Là, pas de problème ! Je fais beaucoup de sport, je joue au foot presque tous les jours et je fais de la natation au moins deux fois par semaine. Alors pas de risque de surpoids ou d'obésité pour moi ! Mais je vais quand même faire un effort : je vais essayer de manger des artichauts ... sur une pizza !

1. What does Julien normally eat?
2. Which foods did he try at the Taste Week?
3. Which of those foods did he not like?
4. Name two things he learned he must or must not do.
5. What kind of exercise does he do?
6. What is he going to try?

7. Traduisez :
   - Manger équilibré
   - La Semaine du Gout
   - Plein de
   - Grignoter
   - en vitesse
   - Éviter
   - Risque de surpoids

8. Trouvez :

A verb in *le passé composé*	
A verb in the present tense	
A verb in the negative form	
Il faut + *l'infinitif*	

OBJECTIFS

I can understand a blog about someone's eating and exercise habits.

Astuces

Tips for improving your spoken French

You will have an oral CBA 1, and one of your chosen texts for CBA 2 must be oral as well. Therefore, practising your spoken French is crucial. Here are some tips to help you.

1. Plan your role plays and oral presentations. Every time you see a *Vocabulaire* list, pick out words or phrases to use in a role play or presentation. Keep a list of your chosen words and phrases, so that you have something to inspire you when you come to speak (or write)! This makes your work stand out and shows you have done that bit extra to ensure you have a really well written piece.

2. If you are presenting on your own, try recording yourself on your mobile. Listen to how you sound and try again. Then listen again to see what improvement you've made ...

3. Practice in front of the mirror – this will show you exactly what your audience sees. It will highlight things that you are doing well or simple things like making eye contact that you might need to work on.

4. Listen to any helpful feedback you receive – from your teacher or your classmates. Find out what is working well in your spoken French, and identify any difficulties you are having. Use this knowledge to improve your work.

5. When you speak, vary your pace, tone and intonation. These elements help to ensure that you do not sound robotic. Once you have learned your vocabulary properly, use it with flair! Engage with your audience and give a superb performance!

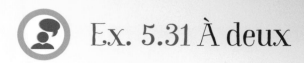

Ex. 5.31 À deux

Posez les questions à votre camarade et répondez à ses questions. Complétez la grille.

	Mes réponses	Les réponses de ma/mon camarade de classe
Tu manges combien de fruits par jour ? Quand ?		
Quel est ton plat préféré ?		
À ton avis, tu manges sain et équilibré ? Pourquoi ?		
Qu'est-ce que tu fais comme sport ?		

Interévaluation

First, fill in the grid below for yourself. Then work with a partner to provide each other with feedback on your performances in Ex. 5.31.

	😊 😐 ☹️
I pronounced the French 'R' well	
I used liaison where I should have	
I made eye contact with my partner	
I pronounced all words with an even stress	
I raised the pitch of my voice at the end of a question	
I used gestures where it suited	
I used intonation – and sounded as if I was having a conversation	
I was CaReFuL	
Words/phrases I pronounced really well …	
Words/phrases I need to practise more …	

OBJECTiFS

I can ask and answer questions about healthy living and eating.

Ex. 5.32 Comment gaspiller moins d'aliments ?

Lisez l'article et répondez aux questions.

Comment gaspiller moins d'aliments ?

Aujourd'hui, dans le monde, on gaspille 30 pourcent des aliments ; on les jette tout simplement à la poubelle. La France est un des pays les plus gaspilleurs. Tous les ans, en France, on met plus de 1 million de tonnes de nourriture à la poubelle. Ça veut dire que chaque Français jette 30 kg de nourriture par an. Près d'un quart de ces aliments sont encore emballés mais la date de péremption est dépassée.

Bonne nouvelle : le gouvernement français s'attaque à ce problème et veut réduire de 50 pourcent ce gaspillage alimentaire avant l'an 2025. Mais pourquoi attendre ? Voici quelques astuces pour agir, tout de suite, chez toi :

1. Vérifie la date de péremption et manger d'abord ce qui va se perdre.

2. Cuisine avec les restes au lieu de les jeter.

3. Si tu n'as pas très faim, ne remplis pas ton assiette ; tu peux toujours te resservir après !

4. Si tu ne finis pas un repas au resto, demande au serveur d'emballer les restes et emporte-les avec toi. Cela fera un repas tout prêt pour le lendemain !

1. Worldwide, how much food ends up in the bin every year?

2. How much food ends up in the bin every year in France?

3. What has the French government pledged to do?

4. What deadline have they given to achieve this?

5. Name two things you can do to reduce food waste.

6. Traduisez :

   - Le gaspillage alimentaire
   - Jeter à la poubelle
   - Encore emballé
   - La date de péremption
   - Réduire
   - Astuces
   - Les restes

Ex. 5.33 Manger sain, manger bien

Lisez l'article et répondez aux questions.

Manger sain, manger bien

L'Agence nationale de sécurité sanitaire de l'alimentation (Anses) vient de publier de nouvelles recommandations - ce qu'il faut manger et boire pendant les repas et aussi ce qu'il faut éviter si on veut garder la forme.

Selon l'Anses, les Français ne mangent pas toujours aussi bien que l'on croit. Par exemple, ils mangent trop de viande et pas assez de fruits et légumes. Ils consomment aussi trop de sucre, ce qui peut favoriser le diabète.

L'Anses recommande donc de manger des fruits et légumes au moins 5 fois par jour, de privilégier les céréales complètes, comme le riz ou les pâtes, et de choisir du poisson plutôt que de la viande 2 fois par semaine. On nous conseille également de ne pas consommer trop de jus de fruits, et surtout pas trop de sodas, car un seul verre de soda contient l'équivalent de quatre cuillérées de sucre !

1. What is Anses?
2. What two things do French people eat too much of?
3. Name two foods that are good for your health?
4. How often should you eat fish?
5. According to Anses, what should we eat less of?
6. How much sugar is in a glass of fizzy drink?

OBJECTiFS

I can understand an article about healthy eating in France.

Récapitulatif

Mots-clés pour Unité 5

Au café
Le serveur/la serveuse :

- Qu'est-ce que vous prenez ?
- Nous avons des sandwichs au jambon/au fromage.
- Voici l'addition
- Merci, bonne journée

Le client :
Moi, je voudrais …

- Un café crème
- Un café au lait
- Un thé
- Un chocolat chaud
- Un jus d'orange
- Une glace

Qu'est-ce que vous avez comme sandwichs ?

Je voudrais …

- Un sandwich au jambon/au fromage
- Une crêpe
- Un croque-monsieur
- Un croque-madame
- Des frites
- Une glace
- L'addition s'il vous plait
- Merci
- Je vous en prie
- Bonne journée

À mon avis

- J'aime
- Je n'aime pas
- J'adore
- Je déteste
- Oui, moi aussi
- Je suis d'accord
- Tu as tort
- Tu as raison
- Tu rigoles
- Tu es fou/folle
- C'est délicieux/délicieuse
- C'est dégoutant(e)
- Ça ne me dit rien

À la boulangerie

- Une baguette
- Un croissant
- Du pain
- Une ficelle
- Un pain au chocolat

Jeu de rôle à la boulangerie

Le boulanger :

- Vous désirez ?
- Et avec ça ?
- Ce sera tout ?
- Ça fait …
- Voilà votre monnaie
- Bonne journée
- Je regrette, mais je n'ai pas de …
- Merci
- Je vous en prie

Se lever				
1	**2**	**3**	**4**	
Subject pronoun	Reflexive pronoun	Auxiliary (Verb 1): être	Past participle (Verb 2)	English
Je	me	suis	levé	I (have) got up (*m*)
Je	me	suis	levée	I (have) got up (*f*)
Tu	t'	es	levé	You (have) got up (*m*)
Tu	t'	es	levée	You (have) got up (*f*)
Il	s'	est	levé	He (has) got up
Elle	s'	est	levée	She (has) got up
On	s'	est	levés/levées	We (have) got up (*m/f*)
Nous	nous	sommes	levés	We (have) got up (*m* or *m+f*)
Nous	nous	sommes	levées	We (have) got up (*f*)
Vous	vous	êtes	levé/levés*	You (have) got up (*m* or *m+f*)
Vous	vous	êtes	levée/levées*	You (have) got up (*f*)
Ils	se	sont	levés	They (have) got up (*m* or *m+f*)
Elles	se	sont	levées	They (have) got up (*f*)

Le client

- Je voudrais …
- Avez-vous un/une/ des … / du/de la/de l'
- C'est combien ?
- Merci, bonne journée
- Des pommes de terre
- Du maïs
- Des champignons
- Du sucre
- De la farine
- De la confiture
- Des œufs
- Du lait

Faire les courses
Au supermarché

- Des légumes
- Des carottes
- Des haricots verts
- Un chou
- Un chou-fleur
- Des petits pois
- Du fromage
- Du beurre
- Des yaourts

À la boucherie

- De la viande
- Du poulet
- Du bœuf
- Des côtes de d'agneau
- Des côtes de porc
- Du steak haché
- Du canard
- De la dinde

Bilan de l'unité 5

Pour chaque objectif, choisissez votre émoticône	☺	😐	☹
Listening			
I can understand a conversation in a café.			
I can understand people giving their opinions in a group.			
I can understand people describing their favourite dishes.			
I can understand someone talking about what they did, using reflexive verbs.			
I can understand someone telling the time.			
I can understand a conversation at the bakery.			
I can understand someone naming foods.			
I can understand someone saying what they eat and how often you should eat certain foods.			
I can understand a conversation at the supermarket.			
I can understand someone talking about their eating and exercise habits.			
I can understand questions about my eating habits and my favourite foods.			
Reading			
I can understand a menu in a café.			
I can understand a conversation in a café.			
I can understand opinions in French.			
I can understand a blog about someone's day and their eating habits.			
I can understand a price list at a bakery and a menu at a café.			
I can understand the food pyramid in French.			
I can understand a shopping list.			
I can understand a blog about Taste Week in someone's school.			
I can understand questions about my favourite dishes, and my eating habits.			
I can understand articles about healthy eating and reducing food waste.			

Pour chaque objectif, choisissez votre émoticône	😊	😐	☹️
Spoken production			
I can name different items on a café menu.			
I can give my opinion about dishes.			
I can name my favourite dish.			
I can describe my typical day in the present and past tense.			
I can ask questions in different ways.			
I can ask and tell the time.			
I can name different foods at the baker's, butcher's and supermarket.			
I can describe how I maintain a healthy lifestyle.			
Spoken interaction			
I can carry out a role play at a café.			
I can give my opinion in a group.			
I can ask and answer questions about my daily routine and my eating habits.			
I can ask and tell the time in French.			
I can carry out a role play at the bakery.			
I can play a shopping game.			
I can ask and answer questions about food and healthy eating.			

Writing			
I can write a role play at a café.			
I can write an invitation to a French café.			
I can write a menu for a French café.			
I can make decorations and signs for a French café.			
I can write descriptions of images that show actions, using *le passé composé* and reflexive verbs.			
I can write a shopping list.			
I can write a blog about my eating habits.			
I can write a game/activity to practise my new vocabulary, using online resources.			
I can make a poster for a school bake-off.			

Discutez en classe

- Look back over your Portfolio exercises. In which areas did you give yourself stars?
- Look at your wishes. Have any of these improved?
- What was your favourite part of Unité 5? Why?
- You completed many different kinds of activities in Unité 5. What kinds of activities were best for helping you to learn? Why?
- What are you looking forward to learning more about in the next unit? Why?

Unité 5 : Les aliments et ma routine quotidienne

Unité 6

Je vais en ville

By the end of this unit you will

★ Be able to ask for directions
★ Be able to give and understand directions
★ Be able to describe where you live
★ Have learned about street names in France
★ Know more about French geography
★ Know more about French towns
★ Be able to give your opinion on where you live
★ Be able to understand information leaflets about a town
★ Be able to understand people talking about where they live
★ Know how to use *être* with verbs in the *passé composé*
★ Know which verbs use *avoir* and which use *être* in the *passé composé*
★ Have learned and practised new prepositions
★ Be able to follow written directions
★ Be able to understand articles related to towns and transport
★ Have written an information piece about your area
★ Have written a poem about where you live
★ Have practised using ordinal numbers (first, second, etc.)
★ Have reflected on your learning and identified ways to improve your learning

Ex. 6.1 La géographie française

Regardez la vidéo et répondez aux questions en anglais.

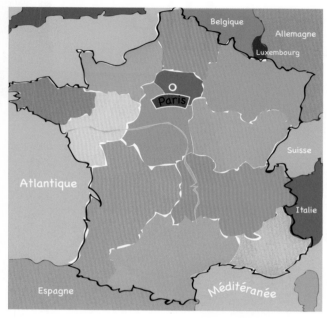

1. How many regions are there in France?
2. Name the three biggest cities in France.
3. What is the Villes et Villages Fleuris competition?
4. Why aren't all 18 regions visible on this map?

  # Ex. 6.2 Vocabulaire : en ville

Écoutez le CD et entrainez-vous à bien prononcer le vocabulaire.

 Check out the Villes et Villages Fleuris online and see images of the winning entries.

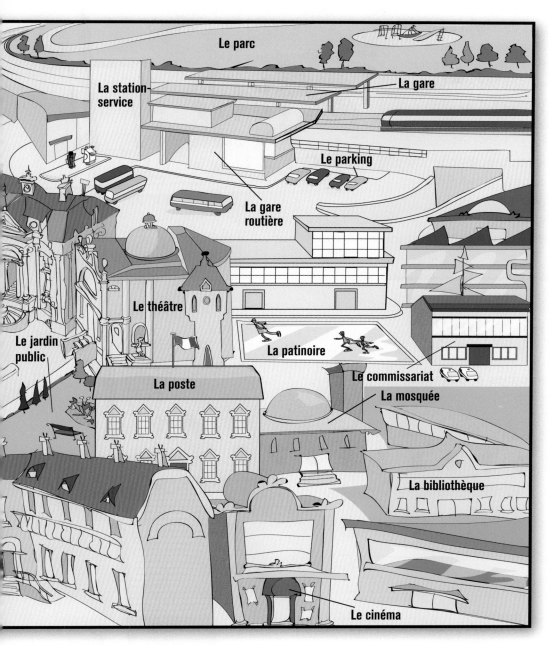

- L'université (la faculté)
- Le stade
- Le parking
- Le cimetière
- Le centre commercial
- La patinoire
- Le bowling
- Le camping
- Le château
- L'aéroport
- La bibliothèque
- L'église / la cathédrale
- La synagogue
- La mosquée
- La piscine
- L'usine
- Le café
- Le restaurant
- L'office de tourisme / le syndicat d'initiative
- La banque
- La poste
- Le centre culturel
- Le centre sportif
- La maison des jeunes et de la culture
- Le théâtre
- Le cinéma
- Le marché
- La médiathèque

- L'hôpital
- La gare
- La gare routière
- La station-service
- L'auberge de jeunesse
- Le commissariat

- L'hôtel de ville
- Le parc
- Le jardin public
- Le musée
- L'aire de jeux
- L'école primaire / le collège / le lycée

Labels on the image: Le parc · La station-service · La gare · Le parking · La gare routière · Le théâtre · La patinoire · Le jardin public · Le commissariat · La mosquée · La poste · La bibliothèque · Le cinéma

La vie en France

L'hôtel de ville means the city or town hall – not a hotel! It is similar to the *mairie* (mayor's office) we find in French villages. *L'hôtel de ville* is the centre of administration in the town. It oversees public services such as lighting, rubbish collection, recycling and road maintenance. It is also where French people go to register births or to get married. Religious wedding ceremonies are not legally recognised in France, so you have to get married in a civil ceremony to have your marriage recognised. You must be 18 years or older to get married in France.

Ex. 6.3 Où aller ?

Donnez des conseils aux personnes ci-dessous.

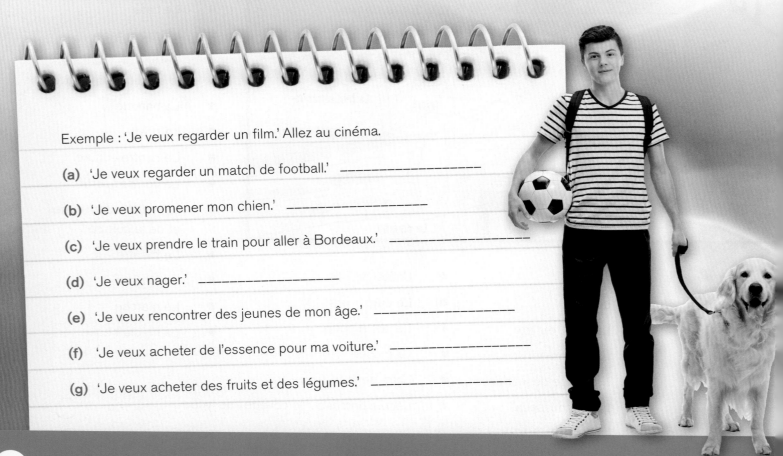

Exemple : 'Je veux regarder un film.' Allez au cinéma.

(a) 'Je veux regarder un match de football.' _____

(b) 'Je veux promener mon chien.' _____

(c) 'Je veux prendre le train pour aller à Bordeaux.' _____

(d) 'Je veux nager.' _____

(e) 'Je veux rencontrer des jeunes de mon âge.' _____

(f) 'Je veux acheter de l'essence pour ma voiture.' _____

(g) 'Je veux acheter des fruits et des légumes.' _____

Ex. 6.4 Où vont-ils ?

Écoutez les jeunes. Où vont-ils? Complétez la grille.

Chloé	Museum
Arthur	
Pierre	
Marcel	
Manon	
Camille	

OBJECTIFS

I can name places in a town.

Ex. 6.5 Les noms des rues

French street names are traditionally written in white on blue panels. Street names in villages, towns and cities often refer to historical events or people. Look at these street signs. Why are these people and dates important?

AVENUE DU ONZE NOVEMBRE

RUE BONAPARTE

RUE PIERRE ET MARIE CURIE

AVENUE VICTOR HUGO

BOULEVARD DU QUATORZE JUILLET

 In the department of Seine-et-Marne, the town of d'Émerainville has allowed local primary school children to name some of their streets. That is why you might find yourself living on rue du Lapin Vert, allée du Crocodile Rose, rue de la Fée or allée des Lutins. What would you call the road you live on, if you could choose a name?

RUE DU LAPIN VERT

Ex. 6.6 L'avenue des Champs-Élysées

L'avenue française la plus célèbre est sans doute l'avenue des Champs-Élysées, à Paris. C'est ici que se passe le défilé militaire du 14 juillet, point fort des cérémonies de la fête nationale. C'est aussi ici que se termine traditionnellement la célèbre course cycliste du Tour de France. Et c'est sur « les Champs » que les Français se rassemblent spontanément pour un évènement national important, comme, en 1998, quand un million et demi de Parisiens sont venus fêter la victoire de la France à la finale de la Coupe du monde de football.

L'avenue des Champs-Élysées est l'une des plus grandes de toute la capitale : 1,9 kilomètre de long et 70 mètres de large. Elle se trouve dans le 8ème arrondissement et relie l'Obélisque de la Place de la Concorde au célèbre Arc de Triomphe de la Place Charles-de-Gaulle-Étoile.

L'avenue des Champs-Élysées est une adresse très chic et on y trouve de nombreux magasins de luxe, comme la célèbre maison Louis Vuitton, les bijoux Cartier, les vêtements Lacoste et les macarons Ladurée.

1. Why is the Avenue des Champs-Élysées very important?
2. Can you name one important event that happens on the Champs-Élysées?
3. How many people gathered there to celebrate France's World Cup win in 1998?
4. What monuments are at either end of the Champs-Élysées?
5. What else will you find on the Avenue des Champs-Élysées?

Use the street view on Google Maps to see the Champs-Élysées for yourself! Is there anything else you notice about the Champs-Élysées? See what you can find other than shops.

La France en Irlande

There are many connections between France and Ireland. D'Olier Street in Dublin is named after a French goldsmith and founder of the Bank of Ireland. The opening stage of the Tour de France was held in Ireland in 1998. More than 100 French towns are twinned with Irish towns, such as Cork with Rennes and Galway with Lorient. Is your town twinned with a town in France?

Can you think of any other connections between France and Ireland – perhaps in business, history or the arts? What do you know about the Irish tricolour and its connection with France?

 # Astuces

There are a few ways to ask for directions in French. The easiest way is just to say the place you are looking for and add 'please'. For example: *La gare, s'il vous plait ?* Remember to use a rising intonation to make this sound like a question.

You could also use the following ways:

Où se trouve la gare, s'il vous plait ?

Pour aller au cinéma, s'il vous plait ?

Où est la piscine, s'il vous plait ?

Je cherche la bibliothèque, s'il vous plait ?

  # Ex. 6.7 Pour aller à … ?

Écoutez les touristes. Comment posent-ils leurs questions ? Cochez.

	Intonation	Où se trouve …	Pour aller …	Où est …	Je cherche …
1					
2					
3					
4					
5					

Astuces

Où is the only word in French to use the letter ù. This is to distinguish it from ou, meaning 'or'.

La préposition à

The preposition à can mean 'to' or 'at'. You can use it to say you are going somewhere or you will meet someone at a location. When used with *le*, *la*, *l'* or *les*, the preposition à works like this.

Masculine (*m*)	au	au cinéma
Feminine (*f*)	à la	à la piscine
Before a vowel (or an h)	à l'	à l'hôpital
Plural (*pl*)	aux	aux magasins

 Ex. 6.8 La préposition à

Remplissez les blancs avec au, à la, à l' ou aux.

1. Je vais _____ musée.

2. Mes parents vont _____ marché.

3. Manon va _____ piscine.

4. Annie veut aller _____ Arc de Triomphe.

5. Nous nous retrouvons _____ stade pour regarder le match.

6. Je veux aller _____ Champs-Élysées.

7. Jacques va _____ banque.

8. Sophie et Michel sont _____ église.

OBJECTIFS

I can use the preposition *à* correctly.

Ex. 6.9 Vocabulaire : les directions

Écoutez le CD et entrainez-vous à bien prononcer le vocabulaire.

- Tournez
- Continuez
- Prenez
- Traversez
- Allez tout droit
- Le carrefour
- Les feux
- Le rond-point
- La rue piétonne
- La place
- Jusqu'à
- Au coin
- Au bout de la rue
- C'est loin ?
- C'est tout près
- C'est à 2 kilomètres

- À côté de
- En face de
- Près de
- Devant
- Derrière
- Entre

Rappelez-vous !

Ex. 6.10 Vrai ou faux ?

Cochez la bonne réponse.

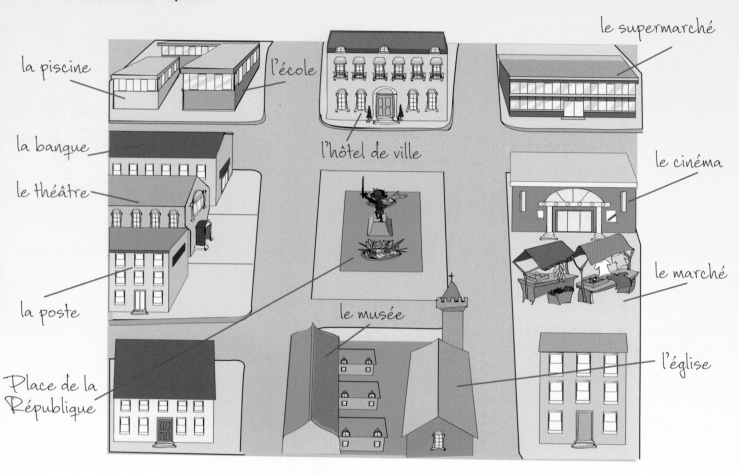

la piscine

l'école

le supermarché

la banque

l'hôtel de ville

le cinéma

le théâtre

la poste

le marché

le musée

Place de la République

l'église

	VRAI	FAUX
(a) Le cinéma est devant l'église.	☐	☐
(b) Le théâtre se trouve entre la banque et la poste.	☐	☐
(c) La piscine est derrière l'hôtel de ville.	☐	☐
(d) Le musée est à côté de la poste.	☐	☐
(e) Le marché est en face de l'école.	☐	☐
(f) L'école est près de la Place de la République.	☐	☐

Ex. 6.11 Les Indications

Suivez les indications et identifiez les bâtiments.

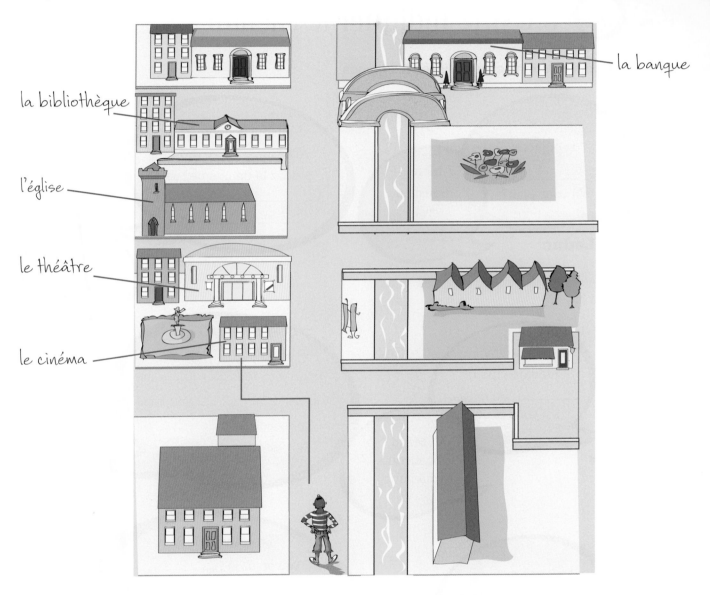

1. Pour aller au cinéma : Allez tout droit, prenez la première rue à gauche et le cinéma est à droite.

2. Pour aller à la poste : Allez tout droit, prenez la troisième rue à droite, traversez le pont et la poste est à côté de la banque.

3. Pour aller au marché : Allez tout droit, prenez la deuxième rue à droite, le marché est sur votre droite.

4. Pour aller au parking : Allez tout droit, prenez la première rue à droite et le parking est au bout de la rue.

5. Pour aller à l'office de tourisme : Allez tout droit, prenez la troisième rue à gauche et l'office de tourisme est en face de la bibliothèque.

I can understand and follow written directions.

Ex. 6.12 Indiquer le chemin

Écoutez les conversations et remplissez les blancs.

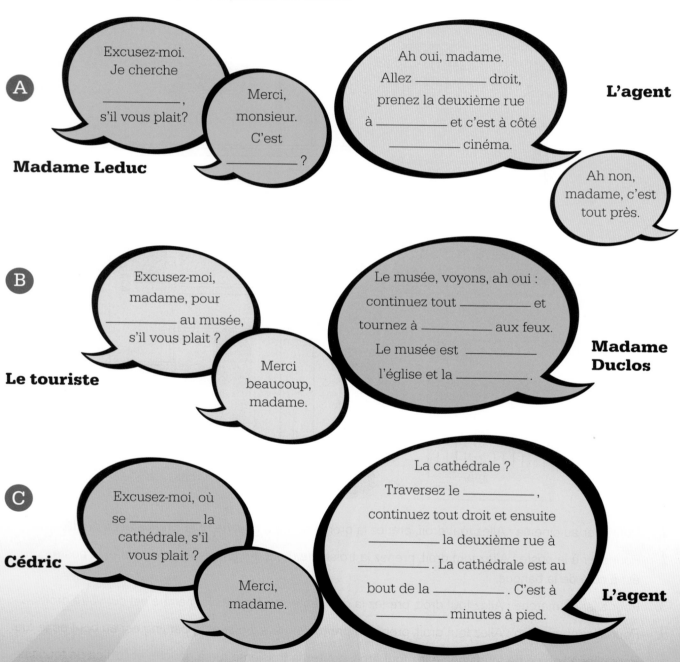

A

Madame Leduc

Excusez-moi. Je cherche _____, s'il vous plait?

Merci, monsieur. C'est _____?

Ah oui, madame. Allez _____ droit, prenez la deuxième rue à _____ et c'est à côté _____ cinéma.

Ah non, madame, c'est tout près.

L'agent

B

Le touriste

Excusez-moi, madame, pour _____ au musée, s'il vous plait ?

Merci beaucoup, madame.

Le musée, voyons, ah oui : continuez tout _____ et tournez à _____ aux feux. Le musée est _____ l'église et la _____.

Madame Duclos

C

Cédric

Excusez-moi, où se _____ la cathédrale, s'il vous plait ?

Merci, madame.

La cathédrale ? Traversez le _____, continuez tout droit et ensuite _____ la deuxième rue à _____. La cathédrale est au bout de la _____. C'est à _____ minutes à pied.

L'agent

Unité 6 : Je vais en ville

Ex. 6.13 Demander et indiquer le chemin

Work with your partner using the map below. Take turns in asking for directions and giving directions. Remember to use ordinal numbers here: *premier*, *deuxième*, *troisième*, etc.

 # Interévaluation

First, fill in the grid below for yourself. Then work with a partner to provide each other with feedback on your performances in Ex. 6.13.

	😊	😐	😞
I pronounced the French 'R' well			
I used liaison where I should have			
I made eye contact with my partner			
I pronounced all words with an even stress			
I raised the pitch of my voice at the end of a question			
I used gestures where it suited			
I used intonation – and sounded as if I was having a conversation			
I was CaReFuL			
Words/phrases I pronounced really well …			
Words/phrases I need to practise more …			

Ex. 6.14 Vocabulaire : se déplacer

Écoutez le CD et entrainez-vous à bien prononcer le vocabulaire.

- à pied
- à vélo (à bicyclette)
- à moto
- en bus
- en train
- en avion
- en voiture

- en car
- en taxi
- en métro
- en tramway
- en bateau
- les transports en commun

OBJECTIFS

I can ask for directions and give directions.

 À ou en ?

You will notice that *à* and *en* are both used with means of transport. Can you think of a rule to explain whether you should use *à* or *en*? What do the *à* ones have in common, for example? (Note, however, that you will also hear *en vélo* and *en moto*!)

À ou en ?

Ex. 6.15 Comment se déplacent-ils ?

1. Elle se déplace _____.

2. Il se déplace _____

3. Ils se déplacent _____

4. Elle se déplace _____

5. Il se déplace _____

6. Et toi ? Comment te déplaces-tu ?

Je me déplace

_____.

Ex. 6.16 Ils se retrouvent où ?

Écoutez le CD et répondez aux questions.

A

1. Where are Emmanuel and Malika going?

2. When will they meet?

3. Where will they meet?

4. How will they travel?

B

1. Where are Clément and his mother going?

2. Where will they meet?

3. Why are they going there?

4. How will Clément get to the meeting point?

Ex. 6.17 Le Pédibus

Lisez l'article et répondez aux questions ci-dessous.

LE PÉDIBUS - Moyen de transport du futur

Un Pédibus est un groupe d'enfants qui vont ensemble à l'école à pied sous la supervision d'au moins un adulte. Avec le Pédibus, non seulement les parents ne gaspillent plus de temps sur la route à amener leurs enfants à l'école aux heures de pointe, mais ils peuvent aussi avoir l'esprit tranquille, puisque leurs enfants sont accompagnés et en sécurité.

Comment ça marche ? L'enfant attend à un arrêt qu'un groupe d'enfants et de parents accompagnateurs passe le chercher pour aller à l'école. En route, les enfants découvrent les saisons, parlent avec leurs copains et apprennent à traverser la rue. Le Pédibus permet aux enfants et aux parents de se rencontrer et de se faire de nouveaux amis.

Quels sont les avantages ? Le Pédibus permet la pratique d'une activité physique, ce qui est très important ; il contribue ainsi à protéger la santé des enfants. En plus, les enfants apprennent à devenir autonomes dans la ville. Et puis c'est excellent pour l'environnement puisque le Pédibus aide à réduire la pollution atmosphérique en réduisant la circulation autour des écoles.

1. Give a brief description of le Pédibus.

2. How does it work?

3. What can children do on the way to school?

4. List one advantage of the system for

   (a) parents

   (b) children

   (c) the environment.

 Search for 'le Pédibus' on YouTube to see children using the system and talking about it.

Lisez l'article et répondez aux questions dans votre cahier.

Paris Visite

Paris Visite est un titre de transport qui permet d'utiliser gratuitement et de façon illimitée tous les transports en commun de la capitale.

Il permet également de bénéficier de 100€ d'avantages chez nos partenaires en présentant votre titre en cours de validité.

Bénéficiez par exemple de :

- 25% de réduction sur l'entrée à l'Arc de Triomphe
- 10% de réduction au Galeries Lafayette

Vous pouvez acheter votre passe de transport :

- Aux automates
- Aux guichets
- Aux comptoirs d'infos, aux comptoirs club (uniquement carte bancaire)

Comment savoir quelles zones choisir ?

Le Passe Zones 1-3 permet de se déplacer dans Paris intra-muros (zone en jaune sur la carte) et en banlieue proche.

Le passe Zones 4-5 permet de se déplacer en grande banlieue et d'avoir accès à Disneyland Paris, au château de Versailles, ainsi qu'aux aéroports Orly et Charles-De-Gaulle.

Comment utiliser mon passe Paris Visite ?

Pour que votre passe Paris Visite soit valable, vous devez impérativement inscrire votre nom, votre prénom et les dates de début et de fin de validité de votre forfait. La date du forfait prend effet à partir de la première validation. Lors de vos déplacements, vous devez obligatoirement valider votre coupon en entrant dans le métro, le bus, le tramway le RER.

1. List two advantages of the Paris Visite card.
2. Where can you buy a Paris Visite card?
3. Which card zones would you need for a visit to Disneyland Paris?
4. What three things must you fill in on your card to make it valid?
5. You must validate your card every time you use the transport system. True or false?
6. Find the French for the following phrases in the text
   (a) ticket desk
   (b) to travel
   (c) valid

Ex. 6.19 Là où j'habite

Écoutez le CD et entrainez-vous à bien prononcer le vocabulaire.

- À la campagne
- En banlieue
- Dans la banlieue de …
- Dans un village
- En ville
- Au bord de la mer
- À la montagne

 # Ex. 6.20 Ville ou campagne ?

Lisez les articles et répondez aux questions.

Les sorties entre amis, les transports, la façon de vivre, ce n'est pas pareil en ville et à la campagne. Juliette, Martin et Chloé nous parlent de leur vie là où ils habitent.

Salut, je m'appelle Juliette et j'habite à Paris, la capitale de la France. J'adore habiter à Paris parce qu'il y a beaucoup de choses à faire et à voir ici. Mon appartement se trouve dans le 9ème : c'est un quartier très animé et plein de cinémas. J'adore aller au cinéma et j'y vais tous les weekends. Heureusement, tous mes copains habitent à côté de chez moi, et, le weekend, on se retrouve pour faire du roller au parc. Comme la station de métro est au coin de ma rue, je peux facilement me déplacer en ville, d'ailleurs je prends le métro tous les jours pour aller au collège. Bien sûr, à Paris, il y a beaucoup de magasins et, pour ceux qui s'intéressent à la culture, il y a plein de musées et de théâtres. Personnellement, je ne m'ennuie jamais ici !

Juliette

Martin

Moi, je m'appelle Martin et j'habite à la campagne, dans un petit village qui s'appelle Lourmarin. C'est un joli village dans le sud de la France. J'adore ! Il y a un vieux château, un moulin, une belle église, un marché tous les lundis et bien sûr des bars et des restaurants. Malheureusement, il n'y a pas beaucoup d'activités pour les jeunes mais il y a un terrain de foot et j'adore jouer au foot ! Les habitants sont très sympa et en été, il y a des touristes qui viennent passer les vacances. Il n'y a pas de transport en commun donc je me déplace à pied et, quand je veux aller en ville, je prends le bus.

Chloé

Salut, je m'appelle Chloé. J'habite dans la banlieue de Lyon. Il y a un cinéma et une excellente MJC. J'adore la Maison de Jeunes et de la Culture : par exemple, il y a souvent des ateliers de peinture, de photo et de musique et j'y vais tous les weekends. Comme j'habite à côté, je peux y aller à pied. Tous mes amis y vont aussi et on s'amuse bien. Mon école est un peu plus loin et j'y vais à vélo. J'aime bien la banlieue parce que c'est plus calme que le centre-ville et mes amis n'habitent pas très loin. Si je veux, je peux aller au centre commercial pour faire les magasins et le réseau de transports en commun est excellent.

Who ... ?	Juliette	Martin	Chloé
1. lives in the country			
2. lives in an apartment			
3. loves going to the youth club			
4. plays football			
5. lives near a metro station			
6. goes to school by bicycle			
7. has friends nearby			
8. thinks the suburbs are calmer than the city			
9. lives near an old castle			
10. can shop in a shopping centre			
11. lives in a lively area			
12. has no access to public transport			

  # Ex. 6.21 Vocabulaire : là où j'habite

Écoutez ces jeunes parler de là où ils habitent et remplissez la grille.

	Location	Facilities	Other comments
Anya			
Mathieu			
Tristan			
Alice			

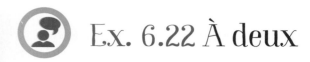 Ex. 6.22 À deux

With your partner, talk about where you live. Prepare a short presentation for your class. You could use expressions such as:

- Dans ma ville, il y a …
- Dans mon quartier, on trouve …
- En face de chez moi, il y a …
- Mon village est calme/ animé.

- Il y a beaucoup de touristes.
- Il y a des espaces verts.
- J'adore ma ville parce que …
- J'adore habiter à la campagne parce que …

 Interévaluation

First, fill in the grid below for yourself. Then work with a partner to provide each other with feedback on your performances in Ex. 6.22.

	😊	😐	😞
I pronounced the French 'R' well			
I used liaison where I should have			
I made eye contact with my partner			
I pronounced all words with an even stress			
I raised the pitch of my voice at the end of a question			
I used gestures where it suited			
I used intonation – and sounded as if I was having a conversation			
I was CaReFuL			
Words/phrases I pronounced really well …			
Words/phrases I need to practise more …			

Unité 6 : Je vais en ville

Ex. 6.23 Le tramway est de retour

Lisez l'article et répondez aux questions ci-dessous.

Le tramway est de retour

Depuis longtemps victime de la voiture et de la popularité de l'autobus, le tramway fête son retour dans les grandes villes de France. Au début du siècle dernier, il y avait des tramways partout mais, dès les années 1920, ils ont commencé à disparaitre. Seule la ville de Marseille a gardé son tramway.

Vers la fin du 20e siècle, de plus en plus de grandes villes françaises ont inauguré de nouvelles lignes, par exemple Nantes, Grenoble, Strasbourg, Bordeaux et Paris. Actuellement, il y a des tramways dans plus de vingt-cinq villes françaises. Le tramway est propre, silencieux, confortable, accessible, rapide et écologique. Pour les tramways, qui roulent sur des rails, il n'y a pas d'embouteillages. Les tramways ont une plus grande capacité que les bus, et la régularité du tramway le rapproche du métro.

Il n'y a pas qu'en France que l'on réintroduit ce moyen de transport. Les tramways existent maintenant dans presque quatre cents villes dans le monde, en grande partie depuis l'an 2000. La ligne de tramway la plus longue au monde est en Belgique. Elle fait 68 km et dessert presque toute la côte belge.

1. Why were tramways closed, according to the text?

2. What has happened in towns such as Nantes and Bordeaux?

3. How many French towns have trams?

4. Name four advantages of the tram, according to this article.

5. How do we know that trams are popular worldwide?

6. Where is the longest tramline in the world?

MON PORTFOLIO 6.1 : Un guide

Faites cet exercice dans votre portfolio.

Le passé composé avec être

Le passé composé avec être

In Unité 4, you learned how to make *le passé composé* using *avoir*. Most verbs use *avoir* in *le passé composé*. However, some verbs use *être*. In Unité 5 you learned that reflexive verbs use *être* in the past tense and now we will look at the other verbs that use *être*. Most of these *être* verbs express motion or a change of state.

Verb	Past participle
aller (to go)	allé (went)
venir (to come)	venu (came)
arriver (to arrive)	arrivé (arrived)
rester (to stay)	resté (stayed)
partir (to leave)	parti (left)
sortir (to go out)	sorti (went out)
entrer (to enter)	entré (entered)

Verb	Past participle
monter (to go up)	monté (went up)
descendre (to go down)	descendu (went down)
tomber (to fall)	tombé (fell)
naitre (to be born)	né (was born)
mourir (to die)	mort (died)
passer (to pass by)	passé (passed by)
retourner (to return)	retourné (returned)

Verbs derived from the above verbs also take *être*: for example, *revenir, devenir, rentrer, repartir*.

You can still use 1,2,3 to remember that *le passé composé* has three parts but for these verbs you will use *être* instead of *avoir*: *Je suis allé, tu es allé, il est allé …*

NB: Remember that verbs that take *être* must agree with the subject. So, you add '-*e*' if the subject is feminine, '-*s*' if the subject is masculine plural, and '-*es*' if it is feminine plural.

- Je suis allé**(e)**
- Tu es allé**(e)**
- Il est allé
- Elle est allé**e**

- Nous sommes allé(e)**s**
- Vous êtes allé(e)s
- Ils sont allé**s**
- Elles sont allé**es**

 Astuces

Les verbes avec être

There are several ways you can remember these verbs. For example: you will notice that many of them are opposites (to go up, to come down; to go in, to go out; to be born, to die; etc). You could also remember them with an image …

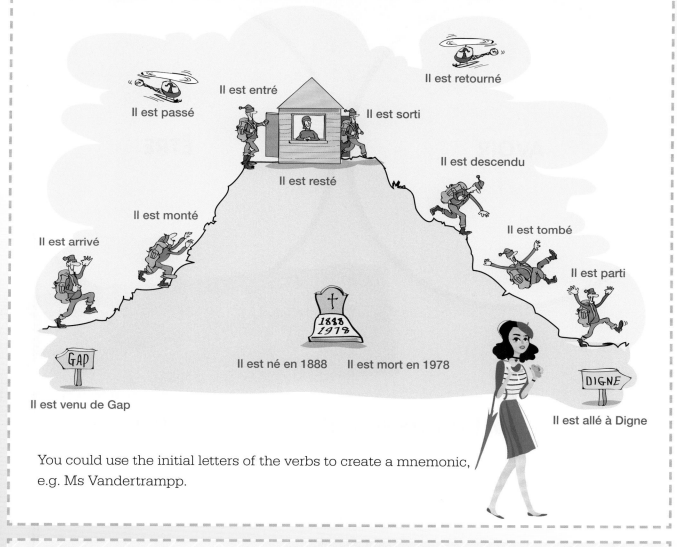

Il est passé

Il est entré

Il est retourné

Il est sorti

Il est descendu

Il est resté

Il est monté

Il est tombé

Il est arrivé

Il est parti

GAP

1888 1978

Il est né en 1888   Il est mort en 1978

DIGNE

Il est venu de Gap

Il est allé à Digne

You could use the initial letters of the verbs to create a mnemonic, e.g. Ms Vandertrampp.

 Astuces

Can you think of another way to learn these verbs? Perhaps a mind map or a diagram? Maybe you could make up a song? Choose a way that will help you best to learn them.

Ex. 6.24 Avoir ou être ?

Write these verbs in the correct circle.

aller   faire   manger   laver   venir   devoir   avoir

partir   rester   coucher   mourir   couter   monter

AVOIR

ÊTRE

OBJECTIFS

I can name the verbs that use être in le passé composé.

 # Ex. 6.25 Le passé composé avec être

A   Fill in the blanks with the correct form of *être*.

1.   Sophie, tu _____ allée au marché ce matin?

2.   Je _____ parti à huit heures.

3.   Ils _____ arrivés en bus.

4.   Nous _____ restés à l'hôtel jusqu'à 11 heures.

5.   Elle _____ montée jusqu'en haut de la tour Eiffel.

6.   Vous _____ rentrées à quelle heure, Lucie et Claire ?

B Accordez les participes passés, si nécessaire.

1. Ma sœur est allé_____ à Paris pendant les vacances.

2. Henri est venu_____ en bus.

3. Mes parents sont sorti_____ hier soir.

4. Hier, Jérôme et moi sommes monté_____ à l'Arc de Triomphe.

5. Élisa est né_____ en 2004.

6. Jeanne et Sophie, vous êtes resté_____ à la maison le weekend dernier?

C

Traduisez :

1. I went to the cinema yesterday.

_____

2. The teacher went into the classroom.

_____

3. Pierre came by taxi.

_____

4. We arrived at six o'clock.

_____

5. She was born on 5 May.

_____

6. You (*feminine singular, informal*) arrived early.

_____

7. You (*masculine plural*) went out at four o'clock.

_____

ne ... pas

To make a negative, the **ne** and **pas** surround the auxiliary verb – in this case *être*.

Exemple: Je **ne** suis **pas** allé à la banque hier.

Nous **ne** sommes **pas** rentrées tard.

ne ...
pas

 Ex. 6.26 ne ... pas

Écrivez les phrases à la forme négative.

1. Elle est sortie hier soir.

_____

2. Nous sommes arrivés à l'heure.

_____

3. Il est resté à la maison samedi soir.

_____

4. Ils sont venus à la fête d'anniversaire d'Isabelle.

_____

5. Je suis tombé pendant le match hier.

_____

 Astuces

Prononciation

Aller is probably the verb you will use most often with *être and avoir*.

Remember: when you say '*Je suis allé(e)*' [Jeuh sweez allay], you pronounce the final 's' on *suis* as if it was a 'z' sound.

Être ou ne pas être ?

Être ou ne pas être ?

IS THE VERB USED WITH AVOIR OR ÊTRE?

AVOIR

NO NEED FOR AGREEMENT

J'ai mangé

Nous avons joué

Elles ont dansé

ÊTRE

The participle must agree with the subject of the verb

Elle est all**ée**

Ils sont part**is**

Elles sont arriv**ées**

Ex. 6.27 Mon journal

Complétez les phrases au passé composé.

1. Je _____ _____ (descendre) à 7 heures.

2. J' _____ _____ (manger) deux pains au chocolat.

3. Je _____ _____ (aller) à l'école en bus.

4. Le soir, j' _____ _____ (faire) mes devoirs.

5. Après j' _____ _____ (telephoner) à mon ami Paul.

6. J' _____ _____ (écouter) de la musique avec mon frère.

Ex. 6.28 À deux

With your partner, read over the rules for verbs that use *être* in the *passé composé*. Take turns in explaining the rules.

OBJECTIFS

I can use verbs with *avoir* and *être* in *le passé composé*.

Ex. 6.29 Le polar

Écoutez le CD et remplissez les blancs.

La police surveille un suspect, Monsieur Malfaiteur. Qu'est-ce qu'il a fait hier ?

Monsieur Malfaiteur left his apartment at _____.

He got in his car and he went to _____. There he

_____ and _____.

At 3.30 he left the café. He went into _____ and

bought some cigarettes. Then he drove to an apartment building and went up to

the _____ floor. He stayed there for _____.

At 5.30 he _____ and he finally returned home at

_____.

MON PORTFOLIO 6.2 : **Mon weekend en France**

Faites cet exercice dans votre portfolio.

 Do some research on a town or village in France and make your email in *Mon portfolio 6.2* realistic. Remember: you could use this piece of work for your CBA 2!

 # Astuces

You already know the standard opening for a letter or email: *cher/chère*. Your email for *Mon portfolio* 6.2 is informal, so you could use something like:

- Bonjour
- Coucou
- Salut.

Your email could include phrases such as:

- C'était …
- Je me suis bien amusé(e).

There are many different sign-offs you could use, such as:

- À bientôt
- Grosses bises
- Je t'embrasse
- À+ (which stands for *À plus tard* or 'Later!').

Lisez l'article et répondez aux questions.

Paris –
ville des amoureux

Depuis une dizaine d'années les amoureux avaient l'habitude d'accrocher des cadenas sur les ponts de Paris et dans d'autres grandes villes.

Pour symboliser son amour, le couple inscrivait ses initiales sur un cadenas, le fermait et jetait la clef dans la Seine. C'est ainsi qu'on pouvait voir des centaines de milliers de cadenas accrochés aux grilles des ponts de Paris. Le problème ? Ces cadenas étaient bien trop lourds pour les grilles. Pendant très longtemps, la ville de Paris n'a pas voulu interdire cette pratique mais, au printemps 2017, la mairie de Paris a trouvé une solution pratique et respectueuse des sentiments des propriétaires de ces cadenas.

Le 13 mai 2017, 165 lots de « cadenas d'amour » ont été mis en vente : 150 « grappes » et quinze morceaux de grilles du Pont des Arts, recouvertes de cadenas. Les enchères ont été suivies en ligne et au téléphone par 400 personnes non seulement en France, mais aussi en Italie, au Brésil, au Japon, en Chine et aux États-Unis. La ville de Paris a remplacé les grilles vendues par des plaques de verre et des agents municipaux passent régulièrement enlever les nouveaux cadenas accrochés au pont.

La vente a rapporté 250 000 euros et l'argent est allé à trois associations, Solipam, l'Armée du Salut et Emmaüs Solidarité, pour aider à l'accueil et l'accompagnement des réfugiés arrivés à Paris.

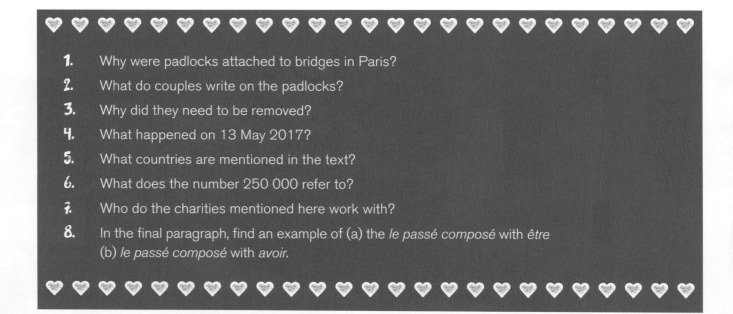

1. Why were padlocks attached to bridges in Paris?

2. What do couples write on the padlocks?

3. Why did they need to be removed?

4. What happened on 13 May 2017?

5. What countries are mentioned in the text?

6. What does the number 250 000 refer to?

7. Who do the charities mentioned here work with?

8. In the final paragraph, find an example of (a) the *le passé composé* with *être*
   (b) *le passé composé* with *avoir*.

MON PORTFOLIO 6.3 : Ma ville idéale

Faites cet exercice dans votre portfolio.

  # Ex. 6.31 Un poème

Écoutez et lisez ce poème sur la ville de Paris.

Paris, c'est la tour Eiffel au bord de la Seine

C'est les magasins de mode et un café sur le boulevard Saint-Michel

Paris, c'est un après-midi au Louvre et les cloches de Notre Dame

Paris, c'est animé, bruyant et joli

C'est la ville de l'amour

Paris, c'est la ville de Piaf, de Chanel et de Monet

Paris, c'est ma ville

 MON PORTFOLIO 6.4 : Mon poème

Faites cet exercice dans votre portfolio.

Récapitulatif

Mots-clés pour Unité 6

- L'hôpital
- La gare
- La gare routière
- La station-service
- L'auberge de jeunesse
- Le commissariat
- L'hôtel de ville
- Le parc
- Le jardin public
- Le musée
- L'aire de jeux
- L'école (primaire / le collège / le lycée)
- L'université (la faculté)

- Le stade
- Le parking
- La cimetière
- Le centre commercial
- La patinoire
- Le bowling
- Le camping
- Le château
- L'aéroport
- La bibliothèque
- L'église / la cathédrale
- La synagogue
- La mosquée
- La piscine

- L'usine
- La maison des jeunes et de la culture (la MJC)
- Le café
- Le restaurant
- L'office de tourisme / le syndicat d'initiative
- La banque
- La poste
- Le centre culturel
- Le centre sportif
- Le théâtre
- Le cinéma
- Le marché
- La médiathèque

Pour indiquer le chemin

- Tournez
- Continuez
- Prenez
- Traversez

- Allez tout droit
- Le carrefour
- La place
- Les feux

- Le rond-point
- La rue piétonne
- Jusqu'à
- Au coin
- Au bout de la rue

C'est …

- à côté de
- en face de
- près de

- devant
- derrière
- entre

- C'est loin?
- C'est tout près
- C'est à 2 kilomètres

J'y vais …

- à pied
- à vélo (à bicyclette)
- à moto
- en bus

- en train
- en avion
- en voiture
- en car

- en taxi
- en métro
- en tramway
- en bateau

J'habite …

- à la campagne
- en banlieue / dans la banlieue de + town
- dans un village

- en ville
- au bord de la mer
- à la montagne

C'est …

- calme
- animé

248

Bilan de l'unité 6

Pour chaque objectif, choisissez votre émoticône	😊	😐	☹️
Listening			
I can understand people asking for directions.			
I can understand when someone gives me directions.			
I can understand people describing where they live.			
I can recognise when *le passé composé* is used.			
Reading			
I can read information leaflets about towns and travel.			
I can read articles about facilities in towns.			
I can identify *le passé composé* in texts.			
I can understand the *le passé composé* in texts.			
I can understand written directions.			
I can read street signs and maps.			
Spoken production			
I can describe where I live.			
I can say what I like about where I live.			
I can list some places in a town.			
I can use prepositions when I speak.			
I can say what I did yesterday.			
Spoken interaction			
I can ask for directions.			
I can give directions.			
I can describe where I live.			
I can give my opinion about where I live.			

Pour chaque objectif, choisissez votre émoticône	😊	😐	🙁
Writing			
I can write about where I live.			
I can write a short poem about where I live.			
I can write about what I did in the past.			
I can use the prepositions of place in my writing.			
I can use both *avoir* and *être* verbs in the past in my writing.			

Discutez en classe

- Look back over your Portfolio exercises. In which areas did you give yourself stars?
- Look at your wishes. Have any of these improved?
- What was your favourite part of Unité 6? Why?
- You completed many different kinds of activities in Unité 6. What kinds of activities were best for helping you to learn? Why?
- What are you looking forward to learning more about in the next unit? Why?

À vous de jouer! UNITÉS 5 ET 6

1. Lisez les articles et répondez aux questions dans votre cahier.

(A)

LE HAND SPINNER

Cette petite toupie, le hand spinner, est devenue très populaire chez les jeunes, pas seulement en France mais dans le monde entier. Les enfants veulent tout le temps jouer avec, même en classe. Résultat : elle est maintenant interdite dans beaucoup d'écoles primaires, de collèges et de lycées.

Le hand spinner a été inventé aux États-Unis et au début il n'a eu aucun succès. Mais quelques mois après, il est devenu un must.

Pourquoi ? Tout d'abord, il n'est pas cher - seulement quelques euros - et il est vendu dans une variété de styles et de couleurs. Il y en a pour tous les gouts. En plus, on en devient très vite accro !

Mais le hand spinner va-t-il rester longtemps à la mode ?

1. Where is the hand spinner popular?

2. Where in France are hand spinners banned?

3. Where was the hand spinner invented?

4. Why did it catch on?

5. Why does the writer mention fashion at the end?

(B)

Fausses infos !

Aujourd'hui, les informations circulent de plus en plus vite et de plus en plus librement, surtout sur Internet. En conséquence, les fausses informations se glissent facilement parmi les faits réels. Faire la différence entre les deux n'est pas toujours facile.

Que faire ?

Il faut d'abord rester vigilant et toujours se demander d'où vient l'information, et si elle est plausible. Qui a intérêt à diffuser cette « nouvelle » ? Souvent une fausse nouvelle a pour but de faire rire, mais parfois elle peut aussi faire du mal à une personne ou un groupe de personnes.

C'est pourquoi les journalistes jouent un rôle de plus en plus important. Ils sont les nouveaux gardiens de la vérité.

1. Why has fake news become an issue?

2. What should we do when we read news?

3. Why might people circulate fake news?

4. What is the role of journalists?

2. **Faites des recherches en ligne, puis répondez aux questions dans votre cahier.**

1. What was newsworthy about French butter in 2017?

2. Name three famous French dishes and the regions they are from.

3. Find out the ingredients for *pain perdu*. What is the Irish equivalent of this dish?

4. Find out about one French restaurant in Ireland. Find its name and location and the average cost of a meal for two.

À vous de jouer!

UNITÉS 5 ET 6

3. **Complétez les phrases avec la bonne forme de l'article partitif : du, de la, de l', des.**

1. Nous prenons _____ sandwichs au jambon.

2. Tu bois _____ café ?

3. Je veux _____ confiture de fraises.

4. Elle achète _____ profiteroles.

5. Je bois _____ thé au citron.

6. Elles mangent _____ glace à la vanille.

7. Ils préfèrent boire _____ eau plate.

8. Vous voulez _____ lait dans le thé ?

9. Tu as commandé _____ poulet ou _____ poisson ?

10. Je mange souvent _____ fromage.

4. **Complétez les phrases avec les verbes pronominaux au passé composé.**

1. Je (se réveiller) _____ à sept heures hier.

2. Nous (se brosser) _____ les dents avant de nous coucher.

3. Elle (se coucher) _____ tôt hier soir.

4. Vous (s'habiller) _____ comment pour aller à la fête ?

5. Tu (se lever) _____ tard dimanche ?

6. Il (se laver) _____ très vite ce matin.

7. Elles (se coucher) _____ de bonne heure.

8. On (se lever) _____ à neuf heures samedi dernier.

9. Nous (s'amuser) _____ avec le chien des voisins.

5. What are your top three tips for doing an excellent CBA 1? Answer in your copybook.

UNITÉS 5 ET 6

6. Remplissez les blancs avec la préposition au, à la, à l' ou aux.

1. Je vais _____ collège.

2. Mes amis vont _____ piscine.

3. Tu vas _____ musée ?

4. Je voudrais aller _____ toilettes.

5. Nous allons souvent _____ cinéma.

6. Je dois aller _____ pharmacie.

7. Ils sont allés _____ boulangerie.

8. Rashid est allé _____ café avec ses amis.

7. **(A)**

Complétez les phrases avec les verbes au passé composé et faites les accords.

1. Amélie _____ (aller) au cinéma hier après-midi.

2. Paul, tu _____ (arriver) en retard ce matin.

3. Ils _____ (rentrer) avant moi hier soir.

4. Nous (feminine) _____ (partir) en Australie l'année dernière.

5. Elle _____ (rester) chez elle samedi dernier.

6. Vous (masculine plural) _____ (sortir) avec vos amis hier ?

(B)

Écrivez les phrases ci-dessus à la forme négative dans votre cahier.

8. Explain how to form *le passé composé*.

(a) _____

(b) _____

(c) _____

9. Dans votre cahier, imaginez et écrivez les menus de votre cantine pour une semaine.

10. Écrivez un mail à votre correspondant(e) avec les détails suivants.

- You visited Paris last Tuesday with your family.

- You ate in a lovely restaurant, but you did not like the cheese.

- You saw the Eiffel Tower but the Louvre Museum was closed.

- You had a great time.

À vous de jouer! **UNITÉS 5 ET 6**

11. **Jeu de plateau.**

You will need:

- A different coloured counter for each player
- A dice

Rules

- 2–5 players
- The youngest player rolls first, the second-youngest rolls second, etc.
- Roll the dice and move on that number of squares.
- Take the challenge on your square.
- If you give an incorrect answer, you miss a turn.
- The first player to reach 'Vous avez gagné' wins the game!

Astuces

Try to use as much French as possible during the game. Here are some useful phrases.

Commençons !	Let's begin!
À moi !	My turn!
À toi !	Your turn!
Lance le dé !	Throw the dice!
Avance d'une case !	Move forward one square!
Recule d'une case !	Go back one square!
Passe ton tour !	Miss a turn!

Board game

1 Départ
Bonne chance !

2 Décrivez l'image.

3 Name four food items in a French breakfast.

4 Zut ! Reculez d'une case !

5 How would you order a white coffee in French?

6 Name two ways to ask a question in French.

7 Vous vous êtes réveillé(e) à quelle heure hier ?

8 Vous avez de la chance ! Avancez de deux cases.

9 Conjuguez le verbe « se lever » au passé composé.

10 Qu'est-ce que vous avez fait le weekend dernier ?

11 Quelle heure est-il ?

12 Vous avez de la chance ! Avancez de deux cases.

13 Give one tip for spoken French.

14 How would you ask for a lemon tart at the bakery?

15 Que mangez-vous pour être en bonne santé ?

16 Zut ! Reculez d'une case !

17 Quel est votre plat préféré ?

18 How do you form le passé composé of reflexive verbs?

19 Give three verbs that take être in le passé composé.

20 Give directions from your school to the nearest shop.

21 Décrivez l'image.

22 Où se trouve la salle des profs ?

23 Vous avez de la chance ! Avancez de deux cases.

24 Qu'est-ce vous avez fait hier (deux choses) ?

Vous avez gagné ! Chapeau !

257

À vous de jouer !

UNITÉS 5 ET 6

12. Une petite pièce de théâtre

Below is the script for a short play. Act it out in small groups or with your entire class. It's a great way to practise your new vocabulary. Audience members can take notes to help the actors improve their pronunciation!

Présentation

Ben et Charlie en ville

La liste de personnages

Ben   Charlie   une passante (a passer-by)

Mise en scène

En centre-ville

Ben :	Charlie, j'ai faim, on va manger un sandwich ?
Charlie :	Bonne idée, Ben ! Moi aussi, j'ai faim. Il y a un café près d'ici ?
Ben :	Je ne sais pas ! Je suis touriste, comme toi ! Je ne connais pas le quartier !
Charlie :	Regarde le plan de la ville.
Ben :	Je ne vois pas de café. On demande à la dame là-bas ?
Charlie :	D'accord … Excusez-moi, madame, où se trouve le café le plus proche, s'il vous plait ?
La passante :	Le café le plus proche, voyons … alors, vous allez tout droit, vous prenez la deuxième rue à gauche et c'est en face de la pharmacie.
Ben :	Alors, on va tout droit, on prend la deuxième rue à gauche et c'est en face de la pharmacie. Comment s'appelle le café ?
La passante :	Le Café Maxence.
Charlie :	C'est loin ?
La passante :	Non, pas du tout - c'est à cinq minutes à pied.
Ben :	Merci beaucoup, madame.
La passante :	Je vous en prie.
Charlie :	Et bonne journée.
La passante :	À vous aussi. Au revoir !

À la mode

By the end of this unit you will

- ★ Be able to name items of clothing
- ★ Be able to name accessories
- ★ Be able to speak about your personal style
- ★ Be able to compare styles and looks
- ★ Be able to give and justify your opinion on fashion
- ★ Know how to use *trop* to indicate that something is too much
- ★ Know how to talk about buying clothes online
- ★ Know how to ask for assistance in a clothes shop
- ★ Have read items about fashion
- ★ Have read catalogue pages
- ★ Be able to understand people talking about their style
- ★ Have revised the *le comparatif*
- ★ Know how to use *le superlatif*
- ★ Be able to recognise and use demonstrative adjectives (equivalent of this, these, etc.)
- ★ Have revised adjectives
- ★ Have revised and learned some new ordinal numbers
- ★ Have written a blog about fashion
- ★ Have reflected on your learning and identified ways to improve your learning

Ex. 7.1 La mode

Regardez la vidéo et répondez aux questions.

1. Why is Paris considered the fashion capital of the world?
2. Name two things a brand has to do to earn the label 'haute couture'.
3. What is the origin of the word 'denim'?
4. Name two products associated with Coco Chanel.

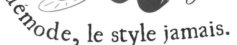

La mode se démode, le style jamais.

The world's foremost fashion school is based in Paris: L'École de la Chambre Syndicale de la Couture Parisienne (ECSCP). Visit www.ecole-couture-parisienne.com to take a look!

Ex. 7.2 Vocabulaire : les vêtements

Écoutez le CD et entrainez-vous à bien prononcer le vocabulaire.

un pantalon

une robe

une jupe

un jean

une chemise

Ex. 7.8 C'est en quoi ?

Faites des phrases.

To describe the clothes people wear you can use adjectives of colour, which you already know, e.g. *un jean noir, une chemise bleue*.

You can also say what material they are made of:

Il porte une chemise (bleue) en coton

Item (+ colour) + *en* + material

Some common materials are:

- la laine   wool
- la soie   silk
- le coton   cotton
- l'acrylique   acrylic
- le cuir   leather

Use the vocabulary below to create sentences. Write them in your copybook.

Exemple : Elle porte une jupe en acrylique

- une chemise
- une jupe
- un pantalon
- une veste
- une robe
- un T-shirt

Search YouTube for 'Dorothée performing *La Valise*'. How much of this clothing vocabulary do you recognise?

Ex. 7.9 Vocabulaire à la mode

Écoutez le CD et entrainez-vous à bien prononcer le vocabulaire.

- La marque
- La mode
- Le tissu
- Le style
- La couleur
- La haute couture

Ex. 7.10 Quel look ?

Lisez les opinions de ce groupe d'amis et complétez la grille.

Louise

La mode, c'est ma passion. J'adore lire les magazines de mode et regarder les gens dans la rue. J'aime les vêtements de marque mais mes parents ne veulent pas m'en acheter parce qu'ils coutent trop cher.

Benoit

Je déteste porter des chemises et des cravates. Je préfère porter un T-shirt, un jean et une veste en cuir. J'évite les vêtements de marque et j'achète des vêtements bon marché. Au collège, il y a beaucoup de pression pour toujours être à la mode.

Maxine

J'adore le look girly mais j'ai du mal à quitter mes baskets ! J'aime bien porter une jolie jupe fleurie avec un blouson en jean et mettre des baskets ou des converses. J'aime le style urbain chic. Un petit bijou, ça rajoute une touche de féminité.

Noé

Je déteste les couleurs vives! Je porte toujours des couleurs sombres, surtout du noir. Un jean et un sweat à capuche, c'est mon look préféré. J'aime aussi porter des T-shirts avec des slogans ou des images de mes musiciens préférés.

Kévin

Je ne suis pas du tout victime de la mode. Comme je suis très sportif, je m'habille souvent en survêtement. Moi, je préfère être à l'aise qu'à la mode. Par contre, j'aime bien avoir une bonne coupe de cheveux.

Lucie

J'essaie d'être originale. Je change mon look tout le temps, selon mes humeurs. Un jour je mets une jupe rose et le lendemain je mets un pantalon en cuir noir. Je ne fais pas attention à la mode.

Identify the person who…

a	likes to wear comfortable clothes	
b	likes wearing leather jackets	
c	changes his/her look often	
d	likes designer clothes	
e	likes dark colours	
f	likes looking at people in the street	
g	buys clothes that are good value	
h	likes wearing runners	

Ex. 7.11 Vocabulaire : Quel est votre opinion ?

You have learned how to give your opinion in French, by using expressions such as:

- J'aime
- Je n'aime pas
- Je déteste

You also know how to extend your opinions, with expressions such as: *J'aime … parce que c'est ….*

Here are some other useful words and phrases for expressing opinions.

Try starting with:

- Je pense que …   I think that …
- Je trouve que …   I find that …
- À mon avis …   In my opinion …

You can further qualify your opinion using words like these:

- un peu   a little
- assez   fairly/quite
- plutôt   rather
- très   very
- trop   too
- super   extremely

Son pull est super démodé !

Here are some more words to describe clothes and the way people look:

- joli(e)
- chic
- cool
- original(e)
- ordinaire
- moche
- classique
- à la mode
- démodé(e)
- décontracté(e)
- branché(e)
- élégant(e)
- confortable
- long(ue)
- court(e)
- large
- serré(e)

We often have opinions on fashion and what we think of an outfit.
Try giving your opinion on how these people dress.

Ex. 7.12 Qu'est-ce que vous préférez ?

Quel style préférez-vous ? Discutez avec votre camarade et expliquez votre choix.

1. (a) (b)

2. (a) (b)

3. (a) (b)

OBJECTIFS

I can give my opinion on people's choice of clothes.

Ex. 7.13 Qu'est-ce qu'ils vont porter pour aller à la fête ?

Écoutez les jeunes. Complétez la grille en anglais.

	Clothes
Arthur	
Amélie	
Océane	
Florian	

Visit https://fr.smallable.com and click on 'MODE ADOLESCENT' to see some interesting fashion items.

Les adjectifs démonstratifs

Les adjectifs démonstratifs – 'this', 'that', 'these', 'those'

You will see many demonstrative adjectives as we study the topic of clothes and fashion! Demonstrative adjectives in English are 'this', 'that', 'these' and 'those'.

Example:

I like **this** jumper   J'aime **ce** pull

In French, demonstrative adjectives behave like other adjectives: they agree with the noun.

masculine singular	masculine singular before a vowel or 'h'	feminine singular	plural
ce	cet	cette	ces

J'adore **ce** pull

J'adore **cet** anorak

J'adore **cette** robe

J'adore **ces** chaussettes

Ce, cet or *cette* before a singular noun can mean either 'this' or 'that'.

Ce pull est très joli   This/that jumper is very pretty

Ces before a plural can mean either 'these' or 'those'.

Ces chaussures sont bon marché   These/those shoes are good value

Ex. 7.14 En forme

1. **Choisissez la forme correcte de l'adjectif démonstratif.**

(a) Je veux acheter (ce / cet /cette / ces) T-shirt blanc.

(b) J'adore (ce / cet /cette / ces) chemise longue.

(c) Il préfère (ce / cet /cette / ces) chaussettes vertes.

(d) Nina adore (ce / cet /cette / ces) jupe noire.

(e) Je préfère (ce / cet /cette / ces) grand chapeau.

(f) Elle va acheter (ce / cet /cette / ces) écharpe bleue.

(g) Paul adore (ce / cet /cette / ces) baskets blanches.

(h) Sophie préfère (ce / cet /cette / ces) pull court.

(i) Je vais mettre (ce / cet /cette / ces) cravate noire.

(j) Il va acheter (ce / cet /cette / ces) veste courte.

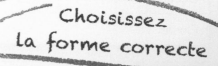

Choisissez la forme correcte

2. Complétez avec ce, cet, cette ou ces.

(a) Comment s'appelle _____ acteur?

(b) _____ film est fantastique.

(c) Qui est _____ homme ?

(d) Regarde _____ robe, elle est très jolie !

(e) Je trouve que _____ chaussures me vont bien.

(f) J'adore _____ chanson.

Astuces

Les adjectifs démonstratifs can also be very useful for indicating when something is happening:

- ce soir — this evening
- cet après-midi — this afternoon
- cette semaine — this week
- cette année — this year

 **OBJECTIFS**

I understand how to use demonstrative adjectives.

  # Ex. 7.15 Vocabulaire : les accessoires

Écoutez le CD et entrainez-vous à bien prononcer le vocabulaire.

des lunettes de soleil

des boucles d'oreilles

une ceinture

des lunettes

un collier

un sac à main

une montre

Ex. 7.16 Le denim

Lisez l'article et répondez aux questions dans votre cahier.

C'est un Américain, Levi Strauss, qui a inventé le jean mais c'est en France qu'il a découvert le tissu. Il voulait un tissu fort et, à Nîmes, dans le sud de la France, il a découvert un tissu bleu composé de fibres de coton. En 1860, la marque Levi Strauss a adopté ce tissu 'denim' (de + Nîmes). C'était il y a plus de 150 ans et, au début, les jeans étaient destinés aux cowboys. Après la deuxième guerre mondiale, les jeans ont commencé à être vendus en Europe et ils sont devenus un vêtement à la mode. On continue à les porter parce qu'ils sont pratiques et résistants, ils vont aussi bien aux garçons qu'aux filles et il existe beaucoup de modèles différents. Plus de 1,240,000,000 paires de jeans sont vendues dans le monde chaque année.

1. What colour was the material Levi Strauss chose?

2. Who were the first people to wear jeans?

3. Why do people continue to wear jeans?

4. What does the figure 1,240,000,000 refer to?

Ex. 7.17 Victime de la mode

Écoutez l'interview et répondez aux questions dans votre cahier.

On parle de « victimes de la mode » mais qui sont ces victimes ? Écoutez Adèle, 15 ans, qui pense être victime de la mode.

1. What does she spend all her money on?

2. How does she spend her free time?

3. What is the most expensive item she has bought?

4. What did it cost?

5. What do her friends tell her?

Ex. 7.18 Les pronoms d'objet direct

Look at the images above. Can you identify what the words in bold refer to?

Le = _____

Les = _____

La = _____

Les pronoms d'objet direct

A pronoun is a word that replaces a noun. You already know about subject pronouns: je = *I*, tu = *you*, il = *he*, etc.

Now we will look at direct object pronouns: words such as 'him', 'her', 'it' and 'them'. We use direct object pronouns to refer to nouns that are the object of a verb, e.g. 'I like them'.

Les pronoms d'objet direct

me	me
te	you
le	him / it (m)
la	her / it (f)
nous	us
vous	you (pl/polite)
les	them (m/f)

Examples:

Tu gardes **le pull** ?	Are you keeping the jumper?
Oui je **le** garde.	Yes, I'm keeping it.
Tu donnes **la robe** ?	Are you giving away the dress?
Oui je **la** donne.	Yes, I'm giving it away.
Tu aimes **les chaussures** ?	Do you like the shoes?
Oui je **les** aime bien.	Yes, I like them.
Tu connais **Marie** ?	Do you know Marie?
Oui je **la** connais.	Yes I know her.
Tu vois souvent **Marie et Adam** ?	Do you often see Marie and Adam?
Oui je les vois tous les weekends.	Yes I see them every weekend.

Remember that *le* and *la* are shortened to *l'* if the verb following them starts with a vowel. Example:

Tu aimes **cet acteur** ?	Oui, je **l'**adore.

Notice that in French the pronoun goes before the verb, even if the sentence is a question or in the negative. Where does the pronoun go in English?

Ex. 7.19 Le, la, les

Remplacez les mots en gras.
Let's practise the third person pronouns first: *le, la, les or l'*.

1. Tu aimes **ce chanteur** ?   Ah non, je _____ déteste !

2. Il achète **ces baskets blanches** ?   Oui, il _____ achète pour mettre avec son jogging.

3. Elle écoute toujours **cette chanson** ? Oui. Elle _____ écoute tout le temps.

4. Vous ne regardez jamais **la télévision** ? Si, on _____ regarde de temps en temps.

5. Tu portes encore **ce vieux pull** ?   Oui, je _____ porte encore, il est super confortable !

 # Ex. 7.20 Oui ou non ?

Answer '*Oui*' or '*Non*', then finish the answer using a pronoun instead of the words in bold.
Exemple :

Tu aimes ton prof de maths ?   Oui, je l'aime bien. / Non, je ne l'aime pas du tout.

1. Tu mets **ce pantalon** pour aller au collège ?

2. Tu fais **les courses** pour aider à la maison ?

3. Tu trouves **cette fille** sympa ?

4. Tu achètes **le journal** tous les jours ?

5. Tu fais **tes devoirs** avant de diner ?

6. Tu prends **le bus** le matin ?

7. Tu aimes **cette chanson d'Adèle** ?

8. Tu regardes **la série « Friends »** ?

9. Tu connais **cet acteur français** ?

10. Tu parles **le japonais** ?

You can see how these pronouns can be very useful when you
are talking about clothes that you like or dislike.

Cette jupe, je l'aime beaucoup.
Ces baskets, je les déteste !

 # Ex. 7.21 Me, te, nous, vous

Complétez ce dialogue avec des pronoms en dessous.

Now try using me (m') / te (t') / nous / vous, which are always used for people.

me	te	m'	nous	vous	m'	me	vous	t'	me

Samir : Josephine ! Tu _____ attends un instant ?

Joséphine : Qu'est-ce qu'il y a ?

Samir : Oh, j'en ai marre. Madame Bertrand _____ déteste !

Joséphine : Elle _____ déteste? Mais pourquoi ? Je l'aime bien, moi !

Samir : Elle _____ gronde toujours.

Joséphine : Ah … moi, elle _____ aime bien. Et Sophie et Lucie aussi.

Samir : Ouais. Vous les filles, elle _____ aime bien, mais nous les garçons, elle _____ gronde tout le temps.

Joséphine : Pauvre Samir ! Écoute, je _____ invite chez moi ce weekend.

Samir : C'est sympa Joséphine, mais j'ai rendez-vous avec Léa.

Joséphine : Eh bien je _____ invite tous les deux.

Samir : C'est vrai ?

Joséphine : Oui, ça _____ fera plaisir.

OBJECTIFS

☺ 😐 ☹

I understand how to use direct object pronouns.

Ex. 7.22 Un défilé de mode

Écoutez le reportage sur un défilé de mode et prenez des notes. Complétez la grille.

Mannequin	Clothing/accessories	Colours	Other comments
Vanessa			
Noémie			
Romane			
Fabien			
Gaspard			

Ex. 7.23 Vocabulaire : je fais des achats

Écoutez le CD et entrainez-vous à bien prononcer le vocabulaire.

- La taille
- La pointure
- Les soldes
- En solde
- Le prêt-à-porter
- Cher / bon marché

- Couter
- Le centre commercial
- La boutique
- La vitrine
- Le rayon
- Les cabines d'essayage

- La carte (bancaire)
- Payer en espèces / en liquide
- Rembourser
- Échanger
- La glace

- Je regarde
- Je fais du lèche-vitrine
- Je cherche
- Je voudrais …
- Je peux essayer ?
- Ça me va ?

- Ça te va
- Ce sera tout
- C'est pratique
- Ça me plait bien
- C'est combien ?
- Je le prends

Vous faites quelle taille ?

- petit(e)
- moyen/moyenne
- grand(e)

Ex. 7.24 À la boutique

Écoutez et répondez aux questions dans votre cahier.

1. What is Marie looking for?

2. Why is she looking for this item of clothing?

3. Why does she not like the first one shown to her?

4. What size does she say she is?

5. What colour dress does she try on next?

6. Why does she not buy at first?

7. Why does she change her mind?

8. How does she pay?

Ex. 7.25 Jeu de rôle en classe

Work with your partner to act out the role play below. A is the salesperson (*le vendeur / la vendeuse*). B is the person shopping.

When you have completed the role play, switch roles and change the item the shopper buys.

A: Bonjour madame/monsieur. Je peux vous aider ?

B: (Greet the salesperson. Explain that you want to buy an item of clothing.)

A: Vous faites quelle taille ?

B: (Answer the assistant and tell him/her what colour you would prefer.)

(The salesperson shows you an item.)

A: Voilà madame/monsieur. Qu'est-ce que vous pensez de ce modèle ?

B: (Comment on the item. Ask if you can try it on.)

A: Oui, bien sûr. Les cabines sont là-bas.

(You try it on but it is too big for you.)

B: (Tell the salesperson it is too big.)

A: Voici une taille plus petite.

(The salesperson gives you another one to try on.)

A: (Say you like it. Ask how much it costs.)

B: (Give a price for the item.)

A: (Say that you will take it. Thank the salesperson.)

B: (Say goodbye.)

 # Interévaluation

First, fill in the grid below for yourself. Then work with a partner to provide each other with feedback on your performances in Ex. 7.25.

	🙂	😐	🙁
I pronounced the French 'R' well			
I used liaison where I should have			
I made eye contact with my partner			
I pronounced all words with an even stress			
I raised the pitch of my voice at the end of a question			
I used gestures where it suited			
I used intonation – and sounded as if I was having a conversation			
I was CaReFuL			
Words/phrases I pronounced really well …			
Words/phrases I need to practise more …			

OBJECTIFS   🙂 😐 🙁

I can explain what I want in a clothes shop/ department

Ex. 7.26 Aux Galeries Lafayette

Galeries Lafayette is a famous French department store chain. Its flagship store is on Boulevard Haussmann in the 9th arrondissement of Paris but it has shops in many other locations in France and abroad. You will see that the Paris store is very big! It is spread across three buildings – Lafayette Coupole, Lafayette Homme and Lafayette Maison et Gourmet.

Have a look at the plan of the store and the departments (*les rayons*) and answer the questions below.

BIENVENUE AUX
GALERIES
Lafayette

i Point accueil	Instituts et coiffeurs
Change bébé	Parking
Toilettes	Distributeur automatique
Détaxe	Galeries lafayette voyages
Restaurants	Service relation clientèle
Café	
Listes de cadeaux	
Comité régional du tourisme	
Espace lafayette contact	
Espace lafayette service	

LAFAYETTE HOMME

3	CRÉATEURS / COSTUMES / CHEMISES & MAILLE / CHAUSSURES
2	SPORTSWEAR / JEANNERIE / SOUS-VÊTEMENTS
1	EN TRAVAUX – FERMÉ
0	ACCESSOIRES / MAROQUINERIE / HORLOGERIE / PARFUMERIE / SOLAIRE LE PAIN QUOTIDIEN

LAFAYETTE MAISON & GOURMET

3	LINGE DE MAISON / LITERIE / SALLE DE BAIN
2	ARTS DE LA TABLE / LINGE DE TABLE / BOUGIES ET PARFUMS D'INTÉRIEUR
1	APPAREILS DE BEAUTÉ CULINAIRE / PETIT ÉLECTROMÉNAGER / ŒNOLOGIE / VINS, CHAMPAGNES & SPIRITUEUX
0	GASTRONOMIE FRANÇAISE ET HAUTE PÂTISSERIE / CRÉATEURS CHOCOLATIERS / SERVICES GOURMET / MAÎTRES BOULANGERS / COMPTOIRS DE LA GASTRONOMIE FRANÇAISE ETHNIQUE
-1	ÉPICERIE FINE / PLACE DU MARCHÉ (Primeur, Boucher, Poissonnier)

RUE MOGADOR

BOULEVARD

1. How many floors are devoted to women's fashion?

2. On what floor would I find children's fashion?

3. Where would I go for souvenirs of Paris?

4. Where would I go for a man's shirt?

5. What is particular about level 1 in Lafayette Homme?

6. Can you name any other facilities in Galeries Lafayette? What would you find most useful?

LAFAYETTE COUPOLE

7	TERRASSE SALON OPÉRA		La porte des indes sichuan panda Bagel corner
6	CLICK & COLLECT LIBRAIRIE ET PAPETERIE SOUVENIRS DE PARIS		Yoom Paris Tokyo Lafayette Café
5	MODE ET CHAUSSURE ENFANT FUTURE MAMAN JOUETS ET LIVRES		ESPACE CARTE ET FINANCE
4	LISTES DE CADEAUX MODE FEMME LINGERIE ET BAIN BAGAGES		McDonald's Objets trouvés
3	MODE FEMME		Liza Starbucks Institut Chanel
2	MODE FEMME		Instituts et coiffeurs Vue sur Coupole
1	MODE FEMME LUXE & DESIGNERS BIJOUTERIE ACCESSOIRES BEAUTÉ LA GALERIE DES GALERIES		Pierre Hermé Paris Angelina
0	BEAUTÉ JOAILLERIE ET HAUTE HORLOGERIE MAROQUINERIE ACCESSOIRES MODE BIJOUTERIE ET HORLOGERIE		Artisan Horloger Bureau de Change Accueil Services Personnalisés
-1	CHAUSSURES & SOULIERS		Pierre Hermé Paris

RUE DE LA CHAUSSÉE D'ANTIN

HAUSSMANN

Les nombres ordinaux

Rappelez-vous !

Les nombres ordinaux

Ordinal numbers allow you to put things in a sequence or describe the floors in a building (*les étages*). Most numbers are formed by adding *-ième* to a cardinal number:

deux → deuxième

There are some exceptions, however:

- 'First' is *premier* if it refers to a masculine noun.
- The silent e is dropped from cardinal numbers. For example: *quatrième, onzième*.
- The letter u is added in *cinquième*.
- The letter v replaces f in *neuvième*.

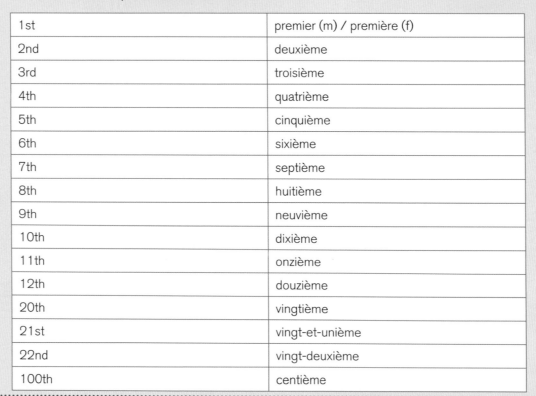

1st	premier (m) / première (f)
2nd	deuxième
3rd	troisième
4th	quatrième
5th	cinquième
6th	sixième
7th	septième
8th	huitième
9th	neuvième
10th	dixième
11th	onzième
12th	douzième
20th	vingtième
21st	vingt-et-unième
22nd	vingt-deuxième
100th	centième

Ex. 7.27 À vous

1. Écris ces ordinaux en lettres.

13th _____

25th _____

30th _____

55th _____

2. Traduisez :

(a) The 16th floor _____

(b) The third girl _____

(c) The second question _____

(d) The seventh house _____

Ex. 7.28 Qu'en pensez-vous ?

Voici quelques images d'un catalogue. Que pensez-vous de ces vêtements ? Discutez avec votre camarade.

NOUVELLE COLLECTION

02X
Baskets
à partir de 69,99€

-60%

Soldes
Sweat à capuche imprimé
10–16 ans
15,19€ ~~37,99€~~
2 couleurs

-50%

Soldes
Veste en jean 10–16 ans
22,49€ ~~44,99€~~

-70%

Soldes
Chemise Oxford rayée
10–16 ans
9,89€ ~~32,99€~~

Ex. 7.29 À deux

Describe an item of clothing to your partner, who should draw it or write a description in English. Take turns.

MON PORTFOLIO 7.2 : **Un look**

Faites cet exercice dans votre portfolio.

Le comparatif et le superlatif

When we want to compare things, we use *plus … que*, *moins … que* and *aussi … que*. These phrases are useful for talking about clothes.

Exemple:

Le pull bleu est **plus** cher **que** le pull noir.
The blue jumper is more expensive than the black jumper.

La robe rouge est **moins** élegante **que** la robe rose.
The red dress is less elegant than the pink dress.

Le pull vert est **aussi** confortable **que** le pull noir.
The green jumper is just as comfortable as the black jumper.

If you want to say that something is 'the most … ' or 'the least … '. you use *le superlatif*.

To say something is **the most** … use **le/la/les plus** + adjective

Cette jupe est **la plus** belle.   This skirt is the most beautiful.

To say something is **the least** … use **le/la/les moins** + adjective

Ces chaussures sont **les moins** pratiques.   These shoes are the least practical.

Remember that the adjectives must still agree with the nouns they are describing: *belle* because *jupe* is feminine (*la jupe*) and *pratiques* because *chaussures* is (feminine) plural.

Attention !

With *bon* (good) and *mauvais* (bad), you do not use *plus* and *le plus*. They have their own comparatives and superlatives – just as in English.

	good	better	the best
masculine	bon	meilleur	le meilleur
feminine	bonne	meilleure	la meilleure
masculine plural	bons	meilleurs	les meilleurs
feminine plural	bonnes	meilleures	les meilleures

	bad	worse	the worst
masculine	mauvais	pire	le pire
feminine	mauvaise	pire	la pire
masculine plural	mauvais	pires	les pires
feminine plural	mauvaises	pires	les pires

Unité 7 : À la mode

Ex. 7.30 Une nouvelle robe

1. Complétez les phrases avec plus … que, moins … que ou aussi … que.

(a) La France est _____ grande _____ l'Irlande.

(b) Le mois de septembre est _____ long _____ le mois de juin.

(c) Les chats sont _____ grand _____ les giraffes.

(d) Je suis _____ jeune _____ mes parents.

(e) Les vacances de Noël sont _____ longues _____ les vacances d'été.

2. Madame Moda must choose between three dresses, which she has rated on 7 criteria. In your copybook, write two sentences for each criterion to say which dress is the most … and which is the least … .

Exemple :

moderne   La robe numéro 1 est **la plus** moderne.

La robe numéro 3 est **la moins** moderne.

	robe 1	robe 2	robe 3
moderne	✔✔✔	✔✔	✔
confortable	✔	✔✔	✔✔✔
chic	✔✔	✔✔✔	✔
pratique	✔✔✔	✔	✔✔
chère	✔✔	✔	✔✔✔
élégante	✔✔✔	✔✔	✔
longue	✔	✔✔✔	✔✔

3. Fill in the blanks using *le comparatif* or *le superlatif* of *bon* and *mauvais*.

(a) Très bien, tu as fait _____ choix.

(b) La deuxième chanteuse était encore _____ la première !

(c) Le temps est beaucoup _____ hier, n'est-ce pas ?

(d) Max est _____ joueur. Il est complètement nul.

OBJECTIFS

I know how to use the comparative and the superlative to compare things and say that something is the best or the worst.

 # Ex. 7.31 Mots melés

Write the French for these items, then find them in the grid.

cap   _____

hat   _____

sock   _____

shoes   _____

shirt   _____

tie   _____

raincoat   _____

jeans   _____

skirt   _____

coat   _____

trousers   _____

jumper   _____

dress   _____

jacket   _____

N	J	D	P	R	V	X	E	D	E	P	J	N	U	W
K	M	U	V	O	Z	G	L	U	S	A	C	U	A	V
D	L	C	P	B	S	P	B	P	N	N	V	V	E	K
L	N	S	A	E	Q	C	A	V	Z	T	G	N	T	A
C	D	K	D	S	H	X	E	Q	S	A	N	E	N	X
L	V	A	D	A	Q	V	M	E	R	L	P	H	A	A
M	M	E	P	V	U	U	R	E	Q	O	N	N	M	U
M	T	E	C	T	Z	U	E	H	S	N	L	W	K	G
C	A	F	I	W	S	E	P	T	O	I	T	P	N	R
U	J	N	W	S	C	O	M	Y	T	W	M	I	P	V
B	E	X	U	K	C	Z	I	C	J	E	G	E	Z	F
C	H	A	U	S	S	E	T	T	E	G	W	W	H	G
E	H	Z	X	V	E	S	T	E	O	N	A	E	J	C
C	E	T	A	V	A	R	C	J	C	D	A	D	O	O
H	Y	K	F	Z	C	R	U	S	B	U	N	C	C	D

Ex. 7.32 Choix multiple

Lisez le texte et répondez aux questions.

PALAIS
MUSÉE DE LA MODE
GALLIERA
DE LA VILLE DE PARIS

PALAIS GALLIERA   COLLECTIONS   EXPOSITIONS ET PUBLICATIONS   ACTIVITÉS   PROFESSIONNELS ET CHERCHEURS   INFORMATIONS PRATIQUES

LES COLLECTIONS

Le Palais Galliera conserve d'inestimables collections, parmi les plus riches au monde. Estimées aujourd'hui à 257 750 pièces, les collections du musée de la Mode de la Ville de Paris sont le reflet des codes de l'habillement en France, du XVIIIe à nos jours. Ces dernières années, 500 à 1500 pièces par an sont venues enrichir ce fonds exceptionnel, essentiellement grâce au soutien de généreux donateurs.

Compte tenu de leur grande fragilité, les collections du Palais Galliera ne peuvent être exposées que sur une courte durée, à l'occasion des expositions exclusivement temporaires du musée ou de prêts exceptionnels à des institutions muséales partenaires. Une pièce de vêtement ou d'accessoire présentée durant quatre mois nécessite en effet quatre années de « repos » ! C'est pourquoi le musée ne propose pas de présentation permanente de ses collections.

Les collections du Palais Galliera en quelques chiffres :

- 30 000 costumes

- 35 000 accessoires

- 130 000 photographies, comprenant 90 000 photos de Henry Clarke

- 55 000 documents d'arts graphiques

- 250 poupées et 2500 vêtements et accessoires de poupées

- 5000 pièces de sous-vêtements

1. Le Musée de la Mode is located in:

(a) Paris

(b) Lyon

(c) Nice

2. The museum has clothing from:

(a) The fourteenth century to the twenty-first century.

(b) The eighteenth century to the twenty-first century.

(c) The twentieth century to the twenty-first century.

3. The collections are on temporary display because:

(a) They are expensive.

(b) They are fragile.

(c) The museum is not big enough.

4. The museum has:

(a) 5,000 items of underwear.

(b) 2,500 dolls.

(c) 3,500 accessories.

MON PORTFOLIO 7.3 : *Ados Branchés*

Faites cet exercice dans votre portfolio.

Visit palaisgalliera.paris.fr to find out more about Le Musée de la Mode.

Ex. 7.33 Attention !

Lisez l'infographie et répondez aux questions.

1. According to this infographic, who is the typical online shopper?

2. How much does that shopper spend online every year?

3. True or false?

(a) Amazon.com is one of the top three websites for
e-commerce. True ☐ False ☐

(b) Sites found with a search engine are best.

True ☐ False ☐

(c) About 75 per cent of spam emails are OK.

True ☐ False ☐

(d) Always ignore suspect offers received by email.

True ☐ False ☐

(e) Food is one of the top four purchases online.

True ☐ False ☐

(f) eBay and PayPal links are often fake.

True ☐ False ☐

(g) Using security software will minimise risks.

True ☐ False ☐

4. Find the French equivalent for the following words on
the infographic:

Purchases _____

Sites _____

A search engine _____

Unbelievable _____

Fast _____

Advice _____

Ex. 7.34 Acheter en ligne

Lisez l'annonce et répondez aux questions dans votre cahier.

1ère VISITE ?

10€ OFFERTS

SUR VOTRE PREMIÈRE COMMANDE
en vous abonnant à notre newsletter

Nouveautés • Offres exclusives • Conseils

JE M'INSCRIS

Vous recevrez par email un bon d'achat de 10€ à déduire de votre prochaine commande dès 49€ d'achats sur les produits vendus et expédiés par La Redoute.

1. What is the special offer in this online ad?

2. What do you have to do to get the offer?

3. Name one condition of the offer?

 # Ex. 7.35 Des jeunes parlent d'achats en ligne

Regardez la vidéo et cochez les phrases qui correspondent à Amélie et à Corentin.

	Amélie	Corentin
Likes buying clothes on the internet		
Prefers buying in shops		
Tries clothes in shops then buys online		
Parents check all purchases		
Buys items on sale		
Has never returned an item		
Does lots of research before buying		

OBJECTIFS

I can understand people talking about their clothes shopping habits.

Ex. 7.36 Kristina, une jeune mannequin

Lisez l'article et répondez aux questions dans votre cahier.

Kristina Pimenova est une mini top model. Elle a commencé sa carrière avant son quatrième anniversaire et avant l'âge de neuf ans, elle avait déjà travaillé pour Armani, Cavalli, Benetton et Vogue.

Elle est née en 2005 à Moscou en Russie et elle est la fille d'une ex-mannequin russe et d'un joueur de football. Quand elle était jeune, tout le monde pensait qu'elle était adorable et, en 2014, un magazine déclare qu'elle est la plus belle petite fille au monde.

Cette fille aux cheveux blonds et aux yeux bleus a une grande présence sur les réseaux sociaux. Le compte Instagram de Kristina est suivi par plus de 300 000 curieux, et il y a une chaine entièrement consacrée à elle sur YouTube.

En dehors des défilés de mode, elle aime la gymnastique rythmique et elle a gagné une médaille d'or dans une compétition en 2013.

En 2015, elle a déménagé en Californie avec sa mère. Dans une interview récente, elle a exprimé le désir de devenir actrice et réalisatrice.

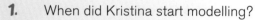

1. When did Kristina start modelling?

2. Where was she born?

3. How was she described in 2014?

4. What does the number 300,000 refer to?

5. Apart from modelling, what does Kristina like to do?

6. What happened to Kristina in 2015?

7. What would she like to do in the future?

Check out Cristina Cordula, a stylist who has videos and blogs with fashion advice and who has made TV programmes on M6 about *le relooking* – (makeovers) – and written books about finding your style.

Ex. 7.37 Victime de la mode !

Lisez le passage et répondez aux questions.

Désastre au défilé

« Et voici maintenant Sophie qui porte une jolie robe noire avec une petite veste blanche – parfait pour une soirée élégante ou un diner intime. »

Sophie, top model, traverse le podium avec un beau sourire et le regard fixé droit devant elle. Les spectateurs la regardent et les stylistes de mode prennent des notes pour les articles et les blogs qu'ils vont écrire après le défilé.

Sophie quitte le podium et pousse un soupir. C'est fatiguant être mannequin ! Elle est arrivée au salon très tôt ce matin et il est déjà 21h. La vie d'un mannequin n'est pas facile. Comme elle est la favorite du couturier Jean Michel, c'est elle qui porte toujours les plus jolies robes pendant les défilés mais elle sent bien que cela rend les autres mannequins très jalouses. Elle décide de ne pas attendre la fin du défilé et de rentrer à l'hôtel.

Au moment où Sophie monte dans le taxi qui l'attend, elle entend une énorme explosion dans le bâtiment qu'elle vient de quitter …

A Associez les éléments dans les deux colonnes :

Sophie	attend Sophie.
Jean Michel	a commencé tôt
Les autres mannequins	sont jalouses de Sophie
Le taxi	aime bien Sophie

B Mettez dans l'ordre correct :

Sophie quitte le bâtiment _____

Sophie arrive tôt pour le défilé _____

Il y a une explosion _____

Les spectateurs regardent les mannequins _____

Sophie traverse le podium _____

C Pourquoi est-ce que Sophie a quitté le bâtiment plus tôt que les autres mannequins ?

_____

 **OBJECTIFS** 😊 😐 ☹️

Récapitulatif

Mots-clés pour Unité 7

- un pantalon
- une robe
- une jupe
- un jean
- une chemise
- un manteau
- une veste
- un imperméable
- un costume
- un pull

- un T-shirt
- un survêtement / un jogging
- un maillot de bain
- des chaussettes
- un sweat à capuche
- des gants
- un bonnet
- une casquette
- des chaussures
- des sandales

- des baskets
- des bottes
- des tongs
- des escarpins
- un chapeau
- une ceinture
- une écharpe
- des lunettes
- une cravate
- un sac à main

- la laine
- la soie
- le coton
- l'acrylique
- le cuir

- la marque
- la mode
- le tissu
- le style
- la couleur
- la haute couture

- un peu
- assez
- plutôt
- très
- trop
- super

- les accessoires
- des lunettes
- des lunettes de soleil
- des boucles d'oreilles
- un collier
- une ceinture
- un sac à main
- joli(e)

- chic
- cool
- original(e)
- ordinaire
- moche
- classique
- à la mode
- démodé(e)

- décontracté(e)
- branché(e)
- élégant(e)
- confortable
- long(ue)
- court(e)
- large
- serré(e)

- La taille
- La pointure
- Les soldes
- En solde
- Le prêt-à-porter
- Cher / bon marché
- Couter
- Le centre commercial
- La boutique
- La vitrine
- Le rayon

- La carte (bancaire)
- Payer en espèces / en liquide
- Rembourser
- Échanger
- La glace
- Je regarde
- Je fais du lèche-vitrine
- Je cherche
- Je voudrais …
- Je peux essayer ?
- Ça me va ?

- Ça te va
- Ce sera tout
- C'est pratique
- Ça me plait bien
- C'est combien ?
- Je le/la/les prends
- La taille
- Petit(e)
- Moyen/moyenne
- Grand(e)

Bilan de l'unité 7

Pour chaque objectif, choisissez votre émoticône	😊	😐	😞
Listening			
I can understand someone talking about their style of clothing.			
I can understand someone describing an outfit.			
I can understand people giving opinions on clothes.			
I can understand people talking about how they like to shop.			
Reading			
I can read internet safety instructions.			
I can read information leaflets.			
I can read short items about well known people.			
I can read short items on the theme of fashion.			
I can understand the comparative and superlative in texts.			
I can understand ordinal numbers in texts.			
Spoken production			
I can describe my clothes.			
I can say what I like to wear.			
I can list some items of clothing.			
I can say what clothes I don't like.			
I can use direct object pronouns when I speak.			
I can describe something using the comparative and the superlative.			
I can describe other people's clothes.			
I can give an opinion on other people's clothes.			

Pour chaque objectif, choisissez votre émoticône	😊	😐	😞
Spoken interaction			
I can ask people what they like to wear.			
I can describe what I want in a shop.			
I can discuss clothes and style with my partner.			
I can tell people what I like to wear, and ask about their preferences.			
I can tell people about my fashion style.			
Writing			
I can write about my fashion style.			
I can write a short fashion article describing a fashion look.			
I can write about other people's clothing.			
I can use the comparative and the superlative in my writing.			
I can use direct object pronouns in my writing.			

Discutez en classe

- Look back over your Portfolio exercises. In which areas did you give yourself stars?
- Look at your wishes. Have any of these improved?
- What was your favourite part of Unité 7? Why?
- You completed many different kinds of activities in Unité 7. What kinds of activities were best for helping you to learn? Why?
- What are you looking forward to learning more about in the next unit? Why?

Unité 8

En pleine forme !

By the end of this unit you will

★ Be able to name parts of the body and indicate pain
★ Be able to speak about your general health and wellbeing
★ Be able to ask other people how they are
★ Be able to explain about being ill
★ Know how to make an appointment with the doctor
★ Know how to ask for things at the pharmacy
★ Be able to read safety instructions
★ Understand general information about accidents
★ Know how to use *avoir mal* and *se faire mal*
★ Be able to recognise and use *l'impératif*
★ Be able to describe how a person in France can call for medical assistance
★ Have written a Get Well Soon card
★ Have reflected on your learning and identified ways to improve your learning
★ Have reflected on your learning and identified ways to improve your learning

Ex. 8.1 La santé

Regardez la vidéo et répondez aux questions.

1. How can you identify a pharmacy in France?
2. What is *une pharmacie de garde*?
3. How do you find one?
4. Why does France have no pharmacy chains?
5. What numbers can you dial in the event of an emergency?
6. What is *le SAMU*?

  # Ex. 8.2 Vocabulaire : la forme

Écoutez le CD et entrainez-vous à bien prononcer le vocabulaire.

- Je suis en pleine forme
- Je vais bien
- Je ne me sens pas bien
- Je n'ai pas la forme
- Ça va
- Ça ne va pas du tout
- Comme ci comme ça
- Je n'ai pas le moral
- Je suis malade
- Il/elle a bonne mine

être bien dans sa peau

Ex. 8.3 Bougez plus !

Lisez l'article et répondez aux questions dans votre cahier.

Bougez plus !

À l'adolescence, l'activité physique devrait être une pratique quotidienne

Il est recommandé que les adolescent(e)s de 12 à 17 ans fassent au moins 1 heure par jour d'activité d'intensité modérée ou élevée. Les activités qui renforcent les muscles, les os et améliorent la souplesse (saut à la corde, jeux de ballon, gymnastique, danse …) sont à pratiquer un jour sur deux. Suivre les recommandations d'activité physique pour l'adolescent(e) a des bénéfices pour sa santé.

Il faut limiter la sédentarité et le temps passé devant un écran. Regarder la télévision, être assis(e) devant un ordinateur, une tablette, un smartphone, jouer aux jeux vidéo, lire, être passager/passagère dans un véhicule … Il est tout à fait possible de les limiter. Il est recommandé de limiter à 2 heures par jour le temps de loisirs passé devant un écran.

Pratiquer un sport

Pratiquer un sport aide à entretenir sa forme. C'est aussi un moyen de rencontrer de nouvelles personnes et de décompresser. Chaque sport a ses qualités : développer son sens tactique, apprendre à se concentrer, découvrir l'esprit d'équipe, prendre des décisions, acquérir de l'endurance … Ce qui compte, c'est que vous prenez plaisir à le pratiquer.

1. How much physical activity do adolescents need every day?
2. Name two recommended activities.
3. List four of the sedentary (inactive) pastimes mentioned.
4. What is the recommended daily limit for screen time?
5. What are some of the advantages of playing sport?
6. What is the most important factor to consider when choosing a sport?

Ex. 8.4 C'est bon pour la santé ?

Écrivez les activités dans le cercle qui correspond.

- Se promener sur la plage
- Parler avec un(e) ami(e)
- Fumer une cigarette
- Manger quatre tablettes de chocolat

- Écouter sa chanson préférée
- Faire de l'exercice
- Passer six heures à jouer sur l'ordinateur
- Rire avec un copain

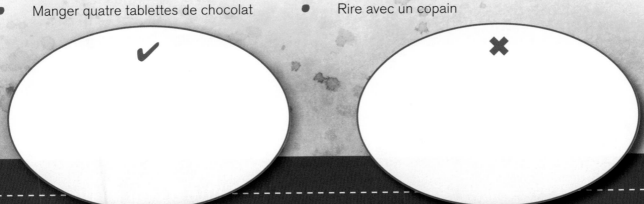

Ex. 8.5 Vrai ou faux ?

Répondez aux questions.

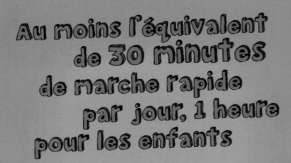

Au moins l'équivalent de 30 minutes de marche rapide par jour, 1 heure pour les enfants

Et il ne s'agit pas de devenir un athlète !

☞ Plus que l'intensité de l'effort, c'est surtout sa régularité qui compte ! Faire du sport une fois dans la semaine, c'est bien, mais réaliser au moins 30 minutes d'activité physique tous les jours, 1 heure pour les enfants, c'est essentiel !

☞ Et vous n'êtes pas obligé de bouger 30 minutes d'affilée ! On peut faire de l'activité physique en une fois 30 minutes, mais aussi en 2 fois 15 minutes ou 3 fois 10 minutes. Il est toutefois recommandé de procéder par périodes d'au moins 10 minutes d'affilée.

Le plus important pour y arriver ? Essayez de vous y mettre à votre rythme, de vous fixer des objectifs réalistes et en faire un peu plus tous les jours pour arriver aux 30 minutes minimum.

Vous n'avez pas le temps de marcher ? Il existe d'autres activités équivalentes...

Intensité	Activités	Temps minimum recommandé par jour
Faible (marche lente)	laver la vaisselle, repasser, dépoussiérer, bricoler, arroser le jardin, jouer à la pétanque...	45 minutes
Modérée (marche rapide)	laver les vitres ou la voiture, passer l'aspirateur, jardiner, danser, faire du vélo, nager...	30 minutes
Elevée (marche sportive)	bêcher, courir, faire du VTT, nager rapidement, sauter à la corde, jouer au basket, au football, au tennis, pratiquer un sport de combat...	20 minutes

Bien manger, bouger plus, on fait comment ?

Il existe 9 repères de consommation pour vous aider au quotidien :

- Au moins 5 fruits et légumes par jour
- De la viande, du poisson ou des œufs, 1 à 2 fois par jour
- Des féculents à chaque repas (selon l'appétit)
- 3 produits laitiers par jour (voire 4 pour les enfants, les ados et les plus de 55 ans)
- De l'eau à volonté
- Limiter sa consommation de sucre
- Limiter sa consommation de matières grasses
- Limiter sa consommation de sel
- Au moins l'équivalent de 30 minutes de marche rapide par jour (1 heure pour les enfants)

Et pour chaque repère, il existe une fiche semblable à celle-ci pour vous aider dans votre quotidien.

Retrouvez les autres fiches et tous les conseils pratiques sur

www.mangerbouger.fr

250-58112-DE

RÉPUBLIQUE FRANÇAISE
MINISTÈRE CHARGÉ DE LA SANTÉ

inpes
www.inpes.sante.fr
Institut national de prévention et d'éducation pour la santé

J'ai mal à …

We use the expression 'J'ai mal à …' to say what part of the body hurts.
Exemple :

J'ai mal à la tête.   My head hurts / I have a headache.

However, as you already know, *à* needs to change according to the article that follows it.

	sing			pl
	m	**f**	**vowel**	
à +	le	la	l'	les
	au	à la	à l'	aux

J'ai mal **au** genou (m)

J'ai mal **à la** jambe (f)

J'ai mal **à l'**oreille (vowel)

J'ai mal **aux** yeux (pl)

You change the *avoir* verb to say that someone else is hurting.

Exemples :

J'ai mal à la tête.

Tu as mal à la tête ?

Il a mal à la tête.

Elle a mal à la tête.

Nous avons mal à la tête.

Vous avez mal à la tête ?

Ils ont mal à la tête.

Elles ont mal à la tête.

 Ex. 8.12 À vous !

With your partner, read back over the rules for the preposition *à* with nouns. Take turns explaining them to each other.

OBJECTIFS

I can understand and explain the grammar rule for using the preposition *à* with nouns.

 Astuces

We've met the use of *à* with places before. Can you remember when? Look back to Unité 6 to revise!

Ex. 8.13 Qu'est-ce qui ne va pas ?

Complétez les phrases dans votre cahier.

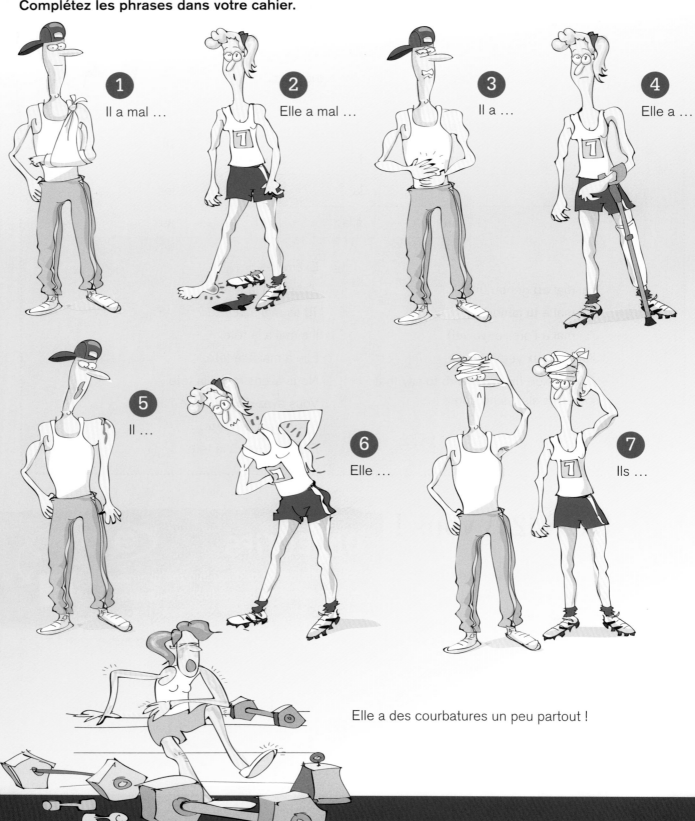

1 Il a mal …

2 Elle a mal …

3 Il a …

4 Elle a …

5 Il …

6 Elle …

7 Ils …

Elle a des courbatures un peu partout !

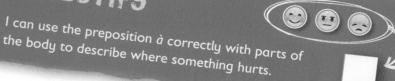

OBJECTiFS

I can use the preposition *à* correctly with parts of the body to describe where something hurts.

CD2 T39

Ex. 8.14 Aie !

Écoutez quatre jeunes dire où ils ont mal. Complétez la grille. Réécoutez et vérifiez.

	Part of the body that hurts
Antoine	
Sophie	
Malik	
Nadia	

Les verbes pronominaux

Les verbes pronominaux are reflexive verbs. They are particularly useful for talking about your daily routine: *Je me lave* (I wash), *Je m'habille* (I get dressed), etc. Reflexive verbs are often used when you describe how you have been hurt.

Rappelez-vous !

se faire mal à …	to hurt …
se blesser …	to injure …
se casser …	to break …
se couper …	to cut …
se bruler …	to burn …
se fouler …	to sprain …
se tordre …	to twist …

Tu t'es fait mal ? Did you hurt yourself?
Oui, je me suis fait mal. Yes, I hurt myself.
To say where you hurt yourself you can add the part of the body using *à*:
Je me suis fait mal à la jambe. I hurt my leg.

When you used *les verbes pronominaux* in the past tense, you learned that you must make the verb agree with the subject. **When you are describing an injury to a part of the body, you do not have to make the verb agree with the subject.**

Marie s'est fait mal à la tête.	Marie (has) hurt her head.
Elle s'est cassé la jambe.	She broke/has broken her leg.
Ils se sont coupé les doigts.	They (have) cut their fingers.

Astuces

Usually, for parts of the body, we use **le/la/les**, rather than mon/ma/mes.

Exemple :

Je me suis cassé la jambe.

  # Ex. 8.15 Se faire mal

1. Liez les phrases.

J'ai trop crié, hier, au stade.	Je me suis brulé les doigts.
L'assiette était très chaude.	J'ai attrapé un coup de soleil.
Je suis resté trop longtemps au soleil.	Je me suis cassé la jambe.
Je suis tombé au ski.	Ça m'a fait mal aux oreilles.
La musique était trop forte.	Je me suis fait mal à la gorge.

2. Traduisez :

I broke my leg.	
I have burned my finger.	
I have twisted my ankle.	
I sprained my elbow.	

OBJECTIFS

I can say how a part of the body was injured.

Unité 8 : En pleine forme !

Ex. 8.22 Un accident

Écoutez les informations et répondez aux questions dans votre cahier.

1

    (a) How old was the child in this news report?

    (b) Why was he taken to hospital?

    (c) Where did the incident take place?

    (d) Why did he take the medicine?

    (e) How long did he stay in hospital?

    (f) What does the number 13,000 refer to?

2

    (a) When did the accident happen?

    (b) What was Michel Renaud doing when the accident occurred?

    (c) Where was he brought after the accident?

    (d) How is he thought to be injured?

    (e) What is the consequence of this injury for his fans?

  # Ex. 8.23 Vocabulaire : chez le médecin

Écoutez le CD et entrainez-vous à bien prononcer le vocabulaire.

Les symptômes	C'est …	Les experts
● J'ai de la fièvre	● grave	● Le médecin/docteur
● J'ai la tête qui tourne	● urgent	● L'infirmier/infirmière
● Je tousse		
● J'ai la nausée	**Des problèmes de santé**	**Faire …**
● Je saigne	● Je suis diabètique	● Une piqûre
● C'est enflé/gonflé	● Je suis cœliaque	● Une ordonnance
● J'ai une entorse	● J'ai des allergies	

 ## Astuces

You are learning a lot of new vocabulary in this unit. It is important to learn the gender of each new noun. Here are some patterns that can help you to remember this.

- Words ending in *-ance* are usually feminine.   une ordonnance
- Words ending in *-ment* are usually masculine.   un pansement / un médicament

Ex. 8.24 Prendre rendez-vous chez le médecin

Écoutez la conversation et cochez les bonnes cases.

1 La personne appelle :

    (a)   pour prendre rendez-vous ☐

    (b)   pour changer l'heure d'un rendez-vous ☐

    (c)   pour annuler un rendez-vous ☐

2 Le médecin :

    (a)   est libre dans l'après-midi ☐

    (b)   est libre demain ☐

    (c)   n'est pas libre cette semaine ☐

3 Le rendez-vous est pour :

    (a)   la semaine prochaine ☐

    (b)   aujourd'hui ☐

    (c)   demain ☐

4 La réceptionniste propose un rendez-vous à :

    (a)   17h05 ☐

    (b)   17h15 ☐

    (c)   17h45 ☐

5 La réceptionniste demande :

    (a)   le numéro de téléphone du patient ☐

    (b)   le nom du patient ☐

    (c)   l'adresse du patient ☐

6 À la fin de la conversation, la réceptionniste :

    (a)   confirme le rendez-vous ☐

    (b)   s'excuse de ne pas pouvoir proposer un rendez-vous ☐

    (c)   propose un autre rendez-vous la semaine suivante ☐

Search YouTube for 'Alerte aux pollens : l'allergie gagne-t-elle du terrain ?', a report by *Le Républicain Lorrain*. You will hear people talking about allergies, and their effects and remedies. Can you recognise any of the words you have learned so far in Unité 8?

Ex. 8.25 Jeu de rôle : prendre rendez-vous chez le médecin

Avec votre partenaire lisez cette conversation.

Réceptionniste : Cabinet du Docteur Martin, bonjour.

Patient(e) : Bonjour monsieur/madame, est-ce que je peux avoir rendez-vous avec le Docteur Martin s'il vous plait ? Je ne me sens pas bien du tout et j'aimerais le voir le plus tôt possible.

Réceptionniste : Cet après-midi ça va ? À cinq heures ?

Patient(e) : Oui merci, c'est bon.

Réceptionniste : C'est à quel nom monsieur/madame ?

Patient(e) : [votre nom].

Réceptionniste : Et votre numéro de téléphone s'il vous plait ?

Patient(e) : C'est le 02 45 32 63 52.

Réceptionniste : Merci monsieur/madame. Vous avez donc rendez-vous avec le Docteur Martin à cinq heures.

Patient(e) : Merci monsieur/madame.

 Ex. 8.26 À vous

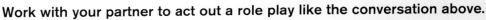

Work with your partner to act out a role play like the conversation above.

- The receptionist should say hello and give the doctor's name.
- The patient asks for an appointment and gives a reason.
- The receptionist offers a time.
- The patient accepts.
- The receptionist then asks the caller's name and telephone number, before confirming the time of the appointment.
- The patient says thank you and goodbye.

 Interévaluation

	😊	😐	😞
I could ask questions correctly			
I could understand the questions I was asked			
I was able to answer the questions I was asked			
Words/phrases I knew really well			
Words/phrases I didn't know			
Words/phrases I pronounced really well			
Words/phrases I need to practise more			

Ex. 8.27 Qu'est-ce qui ne va pas ?

Écoutez le CD et remplissez la grille en anglais.

	The problem	The doctor's opinion and advice
Mme Leblanc		
Mr Lassarat		

Ex. 8.28 Trouvez quelqu'un qui ...

Trouvez quelqu'un dans la classe qui correspond à chaque phrase dans la grille.

Trouvez quelqu'un qui...	Questions possibles	Noms
... s'est cassé le bras	Tu t'es déjà cassé le bras ?	
... s'est brûlé la main	Tu t'es déjà …	
... a attrapé un coup de soleil	Tu as déjà …	
... a passé une nuit à l'hôpital	Tu as …	
... a eu la grippe cette année	Tu …	
... est allergique à quelque chose	Tu es …	
... a vu un médecin cette année	Tu as vu …	

Ex. 8.29 Maxime a eu un accident

Répondez aux questions.

| Supprimer | Courriel indésirable | | Répondre | Répondre à tous | Transférér | Imprimer |

De: **maximepiollet@yahoo.fr**

À: **markoc21@hotmail.com**

Sujet:

Salut Mark,

Merci pour ton mail. J'espère que toute ta famille va bien.

Moi, malheureusement, j'ai eu un accident la semaine dernière. J'ai joué au foot avec des copains au parc. Je suis tombé et je me suis blessé le pied droit. On m'a emmené à l'hôpital où le médecin m'a dit que je m'étais cassé le pied et il a mis un plâtre. Je ne peux plus jouer au foot pendant trois mois ! Je suis très déçu. En plus, je m'ennuie à mourir. Je passe des heures devant la télé ou à jouer sur l'ordinateur. C'est vraiment casse-pied !

Écris-moi pour me donner de tes nouvelles !

Maxime

1. What was Maxime doing when he had his accident?

2. How did the accident happen?

3. What part of his body was injured?

4. Why is he disappointed?

5. What is he doing to pass the time?

MON PORTFOLIO 8.3 :

Remets-toi vite !

Faites cet exercice dans votre portfolio.

REMETS-TOI VITE

Récapitulatif

Mots-clés pour Unité 8

Être en forme

- Je suis en pleine forme
- Je vais bien
- Je ne me sens pas bien
- Je n'ai pas la forme
- Ça va
- Ça ne va pas du tout
- Comme ci comme ça
- Je n'ai pas le moral
- Je suis malade
- Il/elle a bonne mine

- Je mène une vie saine / Je ne mène pas une vie très saine
- Je suis en bonne santé / Je ne suis pas en très bonne santé
- Je mange bien/mal
- J'évite …
- Les sucreries / les matières grasses
- Je fais de l'exercice / du sport
- Je passe trop de temps devant l'ordinateur
- Je me couche tôt / de bonne heure / tard
- un peu / assez / beaucoup / trop
- jamais / parfois / souvent / toujours

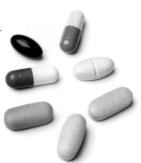

Les parties du corps

- La tête
- Le visage
- Le cou
- La gorge
- L'épaule
- Le bras
- Le dos
- La coude

- La poitrine
- Le cœur
- L'estomac
- Le ventre
- La main
- Les doigts
- La hanche
- La jambe

- La cuisse
- Le genou
- La cheville
- La taille
- Le pied
- Le talon
- Les doigts de pied
- Le derrière

- Les cheveux
- Le front
- Le sourcil
- L'œil
- Les yeux
- Le nez
- L'oreille
- La lèvre

- La dent
- La langue
- La bouche
- Le menton

- L'os
- La peau
- Le sang

À la pharmacie

- Des comprimés
- Des gouttes
- Une crème
- Un pansement
- Un médicament
- Une ordonnance
- Un coup de soleil
- Une piqûre d'insecte
- Être enrhumé / avoir un rhume
- La grippe
- Une allergie
- Les premiers soins
- Vous avez quelque chose contre …

Les symptômes

- J'ai de la fièvre
- J'ai la tête qui tourne
- Je tousse
- J'ai la nausée
- Je saigne
- C'est enflé/gonflé
- J'ai une entorse

C'est …

- grave
- urgent

Des problèmes de santé

- Je suis diabètique
- Je suis cœliaque
- J'ai des allergies

Les experts

- Le médecin/docteur
- L'infirmier/infirmière

Faire …

- Une piqûre
- Une ordonnance

Bilan de l'unité 8

Pour chaque objectif, choisissez votre émoticône	😊	😐	😞
Listening			
I can understand someone talking about their lifestyle.			
I can understand someone describing a monster.			
I can understand people talking about illnesses.			
I can understand short news items about accidents.			
Reading			
I can read safety instructions.			
I can read simple health information leaflets.			
I can read short narrative extracts.			
I can read an email about illness.			
Spoken production			
I can say I am not well.			
I can describe what's wrong with me.			
I can name the parts of the body.			
I can say what is good and bad for my wellbeing.			
I can give an instruction using *l'impératif.*			
Spoken interaction			
I can describe a monster.			
I can make an appointment with the doctor.			
I can explain to the doctor what is wrong.			
I can ask someone how they are.			
I can tell someone about my lifestyle habits, and ask about theirs.			
I can explain my ailments to a doctor or pharmacist.			
I can ask for a remedy at the pharmacy.			

Pour chaque objectif, choisissez votre émoticône	😊	😐	☹️
Writing			
I can write on a forum about my lifestyle.			
I can complete a crossword.			
I can write a Get Well Soon card.			
I can design a poster about having a healthy lifestyle.			

Discutez en classe

- Look back over your Portfolio exercises. In which areas did you give yourself stars?
- Look at your wishes. Have any of these improved?
- What was your favourite part of Unité 8? Why?
- You completed many different kinds of activities in Unité 8. What kinds of activities were best for helping you to learn? Why?
- What are you looking forward to learning more about in the next unit? Why?

UNITÉS 7 ET 8

1. Lisez les passages et répondez aux questions dans votre cahier.

(A)

Le T-shirt

Le mot T-shirt désigne un maillot en coton à manches courtes en forme de T. Ses origines remontent au milieu du 19ème siècle quand il était porté, sous leurs vêtements, par les ouvriers et les paysans. Pendant les années 30, il commence à devenir un support de publicité puisqu'il assure la promotion du premier film en couleurs « Le Magicien d'Oz » !

Le T-shirt devient réellement célèbre en 1957 grâce à l'acteur Marlon Brando, qui porte un T-shirt dans le film « Un Tramway Nommé Désir ». Un peu plus tard, James Dean, dans « La Fureur de Vivre », joue le rôle d'un adolescent rebelle en T-shirt et en jean. Il devient un idole des jeunes. Tout d'un coup, tous les jeunes veulent porter un T-shirt - et son prix le rend accessible à tous.

Depuis les années 60, le T-shirt a surtout été utilisé comme « page blanche », sur laquelle on imprime des images ou inscrit des textes ou des slogans. Ces inscriptions peuvent être des messages publicitaires ou humoristiques aussi bien que des idées philosophes ou politiques. Parmi les plus connus sont les T-shirts avec le portrait de Che Guevara, le fameux révolutionnaire de l'île de Cuba, et « I Love New York » !

1. How was the T-shirt originally worn?

2. What is the connection between the T-shirt and the film *The Wizard of Oz*?

3. How did James Dean become an icon?

4. Why is the T-shirt accessible to everyone?

5. Since the 1960s, what has the T-shirt often been used for?

UNITÉS 7 ET 8

À vous de jouer!

(B)

Les allergies

Les allergies concernent des millions de personnes en France. Non seulement des allergies alimentaires mais aussi des allergies provoquées par des substances naturelles comme le pollen. Parmi les aliments qui provoquent des allergies, on trouve les œufs, le lait et les cacahuètes. Les manifestations de ces allergies peuvent être des vomissements ou des gonflements, mais elles peuvent être plus graves encore, et même mortelles. Les principaux signes de l'allergie au pollen sont les éternuements et le nez qui coule, l'irritation des yeux et de la gorge aussi. Bien sûr, il existe des médicaments pour certaines allergies comme le rhume des foins, mais quand il s'agit d'une allergie alimentaire, il faut être toujours vigilant.

 GLUTEN CRUSTACEANS EGGS FISH PEANUTS SOYA MILK TREE NUTS CELERY MUSTARD SESAME SULPHITES LUPIN MOLLUSCS

1. Name the two kinds of allergies mentioned at the start of this extract.
2. What kinds of foods can cause allergies?
3. Name two signs of a pollen allergy.
4. What is the solution to hay fever, according to the extract?

2. Faites des recherches en ligne, puis répondez aux questions dans votre cahier.

1. What is the *loi* mannequin*, which was implemented in France in 2017?
2. How does that *loi* affect fashion photographs?
3. Choose a French fashion designer and find out three interesting things about him/her.

(*loi = law)

326

UNITÉS 7 ET 8

3. Complétez les phrases avec ce, cet, cette or ces.

1. J'aime _____ immeuble ancien.

2. Je trouve _____ livre très intéressant.

3. _____ gâteaux sont vraiment délicieux.

4. Je ne peux pas accepter _____ nouvelle invitation.

4. Répondez aux questions en remplaçant les mots soulignés par des pronoms d'objet direct.

1. Tu regardes la télé tous les soirs ? Oui, je _____.

2. Tu comprends ces textes ? Oui, je _____.

3. Elle achète le Figaro tous les jours ? Oui, elle _____.

4. Henri visite la ville à pied ? Oui, il _____.

5. Complétez les phrases avec le comparatif.

1. Paris est _____ grand _____ Dublin.

2. Un stylo coute _____ cher _____ un portable.

3. Max est _____ grand _____ son frère jumeau.

6. Faites des phrases en utilisant le superlatif.

Exemple : Donald Trump - homme politique célèbre
Je pense que Donald Trump est l'homme politique le plus célèbre.

1. l'Irlande - pays beau

   Je pense que l'Irlande est le pays _____ beau.

2. les vêtements de marque - chers

   Je pense que les vêtements de marque _____.

3. Everest - haute montagne

   _____.

7. (A)

Choisissez une célébrité irlandaise et décrivez son look.

(B)

Écrivez des conseils pour rester en bonne santé.

Pour rester en bonne santé, il faut _____.

À vous de jouer!

UNITÉS 7 ET 8

8. Jeu de plateau.

You will need:

- A different coloured counter for each player
- A dice

Rules

- 2-5 players
- The youngest player rolls first, the second-youngest rolls second, etc.
- Roll the dice and move on that number of squares.
- Take the challenge on your square.
- If you give an incorrect answer, you miss a turn.
- The first player to reach 'Vous avez gagné' wins the game!

Astuces

Try to use as much French as possible during the game. Here are some useful phrases.

Commençons !	Let's begin!
À moi !	My turn!
À toi !	Your turn!
Lance le dé !	Throw the dice!
Avance d'une case !	Move forward one square!
Recule d'une case !	Go back one square!
Passe ton tour !	Miss a turn!

1 Départ
Bonne chance !

2
Décrivez l'image :
'Elle porte _____ .'

3
Point to five parts of your body and name them in French.

4
Zut ! Reculez d'une case !

5
How do you say 'I've got a headache'?

6
How do you say 'the twenty-fifth day'?

7
Qu'est-ce que vous portez en ce moment ?

8
Vous avez de la chance ! Avancez de deux cases.

9
How do you say 'I have a frog in my throat'?

10
Qu'est-ce que vous aimez porter le weekend ?

11
Name three fashion accessories in French.

12
Vous avez de la chance ! Avancez de deux cases.

13
Describe the origin of the word 'denim'.

14
How do you say 'I'm not feeling well'?

15
Que faites-vous pour garder la forme ?

16
Zut ! Reculez d'une case !

17
How do you say 'eat' to someone you normally call 'tu'?

18
Nommez trois choses qu'on peut mettre dans une boîte à bobos ?

19
What number would you dial in France to call an ambulance?

20
Décrivez un accessoire que vous avez perdu.

21
Décrivez l'image : 'Il porte _____ .'

22
Translate : *Il me regarde.*

23
Vous avez de la chance ! Avancez de deux cases.

24
Give two tips for reading text extracts.

Vous avez gagné ! Chapeau !

9. Une petite pièce de théâtre !

Below is the script for a short play. Act it out in small groups or with your entire class. It's a great way to practise your new vocabulary. Audience members can take notes to help the actors improve their pronunciation!

Présentation

Le lendemain de l'explosion

La liste de personnages

Jean Michel   Sophie

L'inspecteur Duclos   Mathilde

Mise en scène

Dans un hôtel quatre étoiles

Jean Michel :	Heureusement que tu ne t'es pas blessée, Sophie.
Sophie :	Oui, j'ai eu de la chance. Et toi aussi, Jean Michel.
Jean Michel :	La pauvre Claudine a passé la nuit à l'hôpital parce qu'elle a la main brulée. C'est très grave.
Sophie :	Qu'est-ce qui s'est passé, monsieur l'inspecteur ?
L'inspecteur Duclos :	On ne sait pas encore, mais ce n'était pas un accident. Quelqu'un a saboté votre défilé !
Jean Michel :	À mon avis, c'est toi, Mathilde ! Tu as toujours été jalouse de Sophie.
Mathilde :	Mais non !
Sophie :	C'est vrai. Tu n'aimes pas me voir porter les plus belles robes !
Mathilde :	Ce n'est pas vrai !
Jean Michel :	Tu as dit que tu voulais être célèbre comme elle ! Dis-moi que ce n'est pas vrai, Mathilde !
Mathilde :	Mais je n'ai rien à voir avec l'explosion ! Je suis innocente !
Jean Michel :	Je ne la crois pas, monsieur l'inspecteur.
L'inspecteur Duclos :	Venez avec moi au commissariat, Mathilde. Vous pourrez répondre à mes questions là-bas !
Mathilde :	Non !

Unité 9

Au travail !

By the end of this unit you will

★ Recognise and be able to use vocabulary relating to pocket money

★ Be able to make comparisons between the past and the present

★ Be able to talk about pocket money

★ Recognise and be able to use vocabulary relating to jobs

★ Be able to talk about part-time jobs

★ Have spoken with classmates on the topic of pocket money

★ Understand young people giving their opinions on pocket money

★ Understand young people talking about part-time jobs

★ Be able to identify information in newspaper ads

★ Recognise and be able to use *l'imparfait*

★ Know when to use *l'imparfait* and *le passé composé*

★ Understand and be able to use indirect object pronouns

★ Have read articles about celebrity lifestyles

★ Be able to identify information in newspaper articles

★ Know how to fill out a short form relating to a job

★ Have reflected on your learning and identified ways to improve your learning

 # Ex. 9.1 Travailler

Regardez la vidéo et répondez aux questions.

1. How many hours do French people work per week?
2. What is *le SMIC*?
3. When do French people traditionally take holidays?
4. How many public holidays are there in France?
5. Name some of the main industries in France.
6. If you want to live or work in France for three months or longer, what must you have?

L'argent ne fait pas le bonheur

 Ireland and France have had many connections throughout history – and we still do, especially in business and trade. Research these connections and share them with your class.

 # Ex. 9.2 Vocabulaire : l'argent de poche

Écoutez le CD et entrainez-vous à bien prononcer le vocabulaire.

- L'argent
- L'argent de poche
- Gagner
- Acheter

- Travailler
- Dépenser
- Recevoir
- Économiser

- Faire des économies
- Avoir besoin de
- De temps en temps
- Par semaine / par mois / par an

Ex. 9.3 L'argent de poche

Quatre jeunes parlent de ce qu'ils reçoivent comme argent de poche. Répondez aux questions dans votre cahier.

Jules

Mes parents me donnent 10 euros par semaine. Ce n'est pas mal mais pour ça, je dois faire un peu de ménage ! Je range ma chambre, je passe l'aspirateur et je fais la vaisselle. Avec mes 10 euros, j'achète des bonbons et je fais des économies.

Lucie

Mes parents sont très généreux, ils me donnent 25 euros par semaine. Je dois payer mes sorties avec mes copines avec cet argent, mais je trouve ça normal. J'adore la musique alors j'utilise mon argent de poche pour payer les chansons que je télécharge, et de temps en temps, quand j'ai économisé assez d'argent, je m'achète une place de concert.

Mathis

Je ne reçois pas d'argent de poche mais mes parents me donnent de l'argent pour mon anniversaire, à Noël et aussi quand j'ai de bonnes notes. À vrai dire, je n'ai pas besoin de beaucoup d'argent et j'économise presque tout ce qu'ils me donnent pour pouvoir acheter un nouveau vélo l'année prochaine.

Lola

Mes parents ne me donnent pas d'argent de poche mais ils me donnent de l'argent si j'en ai besoin pour sortir le weekend. Mes grands-parents aussi me donnent de l'argent de temps en temps, surtout quand je les aide à la maison. Je ne fais pas d'économies, je dépense tout mon argent en magazines et en vêtements.

---

1. True or false?

    (a) Jules gets the most pocket money.

    (b) Lucie gets money for getting good marks.

    (c) Mathis does housework to earn money.

    (d) Lola doesn't save her money.

2. What must Jules do to earn his pocket money?

3. How does Jules use his pocket money?

4. What does Lucie like to spend her money on?

5. How does Mathis get money?

6. What does Mathis do with his money?

7. How does Lola pay for magazines?

Ex. 9.4 Qu'en font-ils ?

Écoutez les jeunes parler d'argent de poche et remplissez la grille.

	How much?	How often?	Spends on…
Quentin			
Pauline			
Juliette			
Charles			

Le verbe recevoir – *to receive*

- Je reçois
- Tu reçois
- Il/elle/on reçoit
- Nous recevons
- Vous recevez
- Ils/elles reçoivent

 Le verbe recevoir

 # Ex. 9.5 Compréhension écrite

Lisez l'article sur l'argent de poche et répondez aux questions dans votre cahier.

Est-ce que je dois donner de l'argent de poche à mon enfant ?

Tous les parents se posent cette question un jour ou l'autre. Actuellement, en France, la moitié des enfants âgés de 11 à 14 ans reçoivent régulièrement de l'argent de poche. En moyenne ils reçoivent environ 45 euros par mois. Les parents qui donnent de l'argent de poche à leurs enfants le font pour deux raisons principales. D'abord, ils veulent rendre leurs enfants autonomes et responsables. Les enfants apprennent à gérer leur argent, à connaître sa valeur. En plus, l'argent de poche peut servir de récompense, par exemple quand un enfant a eu de bons résultats à l'école ou s'est bien comporté.

Mais les parents ne sont pas tous d'accord sur cette question. Certains ne donnent pas d'argent de poche à leurs enfants. Dans ce cas, l'essentiel est d'avoir de bonnes raisons, de bien les expliquer et d'en discuter librement avec ses enfants.

1. How many young people aged 11–14 receive pocket money?

2. What does the number 45 refer to?

3. According to the article, why do parents give pocket money to their children? Give two reasons.

4. What should parents do if they don't give money to their children?

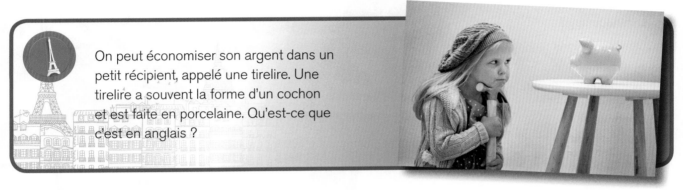

On peut économiser son argent dans un petit récipient, appelé une tirelire. Une tirelire a souvent la forme d'un cochon et est faite en porcelaine. Qu'est-ce que c'est en anglais ?

 ## Ex. 9.6 Kylian et Élise

Remplissez les blancs.

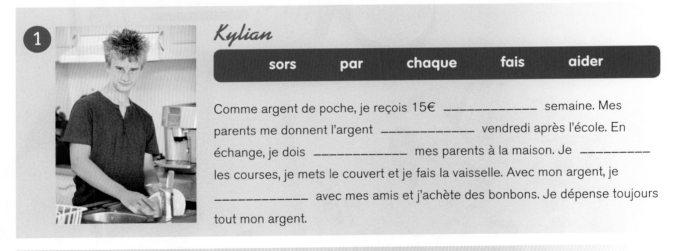

1

Kylian

| sors | par | chaque | fais | aider |

Comme argent de poche, je reçois 15€ _____ semaine. Mes parents me donnent l'argent _____ vendredi après l'école. En échange, je dois _____ mes parents à la maison. Je _____ les courses, je mets le couvert et je fais la vaisselle. Avec mon argent, je _____ avec mes amis et j'achète des bonbons. Je dépense toujours tout mon argent.

2

Élise

| économies | donnent | généreux | frère | achète |

Comme argent de poche, mes parents me _____ 25€ chaque weekend. Je pense que c'est très _____ . Bien sûr, en échange, je les aide à la maison, et comme j'ai un _____ qui a huit ans, je fais aussi du babysitting. En général, je fais des _____ mais, de temps en temps, j'_____ un magazine ou un livre.

Ex. 9.7 Les grandes dépenses

Reliez les images aux phrases qui correspondent.

- Du maquillage
- Des magazines
- Des sorties
- Des vêtements
- Des jeux vidéo
- Des affaires scolaires / du matériel scolaire
- Des cadeaux
- Un passetemps
- De la musique
- Des places de concerts
- Mon portable

Ex. 9.8 À deux

Et vous ? Vous recevez de l'argent de poche ? Posez les questions à votre camarade et répondez à ses questions. Complétez la grille.

	Mes réponses	Les réponses de mon/ ma camarade
Est-ce que tu reçois de l'argent de poche ?		
Combien d'argent est-ce que tu reçois ?		
Quand est-ce que tu le reçois ?		
Est-ce que c'est assez ?		
Comment est-ce que tu dépenses ton argent ?		
Est-ce que tu fais des économies ? Pour acheter quoi ?		

Interévaluation

	😊	😐	😟
I pronounced the French 'R' well			
I used liaison where I should have			
I made eye contact with my partner			
I pronounced all words with an even stress			
I raised the pitch of my voice at the end of a question			
I used gestures where it suited			
I used intonation – and sounded as if I was having a conversation			
I was CaReFuL			
Words/phrases I pronounced really well …			
Words/phrases I need to practise more …			

OBJECTIFS

I can talk about pocket money and how I use it.

MON PORTFOLIO 9.1 : Mon argent et mes dépenses

Faites cet exercice dans votre portfolio.

Les pronoms d'objet indirect

You will remember that a pronoun is a word that replaces a noun.
You already know subject pronouns: *je* (I), *tu* (you), *il* (he), *elle* (she), etc.
In Unité 7, you learned about direct object pronouns: *me* (me), *te/vous* (you), *le* (him/it), *la* (her/it), *nous* (us) and *les* (them).

Now you will learn about **indirect object pronouns**.

Direct objects are called direct because they are 'directly' linked to a verb, there is no preposition between the verb and its object. For example, *Je le vois* – I see him/it.

Indirect objects are called indirect because they are linked to a verb which is followed by a preposition (usually *à*).

In English, indirect objects often have 'to' or 'for' before them.

Les pronoms d'objet indirect

Ex. 9.20 Un travail d'été

Lisez l'article et répondez aux questions dans votre cahier.

Un petit boulot d'été, c'est une manière de gagner un peu d'argent de poche. La loi permet aux mineurs à partir de 14 ans de travailler pendant les grandes vacances. Ils peuvent cueillir des fruits et des légumes, faire de l'animation pour enfants, travailler dans l'entreprise des parents, dans un grand magasin ou laver les voitures.

Beaucoup de jeunes ont un petit boulot pour gagner de l'argent bien sûr, mais aussi pour avoir un peu d'expérience et pour occuper leur temps libre. D'autres disent que les vacances sont faites pour se reposer et non pas pour travailler. Que pensez-vous ?

1. At what age can you start working in France?
2. Name two kinds of jobs you can do in the summer.
3. Give two reasons why you might look for a summer job.
4. Why are some people against summer jobs?

 ## Travailler comme au pair

Did you know that the term au pair means 'equal to'? Originally, a home help was usually a member of the family – rather than a non-relative working in the home. The phrase au pair appeared for the first time in English at the end of the nineteenth century. Young women who went to France to teach English to children in French families were called au pairs. In exchange, these women could improve their French and learn more about French etiquette, which was highly regarded. Nowadays, an au pair is someone who lives with a host family and helps them with childcare in exchange for free food and accommodation and some level of payment.

Ex. 9.21 Des offres d'emploi

A

McDonald's

Recherche employés de restauration.
Minimum 9,76 €/h brut

En plus d'être dynamique et motivé, vous devez avoir un esprit ouvert et un excellent sens de la relation pour interagir avec les clients mais aussi avec l'équipe qui vous entoure.

Postuler par Internet :
www.mcdonalds-recrute.fr

B Cueillette de Fruits

Pas de profil particulier

Missions ponctuelles tout au long de l'année suivant les saisons, particulièrement l'été

Minimum SMIC horaire (9,76 €/h brut). Parfois nourri et/ou logé

Postuler par Internet :
https://candidat.pole-emploi.fr/offres/recherche

C JOB ÉTUDIANT :

BABY-SITTING SUR PARIS ET TOUTE L' ÎLE DE FRANCE

Vous êtes étudiant(e) et vous avez besoin d'un job compatible avec votre emploi du temps ? Vous êtes plein d'énergie, souriant, sérieux et ponctuel ! Rejoignez-nous !

Le job :

- Garde d'enfants (aide aux devoirs, goûter, jeux) en sortie d'école ou crèche
- Temps partiel de 3 à 25 heures par semaine. Fin de journée ou mercredi après-midi
- Choix des horaires en fonction de **vos** disponibilités
- Proche de chez vous : garder un enfant près de votre domicile ou de votre lieu de formation

Minimum 10,25 €/h brut + 10 % de congés payés + prise en charge partielle de votre titre de transport

Par email : a.loche@e-enfants.com

Par courrier : 99 rue Maxime, 92100 Boulogne-Billancourt

Par téléphone : 01 36 21 16 97   **Par Internet :** www.e-enfants.com

D

SÉJOURS : ACCOMPAGNEMENT BÉNÉVOLE VIE QUOTIDIENNE ET ACTIVITÉS POUR LES ENFANTS MALADES

Venez vivre une expérience formidable !

L'ENVOL offre une expérience de séjour unique pour les enfants et adolescents qui souffrent de maladies graves. L'ENVOL organise des programmes de thérapies récréatives en séjour résidentiel spécialement conçus pour les enfants malades. Les bénévoles accompagnent les enfants malades pendant les moments de la vie quotidienne lors de séjours de 8 jours (2 jours de formation, 6 jours avec les enfants).

Activités proposées : tir à l'arc, équitation, escalade, théâtre, musique, arts plastique, écriture, vidéo, danse … Les bénévoles sont logés et nourris gratuitement pendant le séjour.

Toutes les infos sur notre site Internet : www.lenvol.asso.fr

E

DISTRIBUTION DE FLYERS, LES SAMEDIS, 13H30–18H

Recherche étudiants dynamiques, proactifs, souriants

Durée : Missions ponctuelles à accepter en fonction de vos disponibilités

Rémunération : 11 €/h

Postuler par email : job@studentpop.fr

Which job(s)	A	B	C	D	E
Is a volunteer position					
Offers the possibility of accommodation					
Offers the minimum wage					
Offers more than the minimum wage					
Requires lots of energy					
Wants you to have team spirit					
Allows to you apply by regular mail					
Would like you to work for the school year					
Allows you to work near home					
Will pay some of your transport costs					
Is most likely to be a summer job					
Wants you to be smiling					
Allows you to work whenever suits you					

 Ex. 9.22 À deux

Quel travail vous intéresse ? Donnez votre opinion. Travaillez avec votre camarade de classe.

- J'aime particulièrement … parce que …
- C'est …
- J'aime …

- Je n'aime pas tellement …
- Je trouve que c'est … intéressant / facile / dur / bien payé / mal payé / pratique

	Mes réponses	Les réponses de mon/ ma camarade
Tu veux faire quel métier ?		
Pourquoi ?		
Quels sont les avantages et les inconvénients de ce métier ?		

Interévaluation

	🙂	😐	🙁
I pronounced the French 'R' well			
I used liaison where I should have			
I made eye contact with my partner			
I pronounced all words with an even stress			
I raised the pitch of my voice at the end of a question			
I used gestures where it suited			
I used intonation – and sounded as if I was having a conversation			
I was CaReFuL			
Words/phrases I pronounced really well …			
Words/phrases I need to practise more …			

Ex. 9.23 Postuler pour un job

Vous cherchez un job pour l'été : remplissez ce formulaire sur Internet pour donner des renseignements sur vous-même.

Nom	
Prénom	
Date de naissance	
Nationalité	
Expérience	
Langues parlées	
Intérêts	

Ex. 9.24 Les célébrités

Lisez ces deux articles sur le train de vie des célébrités et répondez aux questions.

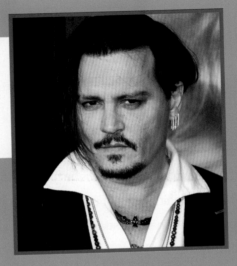

Johnny Depp
complètement fauché ?

Ces vingt dernières années, Johnny Depp n'a pas fait d'économies. C'est peut-être pourquoi l'acteur américain doit maintenant vendre ses propriétés les unes après les autres.

D'après TMG (The Management Group), la société qui était chargée de s'occuper de ses finances, la star a dépensé en moyenne 2 millions de dollars par mois depuis près de vingt ans. Selon TMG, Johnny « Dette* » a dépensé 75 millions de dollars pour acheter 14 maisons. Il a aussi un yacht et 45 voitures de luxe. En plus, l'acteur est collectionneur d'art et il a dépensé des fortunes pour ses 200 toiles et 70 guitares de collection.

La société TMG dit que Johnny Depp lui doit 4,2 millions de dollars mais l'acteur n'est pas de cet avis. Au contraire, il réclame 25 millions de dollars à TMG pour avoir mal géré ses finances.

* dette = debt

(a) According to the first paragraph of this article, how do we know that Johnny Depp is in financial difficulties?

(b) What is the connection between Johnny Depp and TMG?

(c) How much was Johnny Depp spending per month, according to TMG?

(d) What did he spend his money on?

(e) What is the difference of opinion between TMG and Depp?

Le sportif le mieux payé de la planète !

La superstar du Real Madrid Cristiano Ronaldo est pour la deuxième année consécutive le sportif le mieux payé de la planète, selon le classement publié mercredi par le magazine économique américain *Forbes*. L'international portugais aurait gagné 93 millions de dollars lors des douze derniers mois en salaires et contrats publicitaires.

La grande passion de Ronaldo, c'est sa collection de voitures de luxe : il en a une vingtaine dans son garage privé. Il aime partir en vacances quand il peut, pour bronzer et faire la fête - bien sûr, il se déplace la plupart du temps en jet privé ou en hélicoptère.

Mais il est aussi généreux et il fait régulièrement des dons à des organisations caritatives qui s'occupent de malades et il aime faire des cadeaux à ses amis. Après la victoire en Ligue des Champions, Ronaldo a offert à chacun de ses coéquipiers une montre personnalisée d'une valeur de 13 000 euros !

(a) What claim does *Forbes* magazine make about Ronaldo's wealth?

(b) What two main areas of spending are identified in this article?

(c) How does Ronaldo usually travel?

(d) What two examples are given regarding his generosity to others?

MON PORTFOLIO 9.3 : Un blog

Faites cet exercice dans votre portfolio.

Ex. 9.25 Les pourboires

Lisez ces deux articles sur les pourboires (*tips*) et répondez aux questions.

A

« Moi, je préfère ne pas recevoir de pourboire du tout que de trouver 10 centimes sur la table ! »

Lola, 25 ans, travaille comme serveuse dans un petit restaurant à Lille, dans le nord-est de la France. « Moi, je préfère ne pas recevoir de pourboire du tout que de trouver 10 centimes sur la table ! » dit Lola au sujet du pourboire. « Si je fais bien mon travail, les gens devraient me laisser un bon pourboire, non ? Moi, j'en ai besoin en tout cas. Il faut que je gagne au moins un quart de mon salaire en pourboires pour pouvoir vivre correctement. Ce n'est pas rien ! »

Cependant, Lola est parfois agréablement surprise. « De temps en temps, les gens me laissent tellement d'argent que je suis presque gênée ! Une fois, un jeune homme qui avait pris un café et un croissant m'a laissé 20 euros - je ne sais pas pourquoi ... »

Lola laisse-t-elle elle-même toujours un pourboire ? « Ah oui, bien sûr ! Je n'oublie jamais - sauf si le service est vraiment nul ! »

Alors, combien faut-il donner ?

Avant de quitter un restaurant ou un bar, on laisse généralement un pourboire au serveur si on est content de son service, non ? Pas toujours !

Pour le client, le pourboire est une petite somme d'argent, mais pour un serveur, cet argent est souvent essentiel pour compléter son salaire. Pourtant, les Français laissent de moins en moins souvent de pourboire dans les restaurants ou les bars. Pourquoi ?

D'abord, les gens ont moins de petite monnaie, car ils ont pris l'habitude de payer avec une carte bancaire. Ils ne veulent pas rajouter un pourboire à l'addition parce qu'ils ne savent pas si cet argent ira vraiment au serveur. Alors, au lieu de laisser un pourboire, ils laissent un commentaire sur le site du restaurant ou sur TripAdvisor, par exemple.

Cependant, il ne faut pas oublier que sans les pourboires, les serveurs ne gagnent vraiment pas beaucoup d'argent. Ce sont souvent des étudiants qui ont besoin de travailler pour financer leurs études.

Alors, combien faut-il donner ? Le pourboire n'est pas obligatoire et il n'y a pas de règle, mais en général il convient de laisser entre 10 et 20 % du montant total.

A

(a)   What does Lola think of 10 centime tips?

(b)   What do tips mean to Lola?

(c)   What do they represent in terms of her earnings?

(d)   What does the figure €20 represent?

(e)   When does she herself not leave a tip?

(f)   Can you find the French for the following words and phrases:

- A quarter
- Embarrassed
- However

B

(a)   Why are fewer people leaving tips nowadays?

(b)   What do they often do instead?

(c)   Why are tips important to waiting staff?

(d)   What group of people often work as waiters and waitresses?

(e)   What is the recommended tip?

(f)   Can you find the French for the following words and phrases:

- A sum of money
- Change/cash
- A comment

Research the jobs at Disneyland Paris at careers.disneylandparis.com/fr.
What can you find out about available jobs?

L'imparfait

L'imparfait (the imperfect tense) is another past tense used in French (and English).
Can you remember the name of the first past tense you learned (in Unités 5 and 6)?

We use *l'imparfait* to describe:

i.   someone or something in the past;

ii.   a situation, atmosphere or feeling in the past;

iii. something that 'was happening' at a certain moment in the past
      (when something else happened);

iv.   something that 'used to' happen regularly.

So you would use this tense to make statements like these:

i.   She **was** quite friendly.

ii.   I **was** very frightened.

iii. I **was watching** TV when the phone rang. ('Rang' will be in *le passé composé*.)

iv.   I **used to play football** when I was younger.

Very often, *l'imparfait* is used to describe situations or actions that didn't have a definite
beginning and end.

L'imparfait is very easy to form. Just make sure that you know your present tense verbs.

1.   Take the 'nous' form of the verb in the present tense and take off the '-ons'

      (nous) donnons ➝ donn~~ons~~ ➝ donn

      You now have the stem for *l'imparfait*.

2.   Add the endings for *l'imparfait* as follows:

      Je donn**ais**

      Tu donn**ais**

      Il/elle/on donn**ait**

      Nous donn**ions**

      Vous donn**iez**

      Ils/elles donna**ient**

All verbs except one form the imperfect like this. The only one that does not is the only verb that does not have '-ons' as an ending in the present tense. Can you think which one it is?

The *nous* form of *être* is *nous sommes*.

Être is irregular in *l'imparfait*. Its stem is **ét-** but it still uses the same endings:

- J'étais

- Tu étais

- Il/elle/on était

- Nous étions

- Vous étiez

- Ils/elles étaient

Remember that verbs in *-ger* keep the 'e' in front of *ais/ait* and *aient*.

manger: Je mangeais/il mangeait/ils mangeaient

 Ex. 9.26 Les correspondances

Faites correspondre les pronoms avec la fin de la phrase.

Elle	étais le plus jeune dans la classe
Pierre	étions très contents
Il	étaient copines à l'école primaire
Zoé et Clara	faisait très beau en Espagne la semaine dernière
Je	voulait aller au cinéma hier
Tu	jouait souvent au basket quand il était jeune
William et moi	étiez trois dans la famille ?
Vous	passais beaucoup de temps en France pendant les vacances

Astuces

When forming *l'imparfait*, you might be tempted to use the infinitive and take off the '-er', '-ir' or '-re'. Why do you think this would not always work?

Ex. 9.27 Un meutre au manoir

Quelqu'un a assassiné le Duc de Malmaison dans sa chambre vendredi dernier. Il y a beaucoup de suspects mais ils ont tous des alibis. Écrivez une phrase pour expliquer l'alibi de chacun.

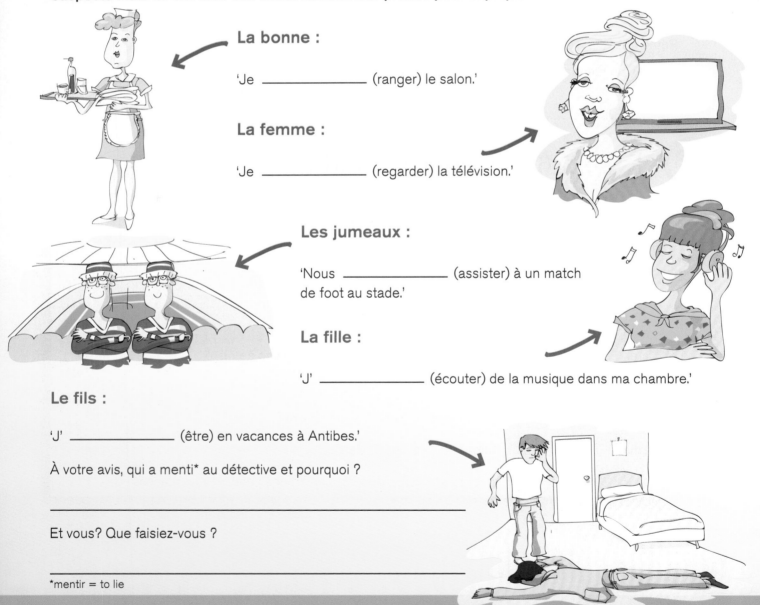

La bonne :

'Je ＿＿＿＿＿＿ (ranger) le salon.'

La femme :

'Je ＿＿＿＿＿＿ (regarder) la télévision.'

Les jumeaux :

'Nous ＿＿＿＿＿＿ (assister) à un match de foot au stade.'

La fille :

'J' ＿＿＿＿＿＿ (écouter) de la musique dans ma chambre.'

Le fils :

'J' ＿＿＿＿＿＿ (être) en vacances à Antibes.'

À votre avis, qui a menti* au détective et pourquoi ?

＿＿＿＿＿＿＿＿＿＿＿＿＿＿＿＿＿＿＿＿

Et vous? Que faisiez-vous ?

＿＿＿＿＿＿＿＿＿＿＿＿＿＿＿＿＿＿＿＿

*mentir = to lie

Astuces

Remember that the phrase *Il y a* (there is/are) uses the verb *avoir* in the present tense. So if you want to say 'there was/were', you just need to use the imperfect of *avoir*.

avoir ➜ **nous avons** ➜ **avons** ➜ **av-** ➜ **avait**

Il y a   **Il y avait**

OBJECTiFS

I can form *l'imparfait*.

 ## Ex. 9.28 À deux

Un grand-père parle de sa jeunesse

Quand j'étais jeune, j'adorais écouter les chansons de Johnny Hallyday et de Françoise Hardy. J'aimais aussi beaucoup les Beatles. Mes parents n'appréciaient ni ma musique ni mes vêtements. J'avais aussi les cheveux longs, ce qu'ils trouvaient ridicule.

Au cinéma, j'aimais beaucoup les grandes stars d'Hollywood comme Audrey Hepburn et Paul Newman. On n'avait pas de télé à la maison, et j'allais chaque weekend au cinéma avec mes copains.

Can you and your partner work out what *grand-père* used to do when he was young – and what problems he had?

Ex. 9.29 La vie des jeunes

Écoutez trois ados parler de leur vie quand ils étaient plus jeunes.

	Avant	Maintenant
Damien		
Adèle		
Aurélien		

 # Ex. 9.30 Quand j'étais plus jeune ...

Remplissez les blancs avec un verbe à l'imparfait.

1. Quand j'étais jeune, je _____ beaucoup au football mais maintenant, je ne joue jamais.

2. Quand j'étais plus jeune, mon frère _____ à la maison mais maintenant, il habite près de l'université.

3. Quand j'étais plus jeune, je _____ des bonbons mais maintenant, je ne mange plus de sucreries.

4. Quand j'étais plus jeune, j' _____ à l'école primaire mais maintenant, je vais au lycée.

5. Quand elles étaient jeunes, mes sœurs _____ beaucoup de sport mais maintenant, elles ne font plus de sport.

6. Quand j'étais jeune, nous _____ un chien mais maintenant, nous avons trois chats.

7. Quand j'étais jeune, je ne _____ pas d'un instrument mais maintenant, je joue de la guitare.

8. Quand j'étais jeune, je _____ une chambre avec mon frère mais maintenant, j'ai une chambre à moi.

Ex. 9.31 À vous

Décrivez comment était votre vie quand vous étiez plus jeune.

Exemple : Quand j'étais plus jeune, je voulais être chirurgien(ne) !

When you are older, what do you think you will be saying about your teenage years ?

Exemple : Quand j'étais ado, je passais beaucoup de temps sur mon portable.

Using *l'imparfait* and *le passé composé*

Often, ***l'imparfait*** sets the scene and *le passé composé* interrupts it!

Exemple :

Il **faisait** noir. Tout **était** calme quand tout à coup j'ai entendu une explosion !
C'**était** terrible !

It was a dark and everything was calm when suddenly I heard an explosion!
It was terrible!

The first verbs set the scene and then the noise interrupts the calm so it is in *le passé composé*. The final verb describes what it was like, so it is in *l'imparfait*.

> L'imparfait et le passé composé

 # Ex. 9.32 À deux

Identifiez les verbes : imparfait ou passé composé ? Et pourquoi ? Travaillez avec votre camarade.

Hier matin, il faisait très beau. Le soleil brillait et donc j'ai décidé d'aller me promener au parc avec mon copain Joseph. Nous bavardions et nous nous amusions quand un homme s'est arrêté devant nous. Il était grand et beau et on avait l'impression de le connaitre. Il nous a demandé l'heure. Il avait un accent américain. Nous lui avons donné l'heure. Ensuite, il nous a remercié et il est parti. J'essayais de me rappeler qui c'était quand Joseph a poussé un cri. « J'ai trouvé ! C'était Brad Pitt ! » Nous étions complètement stupéfaits. C'était une chance incroyable de rencontrer une star comme lui … et on n'a même pas pris de selfie !

Ex. 9.33 L'imparfait ou le passé composé ?

Choisissez la bonne réponse.

1. Hier, nous _____ un bon film.

   (a) avons vu (b) voyions

2. Thomas _____ au foot quand il est tombé.

   (a) a joué (b) jouait

3. Mon oncle _____ en France tous les ans quand il était jeune.

   (a) est allé (b) allait

4. Ce matin, ils _____ la maison à huit heures.

   (a) ont quitté (b) quittaient

5. Il _____ la grasse matinée quand son copain Joseph est arrivé.

   (a) a fait (b) faisait

OBJECTIFS

I can identify when to use *l'imparfait* and *le passé composé*.

 ## Ex. 9.34 Tout était calme ...

Can you write the opening of a story in which you set the scene?

Exemple :

Tout était calme. Il faisait froid et Katia était contente.
Elle regardait la maison en silence …

Ex. 9.35 Un travail de rêve

Lisez l'article et répondez aux questions dans votre cahier.

Voyager en Australie et au Mexique en passant par Hawaï

Vous vouliez sans doute faire un métier de rêve quand vous étiez petit – astronaute ou gouteur de chocolat ! Et que pensez-vous d'un métier où vous séjournez dans des villas de luxe aux quatre coins du monde ?

La compagnie Thirdhome recherche une personne qui, pour promouvoir ses différentes villas de luxe à l'étranger, est « *capable de faire rêver les gens via les réseaux sociaux comme Instagram et Facebook* ».

Le candidat sélectionné décrochera un contrat de trois mois et pourra voyager en Australie et au Mexique en passant par Hawaï. Le rêve, non ? En plus, tout est compris : le logement, le transport et la nourriture et non seulement ça, mais on vous paie pour le faire ! Thirdhome propose 9 200 euros par mois pour ce « travail » ! Vous pouvez aussi emmener une personne avec vous si elle paie ses frais de transport et sa nourriture.

Cette offre est ouverte à toute personne de plus de 18 ans en possession d'un passeport valide. Si vous savez prendre des photos, faire des vidéos et bien écrire, le rêve peut devenir une réalité ! Foncez !

1. Why is this a dream job?

2. If you get this job, what must you do?

3. What is included in the contract?

4. How much are you paid per month?

5. What is the bonus, mentioned at the end of the third paragraph?

6. What is required to apply for the job?

Récapitulatif

Mots-clés pour Unité 9

- L'argent
- L'argent de poche
- Gagner
- Acheter
- Travailler
- Dépenser
- Recevoir
- Économiser
- Faire des économies
- Avoir besoin de
- De temps en temps
- Par semaine / par mois / par an

- Du maquillage
- Des magazines
- Des sorties
- Des vêtements
- Des jeux vidéo
- Des affaires scolaires / du matériel scolaire
- Des cadeaux
- Un passetemps
- De la musique
- Des places de concerts
- Mon portable

- Le métier
- Le travail
- Policier/policière
- Pompier/pompière
- Coiffeur/coiffeuse
- Avocat/avocate
- Fermier/fermière

- Journaliste
- Infirmier/infirmière
- Vendeur/vendeuse
- Pharmacien/pharmacienne
- Professeur
- Employé/employée de bureau
- Ingénieur/ingénieure

- Intéressant
- Dur
- Bien payé / pas bien payé

- Facile
- Pratique

Bilan de l'unité 9

Pour chaque objectif, choisissez votre émoticône	😊	😐	😞
Listening			
I can understand someone talking about pocket money.			
I can understand someone talking about their job.			
I can understand someone talking about how they spend their money.			
I can understand words for different professions.			
I can understand someone talking about things they used to do.			
Reading			
I can identify information in job advertisements.			
I can read short articles relating to jobs.			
I can read short narrative extracts.			
I can read a short paragraph about someone's habits in the past.			
I can read short passages about celebrity lifestyles.			
Spoken production			
I can say whether or not I get pocket money.			
I can say how much pocket money I get.			
I can say what I do with my pocket money.			
I can say whether I have a part-time job.			
I can name some jobs and professions.			
I can say when I work.			
I can say what I used to do in the past.			

Pour chaque objectif, choisissez votre émoticône	😊	😐	😞
Spoken interaction			
I can ask other people about pocket money.			
I can ask people about their work.			
I can answer questions about pocket money.			
I can answer questions about how I spend my money.			
I can tell people about my spending habits.			
I can understand someone's opinions about jobs.			
I can share my opinion about jobs.			
Writing			
I can write a blog about pocket money.			
I can complete a crossword in French.			
I can fill out a basic form.			
I can write a description of something in the past tense.			
I can write a creative blog.			

Discutez en classe

- Look back over your Portfolio exercises. In which areas did you give yourself stars?
- Look at your wishes. Have any of these improved?
- What was your favourite part of Unité 9? Why?
- You completed many different kinds of activities in Unité 9. What kinds of activities were best for helping you to learn? Why?
- What are you looking forward to learning more about in the next unit? Why?

Unité 10

En voyage

By the end of this unit you will

★ Recognise and be able to use vocabulary relating to travel

★ Have used all the tenses you have already learned

★ Be able to talk about a trip or holiday

★ Be able to talk with classmates about your preferred destinations

★ Know how to conduct online research on colonies de vacances

★ Understand when young people talk about holidays

★ Be able to find specific information in brochures and short documents

★ Be able to understand the essential information in public announcements

★ Know how to form and use the conditional

★ Understand and be able to use the pronoun y

★ Understand and be able to use les pronoms toniques

★ Have made a short presentation about yourself

★ Be able to write an email about your holiday

★ Be able to fill out a short form for a summer camp

★ Have reflected on your learning and identified ways to improve your learning

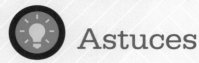 ## Astuces

At this point in your language-learning journey, we will be bringing together lots of elements that you have been working on over the last three years. While there will be some new vocabulary, we will also combine tenses and vocabulary that you have used before – to enrich your understanding of and your communication in French. Remember to look at *all* the information given to you, including any visuals, as this will help you to understand.

  ## Ex. 10.1 Les colos

Regardez la vidéo et répondez aux questions en anglais.

1. When do young French people go to *les colos* or *camps d'été*?

2. Where are they located?

3. What kinds of activities are mentioned?

4. Who are the *animateurs* and *animatrices*?

5. Why were disadvantaged children originally sent to *colos*?

6. What is the disadvantage nowadays of the *colos*?

7. Can you think of equivalents in Ireland for *les colonies de vacances*?

 Research *les colonies de vacances*. Read about different *colos* or *camps d'été* and find one you would like to go to. Don't forget that you can do a search for *colonies de vacances* in different French-speaking countries too.

Ex. 10.2 Vocabulaire : voyager

Écoutez le CD et entrainez-vous à bien prononcer le vocabulaire.

- Voyager
- Les camps d'été
- Les colonies de vacances (les colos)
- Un animateur /une animatrice
- Un moniteur / une monitrice
- Un surveillant / une surveillante
- Un séjour linguistique

- Une excursion
- Un échange
- Une famille d'accueil
- Un stage
- Un voyage
- Réserver
- Les valises/bagages

- Le passeport
- La pièce d'identité
- Le départ
- Le vol
- Un parc d'attractions
- Un site touristique
- Une station de ski

Ex. 10.3 Un séjour linguistique

Lisez l'article et répondez aux questions.

Séjour linguisttque

Vivre une expérience française

Vous étudiez le français au collège ? Vous voulez perfectionner votre connaissance de la langue ?

Vous voulez vivre une expérience culturelle ? Vous avez entre douze et dix-huit ans ?

Venez apprendre le français à Nice !

L'école Parlez Français vous propose un séjour de deux semaines pour améliorer votre français.
Ce séjour comprend :

- L'hébergement dans une famille française (chambre individuelle)
- Petit déjeuner et diner tous les jours
- 5 heures de cours tous les jours sauf le samedi et le dimanche
- Les cours couvrent le français oral et écrit*
- Des activités culturelles ou sportives chaque soir
- Des excursions le samedi ou le dimanche (le Musée National Marc Chagal, la Principauté de Monaco, des randonnées en forêt, les grottes de Saint-Cézaire…)

* Toutes les classes sont organisées par niveau – test d'aptitude le premier jour

Pour plus de renseignements, contactez :
parlerfrancais@internet.com

1. In which French town is this course taking place?
2. How long is the course?
3. What meals are included?
4. When are classes held?
5. Name three excursions you can go on.
6. How are classes organised?

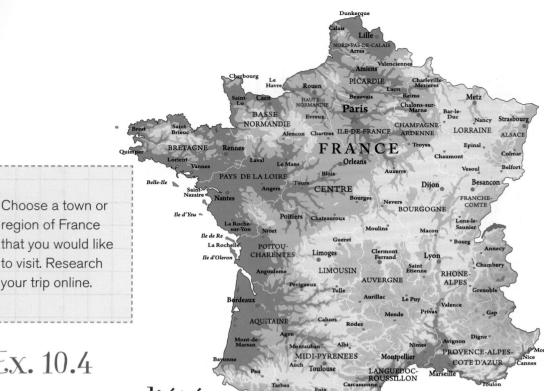

Choose a town or region of France that you would like to visit. Research your trip online.

Ex. 10.4
Les camps d'été

Lisez les articles et répondez aux questions.

A

Poitiers – VIENNE (86)

Séjour de 1, 2 ou 3 semaines

Capacité : 320 participants

Activités principales : Gymnastique, Foot, Escalade, Tir à l'arc

Tarif : à partir de 450 €

Poitiers, chef-lieu de la Vienne (86), est une commune dans l'ouest de la France, réputée pour son patrimoine historique et architectural et bien sûr pour son fameux parc du Futuroscope. Le centre de séjour est parfaitement situé entre le centre historique de Poitiers et le parc du Futuroscope.

Options :

• Sortie journée au Futuroscope

• Pack photos : votre enfant repart du centre avec en souvenir une clé USB avec des photos de son séjour et de ses activités.

B

Mégève – HAUTE SAVOIE (74)

Séjour de 5, 7, 8 ou 12 jours

Capacité : 30 personnes

Taux d'encadrement : 1 pour 6 participants

Activités principales : Ski, Surf neige, Cours d'anglais, Construction d'igloo

Tarif : à partir de 1 710 €

Nous organisons des camps linguistiques pour les enfants de 7 à 17 ans à Mégève, célèbre station de ski des Alpes. Les enfants ont cours de langue (français ou anglais) le matin, et cours de ski ou snowboard l'après-midi avec des moniteurs de l'ESF. Comme nous accueillons des jeunes du monde entier, c'est une expérience linguistique et multiculturelle.

C

La Salvetat-sur-Agout – HÉRAULT (34)

Séjour de 7, 14 ou 21 jours

Capacité : 24 personnes

Taux d'encadrement : 1 pour 8 participants

Activités principales : Canoé, Parc aquatique, Parcours dans les arbres, Baignades, Cuisine

Tarif : à partir de 395 €

La Salvetat-sur-Agout est un petit village médiéval du Haut Languedoc, classé parmi les plus beaux villages de France. Situé à 700 mètres d'altitude, aux portes de la Méditerranée mais néanmoins loin du tumulte de la Côte d'Azur, il bénéficie d'un climat agréable.

Tu aimes participer à la préparation des repas ? Eh bien, ce séjour est fait pour toi. Nous te proposons d'apprendre à préparer plusieurs recettes, simples ou plus compliquées, mais toutes succulentes.

1. Vrai ou faux ?

   (a) Le séjour à Mégève est le plus cher.

   (b) Tous les stages proposent des cours de langue.

   (c) Tous les camps proposent des séjours de trois semaines.

   (d) Le séjour à Poitiers accueille le plus grand nombre de participants.

2. (a) Only one course offers an excursion outside the camp. Which is it? What is the excursion?

   (b) Which course is for students who like to cook?

   (c) What is Mégève famous for?

   (d) Which camp boasts about the fine weather in the area?

   (e) Which camp welcomes students from around the world?

   (f) What special souvenir does the camp in Poitiers offer?

3. Find phrases for the following expressions:

- The whole world
- Renowned for
- Climbing
- An outing

4. Texts B and C mention a *taux d'encadrement*. What do you imagine this is? Look at the figures given after the term – can you work out what the term means?

Ex. 10.5 Tu vas en colo cet été ?

1. What kind of *colo* is Zac going to?
2. How is he feeling about this? Why?
3. What does Sophie say that Zac will learn in the *colonie de vacances*?
4. Why is Sophie not going to a *colo* this year?
5. What will she do instead?

  # Ex. 10.6 Inscrivez-vous

Cherchez des colonies de vacances sur Internet. Vous pouvez consultez un site comme www. colonies-de-vacances.com. Choisissez une colonie qui vous intéresse et complétez ce formulaire.

Nom	Prénom
Âge	
Ville de résidence	
Colonie préférée	
Pays et région	
Activités qui t'intéressent	
Autres avantages	

CD2 T53

Ex. 10.7 Martin parle de son travail en colo

Écoutez et répondez aux questions.

1. What does Martin do when he is not working in a *colo*?
2. Where is the *colo* he works in?
3. How many young people attend the *colonie*?
4. What does Martin think is very important to do at the beginning?
5. What kinds of activities does he organise?
6. What happens at the end of every day?
7. Name two things Martin says about the work.

OBJECTIFS

I can watch and understand a video blog about working in a *colonie de vacances*.

 # Ex. 10.8 À deux

Vous voulez partir en colonie de vacances cet été. Cherchez une colonie de vacances sur Internet ou regardez les publicités - exercice 10.4. Mais vous ne voulez pas aller tout seul. Parler à votre partenaire et essayez de le/la convaincre de venir avec vous.

Dites-lui :

- où c'est
- ce qu'il y a comme activités
- ce qu'il y a à voir près de la colo
- combien ça coute

Votre partenaire ne veut pas venir avec vous et vous propose une autre colonie …

Astuces

Try to use vocabulary that will persuade your partner to come with you. You could use verbs such as *aimer*, *adorer*, *s'amuser* and adjectives such as *fantastique*, *super*, *excellent*. You could use comparatives and superlatives: *C'est plus intéressant que …*, *C'est le meilleur …*, etc.

Interévaluation

First, fill in the grid below for yourself. Then work with a partner to provide each other with feedback on your performances in Ex. 10.8.

	😊	😐	🙁
I pronounced the French 'R' well			
I used liaison where I should have			
I made eye contact with my partner			
I pronounced all words with an even stress			
I raised the pitch of my voice at the end of a question			
I used gestures where it suited			
I used intonation – and sounded as if I was having a conversation			
I was CaReFuL			
Words/phrases I pronounced really well …			
Words/phrases I need to practise more …			

OBJECTIFS

I can talk about a *colonie de vacances* that I would like to go to.

Ex. 10.9 Au camping

Notez dans votre cahier dix choses que vous voyez sur les deux images, par exemple « un lac ».

Le conditionnel

You have already used *le conditionnel* – the conditional – ordering food, for example:

Je voudrais un café, s'il vous plait.   I **would like** a coffee, please.

Le conditionnel is also used when you want to talk about something that might (or might not) happen depending on something else, e.g. 'I **would go** to France if I won the lotto.'

To form the conditional, you use the stem of *le futur simple* and the endings and *l'imparfait*. If you want to revise *le futur simple*, look back at Unité 2. *L'imparfait* was introduced in Unité 9.

Let's take the verb *manger*, for example. The *futur simple* stem is **manger-**.

Now add the imperfect endings : *-ais, -ais, -ait, -ions, -iez, -aient*.

Je mangerais   Nous mangerions

Tu mangerais   Vous mangeriez

Il/elle mangerait   Ils/elles mangeraient

It might look as though you can just use the infinitive, but don't! Remember that *-re* verbs drop the *-e* from the infinitive to make the future stem. Remember also that verbs that are irregular in the future tense will also be irregular in the conditional. Here is a reminder of some irregular verbs in the future tense and their stems, which we first used in Unité 3:

Infinitive	Futur simple stem	Infinitive	Futur simple stem
aller	ir-	faire	fer-
avoir	aur-	pouvoir	pourr-
devoir	devr-	venir	viendr-
être	ser-	vouloir	voudr-

Ex. 10.10 Le conditionnel

Remplissez les blancs avec le verbe au condtionnel.

A

1. Il _____ (aimer) aller vivre à New York.

2. Si j'avais beaucoup d'argent, j' _____ (acheter) un beau vélo.

3. Vous _____ (vouloir) un sandwich au jambon ?

4. Si on gagnait à la loterie nationale, on _____ (faire) le tour du monde.

5. Nous _____ (devoir) manger plus de légumes.

B

Comment réagiriez-vous dans les situations suivantes ?

Exemple :

Question : Si vous voyiez un accident (fermer les yeux / téléphoner aux urgences / crier « au secours ! »)

Réponse : Si je voyais un accident, je téléphonerais aux urgences.

1. Si vous rencontriez votre chanteur préféré (partir sans rien dire / demander un autographe / prendre un selfie avec lui ou elle)

_____

2. Si vous vouliez acheter quelque chose, mais il y avait une queue énorme à la caisse (faire la queue / sortir du magasin / chercher une autre caisse)

_____

3. Si un ami vous demandait de lui prêter de l'argent (refuser absolument / lui donner de l'argent sans hésitation / dire « pardon, mais je n'ai pas d'argent »)

_____

4. Si vous trouviez 50€ par terre (rien dire / m'acheter un cadeau / essayer de trouver la personne qui l'a perdu)

_____

5. Que feriez-vous si vous gagniez à la loterie nationale ?

_____

 # Astuces

Two verbs that you will use a lot in the conditional are *aimer* (regular) and *vouloir* (irregular) – *j'aimerais* and *je voudrais*.

I would like:

J'aimerais aller en Australie.

Je voudrais un café, s'il vous plait.

OBJECTIFS

I can form the conditional.

Ex. 10.11 Un échange

Antoine écrit à son correspondant, Lorcan, pour l'inviter à faire un échange avec lui. Lisez sa lettre et répondez aux questions en anglais.

1. Where did Antoine go at Easter?

2. What did Antoine do during the holidays?

3. How long is he inviting Lorcan for?

4. Why does he want him to come?

5. What activities does Antoine suggest that they could do together?

6. How would Lorcan get there?

Nice, le 6 avril

Cher Lorcan,

Je te remercie de ta carte postale du Connemara. C'est vraiment beau.

Moi, je viens de passer d'excellentes vacances de Pâques. J'ai rendu visite à ma grand-mère en Bretagne. J'ai fait des randonnées et j'ai joué au ping-pong avec mes cousins, qui étaient là aussi. J'étais plus fort qu'eux ! J'ai pris beaucoup de photos. Je te les enverrai par Snapchat.

J'ai quelque chose de très important à te demander. Ça te dirait de faire un échange avec moi ? Tu pourrais venir passer deux semaines chez nous cet été. J'aimerais beaucoup te rencontrer et faire plein de choses avec toi. On ferait du vélo, tu te baignerais dans la Méditerranée et je te ferais visiter la ville de Nice.

On viendrait te chercher à l'aéroport, bien sûr.

Dis-moi ce que tu en penses.

Amitiés,

Antoine

MON PORTFOLIO 10.1 : Une lettre à Antoine

Faites cet exercice dans votre portfolio.

Les pronoms disjoints (pronoms toniques)

You have already come across *les pronoms disjoints* (disjunctive pronouns) in other units. You can see some of them in Antoine's letter. They are:

- moi
- toi
- lui/elle
- nous
- vous
- eux/elles

They can be used:

- As an answer to a question:

  Qui a vu le film ?

  Moi !

- After a preposition:

  avec moi

  sans toi

  devant vous

- When you want to emphasise the subject of a sentence:

  Moi, j'ai fait tous mes devoirs.

  Il est très riche, lui !

- In a comparison:

  Il est plus grand que moi.

Can you find three examples of disjunctive pronouns in Antoine's letter, and identify why they are being used?

There is another use of a pronoun in the letter too. Can you identify it and say what type of pronoun it is?

 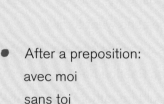 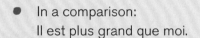

Ex. 10.12 Les pronoms disjoints

Remplissez les blancs avec un pronom disjoint.

1. C'est Claudine dans la photo ? Oui. C'est _____ .

2. Qui a les livres ? C'est Michel ? Oui, c'est _____ .

3. Qui est arrivé ? Ce sont tes parents ? Oui, ce sont _____ .

4. Je suis en forme, et toi ? Non, _____ , je suis fatiguée.

5. Vous êtes tous contents ? Oui, _____ , nous sommes toujours contents.

6. Tu viens avec moi ? Oui, je viens avec _____ , bien sûr.

7. Béatrice parle souvent à ses amies. Elle parle avec _____ pendant des heures !

8. Tu viens au cinéma avec Paul et moi, ce soir ? Oui, je viens avec _____ .

I know how to use *les pronoms disjoints*.

Ex. 10.13 Tu viens avec moi ?

Écoutez le dialogue et répondez aux questions en anglais.

1. Why did Sandrine phone Fabrice?
2. What does she want to do?
3. Why has Sandrine chosen this particular place?
4. Why does Fabrice hesitate?
5. What would he rather do and why?
6. What does Fabrice tell Sandrine he must do?

Ex. 10.14 Faire sa valise

Vous avez décidé de partir en vacances, et maintenant il faut faire votre valise. Faites une liste de tout ce qu'il faut prendre. Discutez avec vos camarades de classe.

Vêtements	**Trousse de toilette**
Argent et documents	**Accessoires divers**

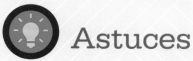

Astuces

This is a great opportunity to reuse and revise vocabulary you learned in *Ça Marche ! 1* and what you have learned so far in *Ça Marche ! 2*. Can you remember the words for 'shampoo' or 'sunglasses', for example? By working in a group, you will be able to make a more complete list.

Listen again to *Dorothée, la valise* on YouTube and see how many items you recognise in the song now. Can you learn some new vocabulary?

Ex. 10.15 Les échanges

Des jeunes parlent de leurs échanges. Regardez la vidéo et remplissez la grille en anglais.

	Lucas	Anne
Destination		
Length of stay		
Details about family		
Activities/outings		
The most difficult challenge		
What was most fun		
Overall opinion		

OBJECTIFS

I can watch and understand a video blog about an exchange.

MON PORTFOLIO 10.2 : Un échange

Faites cet exercice dans votre portfolio.

Ex. 10.16 Les consignes

Lisez ces consignes pour les voyageurs et répondez aux questions.

CONSIGNES « SPÉCIAL VOYAGE »

À lire attentivement !

- Rappel pour le départ : il faut être à l'aéroport 2 heures à l'avance.
- Poids maximum des bagages (soute et cabine) et objets autorisés en cabine : vérifiez auprès de votre compagnie aérienne ou sur leur site web.
- Liquides autorisés en cabine jusqu'à une contenance de 100 ml (ou 10 cl) maximum.
- Photocopiez votre carte d'identité ou passeport et mettre la copie dans votre valise.
- Prévenez quelques médicaments d'appoint (paracétamol, immodium) à garder sur vous, en cas de besoin.
- Pensez à changer de l'argent si vous voyagez hors de l'UE.
- Apportez un adaptateur pour les appareils électriques.
- Attention aux pickpockets dans les aéroports et lieux touristiques : restez toujours vigilant.

What advice is given for each of these headings?

- Arrival at airport
- Baggage weight
- Items you can take aboard the aircraft
- ID documents
- Medication
- Money
- Electrical appliances
- Thieves

OBJECTIFS

I can understand advice about travelling given in an information leaflet.

If you are travelling by train in France:
N'oubliez pas de composter votre billet avant de monter dans le train. Remember to punch your ticket before you get on the train!

Ex. 10.17 Vocabulaire : en train

- Un billet
- Un aller simple
- Un aller-retour
- Le prochain train
- Le quai
- Un train direct
- Je voudrais un aller simple pour Bordeaux, s'il vous plait.
- Le train pour Strasbourg part à quelle heure, s'il vous plait ?
- Il part de quel quai ?
- Il faut changer ?

Ex. 10.18 Acheter un billet de train

Écoutez les conversations et remplissez la grille en français.

	Destination	Billet aller simple/ aller-retour	Prix	Heure	Quai
1	Strasbourg				
2	Nancy				
3	Vichy				
4	Grenoble				
5	Toulouse				

OBJECTIFS

I can understand information about taking a train.

 Ex. 10.19 À vous

1. Vous êtes au guichet de la gare de Nancy. Lisez les rôles A et B avec votre partenaire.

A: Employé(e)   **B:** Monsieur/Madame Devos

A: Monsieur/Madame ?

B: Je voudrais un billet pour Dijon, s'il vous plaît.

A: Oui, monsieur/madame, un aller simple ou un aller-retour ?

B: Un aller-retour, s'il vous plaît.

A: Un aller-retour. Voilà. Ça fait 54 euros, s'il vous plaît.

B: Le prochain train est à quelle heure, s'il vous plaît ?

A: Il est à 13h20.

B: Il part de quel quai ?

A: Il part du quai numéro 6.

B: Merci monsieur/madame.

2. Maintenant jouez les rôles vous-mêmes.

A: Employé(e)   **B:** Monsieur/Madame Perret

A: Monsieur/Madame ?

B: (*Say that you would like a ticket to Paris.*)

A: (*Say yes, Sir/Madam. A single or a return?*)

B: (*Say you would like a return ticket.*)

A: (*Say that will cost 60 euros.*)

B: (*Ask when the next train is.*)

A: (*Say it's at four o'clock in the afternoon.*)

B: (*Ask what platform it leaves from.*)

A: (*Say it leaves from platform eight.*)

B: (*Say thank you.*)

3. Maintenant avec les informations ci-dessous, imaginez les conversations.

(a) Calais

Aller simple

97€

18h10

Quai 2

(b) Limoges

Aller-retour

48€

09h30

Quai 9

 Interévaluation

First, fill in the grid below for yourself. Then work with a partner to provide each other with feedback on your performances in Ex. 10.19.

	😊	😐	😞
I pronounced the French 'R' well			
I used liaison where I should have			
I made eye contact with my partner			
I pronounced all words with an even stress			
I raised the pitch of my voice at the end of a question			
I used gestures where it suited			
I used intonation – and sounded as if I was having a conversation			
I was CaReFuL			
Words/phrases I pronounced really well …			
Words/phrases I need to practise more …			

  CD2 T57

Ex. 10.20 Des annonces à la gare et à l'aéroport

Écoutez et cochez les bonnes réponses.

1. This announcement is:
   (a) in a railway station
   (b) in an airport
   (c) on a ferry

2. What time is the next train to Paris?
   (a) 18.00
   (b) 18.10
   (c) 18.20

3. The train from Lyon is arriving on platform number:
   (a) 10
   (b) 17
   (c) 27

4. Passengers should embark at gate number:
   (a) 32
   (b) 35
   (c) 37

Ex. 10.21 Des projets de vacances

Luc a écrit un blog sur ses projets de vacances. Remplissez les blancs avec les mots ci-dessous.

Cet été, je suis _____ en colonie de vacances. J'ai _____ d'aller en Angleterre parce

que je voulais améliorer mon _____. J'ai choisi une colo à la campagne parce que j'adore la

_____ et faire des activités en plein air.

J'ai trouvé que les Anglais sont très sympa. Les _____ étaient aimables et pas trop sévères.

J'ai rencontré des jeunes de beaucoup de pays différents, et j'ai beaucoup _____ anglais pour

communiquer avec _____. Hier nous avons _____

une longue randonnée dans la forêt. _____, il faisait

très beau. _____, on va faire du canoë sur le lac

et il y aura d'autres activités prévues. Vive les vacances !

| heureusement | eux | nature | choisi | demain | allé | anglais | animateurs | parlé | fait |

MON PORTFOLIO 10.3 : Un courriel

Faites cet exercice dans votre portfolio.

Ex. 10.22 Les chiffres

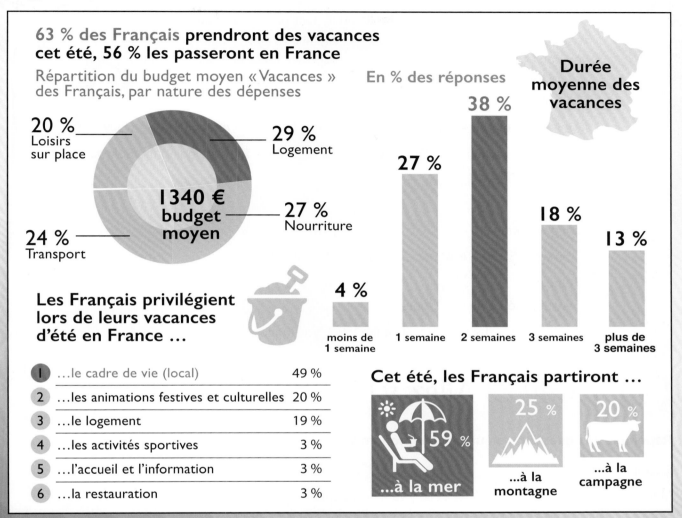

63 % des Français prendront des vacances cet été, 56 % les passeront en France

Répartition du budget moyen « Vacances » des Français, par nature des dépenses

20 % Loisirs sur place

29 % Logement

1340 € budget moyen

27 % Nourriture

24 % Transport

En % des réponses

Durée moyenne des vacances

38 %

27 %

18 %

13 %

4 %

| moins de 1 semaine | 1 semaine | 2 semaines | 3 semaines | plus de 3 semaines |

Les Français privilégient lors de leurs vacances d'été en France …

1	…le cadre de vie (local)	49 %
2	…les animations festives et culturelles	20 %
3	…le logement	19 %
4	…les activités sportives	3 %
5	…l'accueil et l'information	3 %
6	…la restauration	3 %

Cet été, les Français partiront …

59 % …à la mer

25 % …à la montagne

20 % …à la campagne

À quoi se réfèrent les chiffres suivants ? Répondez en anglais.

56%	
1340€	
24%	
38%	
59%	
19%	

OBJECTIFS

I can understand key information about French people's holidays from infographics.

Le pronom y

The pronoun *y* can mean 'there', 'in it', 'on it', 'to it' or 'at it'. The pronoun *y* replaces a thing, but never a person. It is useful because you can use it when you don't want to repeat the word for a place. Like other pronouns, it comes *before* the verb.

Exemples :

Il va à la bibliothèque ? Oui, il **y** va tous les jours !   He goes there every day.

Ils vont au supermarché ? Oui, ils **y** vont tout de suite.   They are going there now.

When *y* comes after *Je*, you drop the -e.

Exemple :

I am going there.   J'**y** vais.

If you want to use *y* in *le passé composé*, place it before the auxiliary verb (*avoir/être*).

Exemple :

Elle **y** est allée. She went there.

You pronounce the pronoun *y* like the letter 'y' in 'happy'.

> Le pronom y

Ex. 10.23 Allez-y !

Répondez aux questions en utilisant le pronom y.

Exemple :

Marie va <u>au marché</u> aujourd'hui ? Oui, elle y va à dix heures.

1. Il va <u>en France ?</u> Oui, il _____ tous les mois.

2. Nous allons <u>à Lyon</u> ? Oui, nous _____ dimanche matin.

3. Jacqueline habite <u>à Grenoble</u> maintenant ? Oui, elle _____ depuis deux mois.

4. Tu vas <u>à la piscine</u> demain ? Oui, j' _____ demain après-midi.

5. Tu es allé <u>au cinéma</u> avec Marie ? Oui, j' _____ avec elle hier soir.

6. Ils sont allés <u>à l'école</u> à quelle heure ce matin ? Ils _____ à sept heures.

OBJECTIFS   ☺ 😐 ☹

I can understand and use the pronom *y*.

Ex. 10.24 Un été épouvantable

Lisez l'extrait et répondez aux questions en anglais.

1

Dimanche 15 juin

Cet été partait pour être le pire de ma vie. Impossible autrement.

Je suis sortie de la voiture et j'ai jeté un œil autour de moi : ça grouillait de monde, pour la plupart, des parents, mais il y avait également quelques filles et même des frères qui paraissaient aussi enchantés que moi d'être ici. Tous ces gens avaient les mains pleines et l'air de savoir exactement quoi faire et où aller. Contrairement à nous.

Je restais plantée là, agrippée à mon oreiller, quand une femme s'est approchée. On aurait dit la directrice. Elle portait un polo vert avec le logo d'un pin dessus.

– Je m'appelle Eda Thompson. C'est moi qui dirige la colonie. Bienvenue à la Pinède Enchantée !

Ma mère a souri, soulagée, et elle s'est mise à discuter avec elle. Papa a essayé de m'adresser un clin d'œil mais j'ai fait semblant de me gratter le genou.

– Voici notre fille, Kelly, a déclaré ma mère.

– Bonjour, Kelly. (Après un sourire, la femme a consulté ses notes.) Kelly Hedges, c'est ça ? Et tu as … douze ans ?

– Oui, ai-je répondu d'une voix enrouée. (Je me suis raclé la gorge.) C'est ça.

6

Elle a dû penser que je ne faisais pas mon âge, rapport à mon handicap, côté taille. Elle est partie en direction d'un groupe de personnes vêtues du même polo vert et a signifié à l'une d'entre elles de la suivre jusqu'à nous.

– Je te présente Rachel Hoffstedder, ta monitrice.

Celle-ci a serré la main de mes parents puis la mienne. Elle semblait sympa, brune, les cheveux très courts. Et en matière de taille, elle avait, elle aussi, quelques soucis.

Rachel va t'accompagner à ta chambre.

– Sur ces paroles, la directrice a pris congé pour aller saluer d'autres colons à la même mine triste.

– Notre case est par là.

Elle a pointé du doigt une colline escarpée. Au sommet, j'apercevais un amoncellement de cabanes, dissimulées en partie par un massif d'arbres. Mon père peinait à sortir ma nouvelle cantine bleue de sa voiture. Sur le site Internet, ils disaient d'apporter une malle pour ranger nos affaires parce qu'il n'y avait nulle part où entreposer nos valises.

– Je vais vous aider, a proposé Rachel en attrapant une des poignées avant que mon père se couvre complètement de ridicule.

Maman, elle, portait mon sac de couchage et ma raquette de tennis, ne me laissant rien d'autre que mon oreiller, ce qui, finalement, était mieux que rien dans la mesure où ça me donnait une contenance. En montant, on est passés à côté d'autres filles avec leurs parents. Certaines étaient visiblement très nerveuses. D'autres semblaient au contraire très à l'aise et se connaître depuis toujours.

7

Ma colo d'enfer de Katy Grant

1. How did Kelly travel to the summer camp?

2. Who did she see around the camp?

3. Who is Eda Thompson?

4. How old is Kelly?

5. What do people working in the camp wear to distinguish themselves?

6. What is Rachel Hoffstedder's job?

7. Give one detail about Rachel's appearance.

8. Where was Rachel going to take Kelly?

9. What was Kelly's mother carrying for her?

10. How did the other girls seem to Kelly?

OBJECTIFS

I can read a short narrative piece on a theme I am familiar with.

 # Ex. 10.25 Connaissez-vous la France ?

Regardez la carte, faites des recherches en ligne, puis répondez aux questions.

1. Which city is not by the Mediterranean?

(a) Marseille

(b) Saint-Tropez

(c) Cannes

(d) Bordeaux

2. Which country does France not have a border

(a) Spain

(b) Italy

(c) Germany

(d) Holland

3. Which city is closest to Paris?

(a) Nice

(b) Dijon

(c) Nantes

(d) Strasbourg

4. What is the longest river in France (1012 km)

(a) Loire

(b) Rhône

(c) Seine

5. What is the name of the mountains that separate France and Italy?

(a) Les Alpes

(b) Le Jura

(c) Les Pyrénées

(d) Les Vosges

6. Which city is furthest south?

(a) Nice

(b) Montpellier

(c) Lyon

(d) Toulouse

Belgique

Allemagne

Lille

Luxembourg

Le Havre

Cherbourg

Paris

...rest

Rennes

Lorient

Nantes   Angers

Dijon

Suisse

La Rochelle

Atlantique

Lyon

Italie

Limoges

Bordeaux

Nice

Bayonne

Toulouse   Saint-Tropez   Cannes

Marseille   Toulon

Montpellier

Espagne

Perpignan   Méditéranée

Récapitulatif

Mots-clés pour Unité 10

Les vacances

- Voyager
- Les camps d'été
- Les colonies de vacances (les colos)
- Un animateur / une animatrice
- Un moniteur / une monitrice
- Un surveillant / une surveillante
- Un séjour linguistique

- Une excursion
- Un échange
- Une famille d'accueil
- Un stage
- Un voyage
- Réserver
- Les valises/bagages

- Le passeport
- La pièce d'identité
- Le départ
- Le vol
- Un parc d'attractions
- Un site touristique
- Une station de ski

- Un billet
- Un aller simple
- Un aller-retour
- Le prochain train
- Le quai
- Un train direct

- Je voudrais un aller simple pour Bordeaux, s'il vous plaît.
- Le train pour Strasbourg part à quelle heure, s'il vous plaît ?
- Il part de quel quai ?
- Il faut changer ?

- moi
- toi
- lui/elle
- nous
- vous
- eux/elles

Bilan de l'unité 10

Pour chaque objectif, choisissez votre émoticône	😊	😐	😞
Listening			
I can understand people talking about holiday camps.			
I can understand people talking about exchanges.			
I can understand ticket sellers giving me information in a train station.			
I can understand short announcements when travelling.			
I can understand someone talking about holiday plans.			
I can understand people talking about their experience of exchanges.			
I can understand someone talking about their work in a holiday camp.			
Reading			
I can recognise vocabulary relating to travel.			
I can identify information in ads for summer camps.			
I can read and understand a letter of invitation.			
I can understand key information from information leaflets.			
I can identify facts from information graphics.			
I can read a short narrative piece on a familiar topic.			
Spoken production			
I can ask for a train ticket.			
I can ask for information about a train time and platform.			
I can name items to pack for holidays.			
I can give a short presentation about myself.			

Pour chaque objectif, choisissez votre émoticône	🙂	😐	🙁
Spoken interaction			
I can tell someone about a *colonie de vacances* I would like to attend.			
I can understand someone telling me about their preferred *colonie de vacances*.			
I can use language to persuade someone.			
I can ask for a ticket in a railway station.			
I can ask about a train departure time.			
Writing			
I can fill in a form for information.			
I can write a list of items to pack.			
I can write about what I would like to do if I won the lotto.			
I can write about my experiences on a holiday in France.			
I can write to accept an invitation.			

Discutez en classe

- Look back over your Portfolio exercises. In which areas did you give yourself stars?
- Look at your wishes. Have any of these improved?
- What was your favourite part of Unité 10? Why?
- You completed many different kinds of activities in Unité 10. What kinds of activities were best for helping you to learn? Why?
- Did you find you could remember vocabulary from previous lessons?
- What language-learning strategies have helped you get this far in your learning journey?

UNITÉS 9 ET 10

1. Lisez les passages et répondez aux questions dans votre cahier.

(A) Des idées pour l'été

Les vacances approchent et vous n'avez pas encore de projets ? Voici quelques suggestions pour passer un été enrichissant.

Des activités en plein air

Aimeriez-vous faire des randonnées en montagne, de l'équitation à la campagne ou prendre des cours de tennis ?
Il y a beaucoup d'organismes qui proposent des stages sportifs aux mois de juillet et août. Profitez-en pour vous décontracter et vous amuser en plein air. Renseignez-vous auprès des organismes tel que L'UCPA (ucpa.com).

Apprendre une langue

Dans un monde qui se globalise, les langues sont de plus en plus importantes : apprendre ou se perfectionner dans une langue étrangère est une excellente idée. Il existe plusieurs formules : l'immersion totale dans un pays étranger, un échange avec un jeune de votre âge, ou bien un séjour dans une famille.

Aider les autres

Les vacances les plus enrichissantes sont sans doute celles qui vous permettent d'aider les autres, de façon bénévole. En général, vous devez payer votre voyage, le travail est dur et le logement modeste mais par contre, vous avez la garantie de faire une expérience inoubliable !

Gagner de l'expérience professionnelle

Un job d'été vous permet non seulement de gagner un peu d'argent mais aussi d'obtenir de l'expérience professionnelle et d'acquérir de nouvelles compétences. Vous pouvez également faire un stage en entreprise.

1. Name the four types of holiday suggested in this article.

2. Name two outdoor activities specifically mentioned.

3. What are the possibilities for learning or improving a language?

4. Name one disadvantage of doing voluntary work during the holidays.

5. Name one advantage of doing work experience.

(B) **Une vie de maitresse pas ordinaire**

Marie-Paule a une vie de maitresse pas ordinaire. Tous les lundis, elle marche plus de 2 heures pour rejoindre l'école où elle enseigne. Car le cirque naturel de Mafate, sur l'île de la Réunion où elle travaille, est inaccessible aux voitures. Pour se déplacer, il n'y a que la marche ou … l'hélicoptère.

Marie-Paule est professeur des écoles à la Réunion, une île française dans l'océan Indien. Elle habite au bord de la mer mais son école est à Marla, un petit village dans le cirque de Mafate, un site très isolé et très sauvage en pleine montagne.

Impossible d'aller à Marla en voiture, alors le lundi, Marie-Paule doit se lever à 4 heures du matin, prendre deux bus et marcher 2 heures et demie pour aller à l'école. Et le vendredi, elle refait le même trajet en sens inverse pour rentrer chez elle.

Au début de chaque trimestre, elle met seulement 15 minutes pour aller de chez elle à l'école. Pourquoi ? Elle a le droit de faire le trajet en hélicoptère ! Elle peut ainsi apporter toutes les choses nécessaires pour le travail du trimestre.

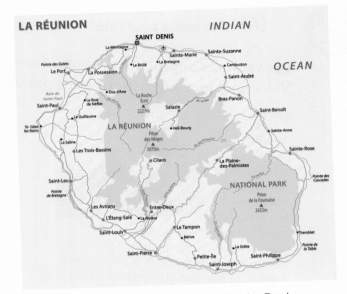

Pendant la semaine, Marie-Paule habite dans le village, dans un logement donné par la mairie. Elle aime vivre à Marla : elle préfère la nature et la solitude aux embouteillages, au bruit et à la pollution des villes. Mais pour vivre dans un village aussi isolé, il faut être organisé et savoir économiser l'énergie : il y a seulement quelques panneaux solaires pour fournir l'électricité, alors les élèves ne peuvent pas utiliser des écrans très longtemps.

1. How does this teacher get to school every Monday?

2. What do you learn about the village of Marla and the region of Mafate in La Réunion?

3. When is Marie-Paule allowed to use the helicopter?

4. Why does she like staying in Marla?

5. What quality must you have to live there? What example does Marie-Paule give?

À vous de jouer!

UNITÉS 9 ET 10

2. **Faites des recherches en ligne, puis notez dans votre cahier.**

1. Find out what you can about the île de la Réunion.

2. Find out about volunteering opportunities in France. Volunteer work is *le travail bénévole* or *le bénévolat*.

3. **(A)** **L'imparfait**

Complétez les phrases avec des verbes à l'imparfait.

1. Quand j' _____ (être) petit, j' _____ (habiter) à la campagne.

2. J' _____ (aller) à l'école avec mon petit frère Vincent.

3. Il _____ (avoir) les cheveux blonds et il _____ (être) très sympa.

4. Nous _____ (jouer) au tennis pendant la semaine et nous

   _____ (regarder) des films tous les weekends.

5. Et vous ? Vous _____ (habiter) où quand vous _____ (être) petit(e) ?

(B) **Les pronoms d'objet indirect**

Remplacez les mots soulignés par les pronoms correspondants et placez-les au bon endroit.

1. J'écris souvent <u>à mon correspondant</u>.

2. Elle offre un cadeau <u>à son mari</u> pour son anniversaire.

3. Le patron répond toujours <u>à ses clients</u>.

4. Tu parles souvent <u>à tes cousins</u> ?

5. Mon père téléphone tous les jours <u>à mon frère et moi</u>.

6. Clément prête des livres à <u>Sophie</u>.

À vous de jouer!

UNITÉS 9 ET 10

(C) Le conditionnel

Complétez les phrases avec des verbes au conditionnel.

1. Si j'étais riche, j' _____ (acheter) un nouvel ordinateur.

2. À l'avenir, j' _____ (aimer) vivre en France.

3. Bonjour madame, je _____ (vouloir) une baguette et un croissant, s'il vous plait.

4. Tu es fatigué, tu _____ (devoir) te coucher tôt ce soir.

5. S'il me demandait d'aller au cinéma, je _____ (dire) oui.

4. **Vous écrivez à un(e) ami(e) pour lui dire que vous êtes parti(e) en vacances. Expliquez le type de vacances que vous avez choisi, décrivez les activités que vous avez faites et comment vous les avez trouvées.**

À vous de jouer ! **UNITÉS 9 ET 10**

5. **Jeu de plateau.**

You will need:

- A different coloured counter for each player
- A dice

Rules

- 2–5 players
- The youngest player rolls first, the second-youngest rolls second, etc.
- Roll the dice and move on that number of squares.
- Take the challenge on your square.
- If you give an incorrect answer, you miss a turn.
- The first player to reach 'Vous avez gagné' wins the game!

💡 Astuces

Try to use as much French as possible during the game. Here are some useful phrases.

Commençons !	Let's begin!
À moi !	My turn!
À toi !	Your turn!
Lance le dé !	Throw the dice!
Avance d'une case !	Move forward one square!
Recule d'une case !	Go back one square!
Passe ton tour !	Miss a turn!

1 Départ

Bonne chance !

2 How do you say, 'I don't receive any pocket money'?

3 Name five professions.

4 Zut ! Reculez d'une case !

5 Name two cultural links between Ireland and France.

6 Qui travaille dans un hôpital ?

7 What is *un pourboire* ?

8 Vous avez de la chance ! Avancez de deux cases.

9 How do you say 'I used to be ...' in French ?

10 Nommez deux choses qu'on peut faire pour gagner de l'argent de poche.

11 What does *un animateur* or *une animatrice* do ?

12 Vous avez de la chance ! Avancez de deux cases.

13 'Compostez votre billet'. Qu'est-ce que ça veut dire ?

14 Name two ways of saying 'I would like'.

15 Quel est votre travail de rêve ?

16 Zut ! Reculez d'une case !

17 'Je leur parle tous les jours'. Qu'est-ce que ça veut dire ?

18 Nommez trois choses à mettre dans votre valise avant de partir en vacances.

19 What are the endings for *le conditionnel*?

20 Décrivez quelque chose que vous faisiez quand vous étiez petit(e).

21 Que feriez-vous si vous gagniez à la loterie nationale ?

22 Ask for a return ticket to Paris.

23 Vous avez de la chance ! Avancez de deux cases.

24 What are the origins of the term *au pair* ?

Vous avez gagné ! Chapeau !

À vous de jouer !

UNITÉS 9 ET 10

6. **Une petite pièce de théâtre !**

Below is the script for a short play. Act it out in small groups or with your entire class. It's a great way to practise your new vocabulary. Audience members can take notes to help the actors improve their pronunciation!

Présentation

Un entretien pour un emploi dans la restauration rapide

Les personnages

L'employeuse   Charlie

Mise en scène

Un bureau

L'employeuse :	Bonjour Charlie, je suis Françoise Dupont. Asseyez-vous. Alors, nous avons bien reçu votre CV et votre lettre de motivation. Vous pouvez me parler un peu de vous-même ?
Charlie :	Oui, en fait, je suis actuellement au lycée, et je voudrais travailler pour gagner un peu d'argent pour financer mes vacances.
L'employeuse :	Pourquoi voulez-vous travailler dans notre restaurant en particulier ?
Charlie :	En fait, j'habite juste à côté … alors, ce serait très facile pour moi de venir. Et puis, je sais que dans la restauration rapide, les horaires sont très flexibles.
L'employeuse :	C'est vrai. Ça ne vous dérange pas de travailler le soir et le weekend ?
Charlie :	Eh bien, à vrai dire, je préfère travailler le soir et le weekend. Comme ça j'aurai plus de temps pour mes études.
L'employeuse :	Bien, vous avez l'air sérieux. Vous pourriez commencer quand ?
Charlie :	Je suis disponible dès maintenant.

→

UNITÉS 9 ET 10

L'employeuse :	Parfait. Alors, vous allez commencer lundi prochain. Il y a une formation de trois jours. Si tout va bien au bout de ces trois jours, nous pourrons vous proposer un contrat.
Charlie :	D'accord.
L'employeuse :	Vous avez des questions ?
Charlie :	Oui, ce travail consiste seulement à travailler à la caisse ?
L'employeuse :	Pas toujours. Il faudra aussi prendre les commandes, servir et faire un tour en salle pour nettoyer les tables.
Charlie :	D'accord.
L'employeuse :	Bien, alors, on se revoit lundi.
Charlie :	Oui, lundi, sans problème.
L'employeuse :	Merci, et bonne journée.
Charlie :	Bonne journée à vous aussi. Merci. Au revoir.

CBA 1 – Oral Communication

> *In this unit, we will focus on how to prepare for your Classroom-Based Assessment (CBA) 1, your Oral Communication.*

At the end of Second Year you will do your **first CBA**. The purpose of this assessment is for you to show how you can speak French and interact with others in French.

During your French classes you have had many opportunities to practise speaking in French: presenting yourself to others, asking questions and engaging in conversations with other students in your class. In the future, you may travel in a French-speaking country or work for a company from *La francophonie*, or you may wish to work with one of the many international agencies who use French as a working language. Speaking in French to native speakers of that language helps to build relationships. As Nelson Mandela said: *'If you talk to a man in a language he understands, that goes to his head. If you talk to him in his language, that goes to his heart.'*

You will be assessed at different stages through Second Year and Third Year, and various types of assessment will be involved. The diagram below explains the types of assessment and when they occur.

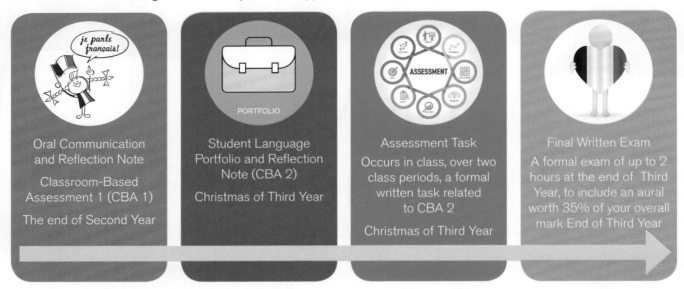

Oral Communication and Reflection Note

Classroom-Based Assessment 1 (CBA 1)

The end of Second Year

Student Language Portfolio and Reflection Note (CBA 2)

Christmas of Third Year

Assessment Task

Occurs in class, over two class periods, a formal written task related to CBA 2

Christmas of Third Year

Final Written Exam

A formal exam of up to 2 hours at the end of Third Year, to include an aural worth 35% of your overall mark End of Third Year

Throughout your French classes, you have learned how to communicate using classroom phrases in French. You have also had many opportunities to engage with oral communication tasks through your *Mon portfolio* activities, exercises in your Textbook, games, poems, presentations and role plays. The basic role of language is oral communication and you are now able to communicate orally in various ways. You are now a French speaker! You may find yourself at some time in the future working for a French company, or living in a French-speaking country, on holidays in France or with friends who speak French. In all these situations, your command of French will be an asset to you. Throughout your language-learning journey, you have reflected on how you learned French. This will be a help to you if you decide to learn another language in the future.

At the end of Second Year, you will do your first **CBA 1 – Oral Communication and Reflection Note**. The purpose of this Classroom-Based Assessment is for you to demonstrate your skills in oral production and oral interaction. However, other skills may be developed: reading, writing, listening or basic research.

For the Oral Communication you will focus on one of the following:

- An aspect of the target language country/countries or culture
- A simulation of an experience in a target language country
- A topic or stimulus of interest.

First, you must **choose a topic** that is of interest to you.

Then, **choose a format**. You may use any one of the following formats:

1. Interview
2. Role play
3. Presentation (accompanied by a question-and-answer session)
4. Conversation in response to stimulus material.

You may work individually, in pairs or in groups. However, if you collaborate with others to complete the activity, each student must make a meaningful individual contribution.

You will need to **speak** for 3–4 minutes on your chosen topic, and then complete a **Reflection Note** (see sample on next page).

Speak out loud and **ask someone for feedback** or **record yourself** and listen back. Listen to the *mots-clés* recorded on the CD, as this will help you perfect your pronunciation. If you have decided to use PowerPoint or flashcards, for example, make sure that you practise with these. Think about what words you will stress and how you will use intonation.

If you are part of a group, it is vital that you **practise together** and **edit** your communication to ensure that everyone contributes fully. This is particularly important if you are using props – make sure that you are used to handling them.

Don't forget to edit – and edit again – to improve your Oral Communication. **Check the time** it takes you to do your Oral Communication and edit accordingly.

2. Communication

Speak/Perform/Present

When you are carrying out your Oral Communication, show how well you **can use the vocabulary you have learned** and how well you can pronounce this vocabulary and **use intonation**. Try to connect with the topic and the format that you have chosen. Sound enthusiastic about the topic that interests you. If it is a conversation/role play, remember to imitate the natural intonation of such conversations.

Speak clearly and slowly with enthusiasm. **Emphasise key words or phrases**. Exemple : *Il est **très** sportif.*

If you are working with a partner or in a group, help each other and interact as naturally as possible. Try not to cut across each other or interrupt.

Engage as much as possible with your audience. If you are using prompt cards, try not to read them – just use them as a prompt.

You will be asked some simple, unscripted questions at the end of your Oral Communication, whatever format you choose.

Be confident! You have been speaking French for two years now: this is your chance to show off what you have learned!

Rappelez-vous !

Don't forget that you can ask your teacher to repeat or rephrase a question if you don't understand it:

Pardon, monsieur/madame, pourriez-vous répéter la question s'il vous plait ?

Remember that you are trying to show how fluent you have become and how well you can use the vocabulary that you have learned. Try to engage as much as possible with the format you have chosen.

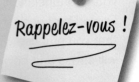

Rappelez-vous !

3. Reflection

Draft and write a Reflection Note

Following your Oral Communication, you must complete a written **Reflection Note**. This will include an account of the part you played, the materials or sources you accessed during your preparation, and a short *personal reflection* on your oral communication.

Even if you collaborate with classmates on the Oral Communication, you must complete *your own* Reflection Note. It must be an **individual reflection**. You can see a sample Reflection Note on p. 405.

Make sure that you think carefully about your Reflection Note and do a draft before you fill in the official template.

Rappel

Choose your topic

1. Preparation

A. Plan

Choose a format: interview, role play, presentation or conversation in response to stimulus material.

B. Research

If you are carrying out a presentation or response to a stimulus, you will need to be knowledgeable about your topic.

C. Organise and write

Write down the vocabulary you want to use and organise your material clearly.

D. Practise

Practise aloud and obtain feedback on your performance.

2. Communication

This is your opportunity to shine! Show how good you are at communicating in French. You will be asked some simple questions by your teacher at the end of your Oral Communication. And you can ask your teacher to rephrase a question if you do not understand it.

3. Reflection

Complete a Reflection Note

In your Reflection Note, you will reflect on your preparation. You will comment on all the things you learned, and on the process of CBA 1.

Interview

Preparation

A.   **Plan:** Choose who you will interview.

B.   **Research:** Research the person, so that your questions and answers sound authentic.

C.   **Organise and write:** Prepare your questions and answers. Plan your work with key words and question phrases.

D.   **Practise:** Practise your interview, record it and obtain feedback on your performance.

Communication

Carry out your interview.

Rappelez-vous !

This is an interview, so you can choose whatever questions you like!

Reflection

Write your Reflection Note and answer any questions from your teacher.

1. Sample interview

Interview with Ronan O'Gara, Irish rugby player, when he lived and worked in Paris with Racing 92.

Preparation: Remember to be wary of the information you may come across online. Pay attention and ensure that your information is correct.

List any key words that may be helpful, and list any useful question words.

Sean :   Bonjour, Ronan. Bienvenue au Lycée St Michael. Vous allez bien ?

Ronan : Bonjour, Sean. Je vais bien, merci. Je suis content d'être au Lycée St Michael aujourd'hui.

Sean :   Quel âge avez-vous, Ronan ?

Ronan : J'ai 41 ans.

Sean :   Quel est la date de votre anniversaire ?

Ronan : Mon anniversaire est le 7 mars.

Sean :   Moi aussi, mon anniversaire est au mois de mars … Quelle coïncidence !

Ronan : Ben oui, Sean ! Et vous avez quel âge, vous ?

Sean :   J'ai 15 ans. Je suis plus jeune que vous, Ronan.

Ronan : Oui, je le sais, Sean. Mais je suis plus sage, n'est-ce pas, Sean ?

Sean :   Mais oui, ça c'est sûr, Ronan, et plus sportif ! Vous jouez au rugby depuis quel âge ?

Ronan : Je joue au rugby depuis mon enfance. C'est mon sport préféré.

Sean :   Vous avez joué dans quelle position ?

Ronan : Je suis le numéro dix de mon équipe, donc j'ai marqué beaucoup d'essais. J'ai de très bons souvenirs de mes équipes Irlande et Munster.

Sean : Vous préférez jouer avec l'Irlande ou avec Munster, Ronan ?

Ronan : Ha ha ! Bonne question, Sean – mais il est impossible de choisir entre les deux équipes !

Sean : Vous aimez habiter en France, Ronan ?

Ronan : Oui, j'aime bien habiter en France. J'habite avec ma famille, ma femme et mes enfants. Nous avons un appartement à Paris.

Sean : Vous parlez bien le français ?

Ronan : Mais bien sûr, Sean – et ma femme et mes enfants le parlent aussi. C'est une belle langue.

Astuces

Notice how the interview is written as a very natural conversation. Each question tries to follow on from the previous answer, and the responses are natural. At one point, when Sean asks a question, Ronan laughs. This writing shows that you are trying to make your interview authentic.

You will notice how the questions are relevant to a specific sportsperson, Ronan O'Gara. You really need to do your research to ensure that you are accurate. You might find that you prefer to do several drafts before you are completely happy with your interview. This is important, as it ensures you have produced your best work. Keep any previous drafts of your work. The process of drafting and redrafting is also important for CBA 2.

Astuces

1. When preparing, imagine that you are in the audience. What information would you like to know? This will help you to choose your questions.

2. You must draft and redraft!

3. Proofread your work for spelling, grammar and accents.

4. You really need to practise your interview. It is a form of acting, so you need to make it seem as real as possible for your audience.

2. Questions from your teacher

Your teacher will ask you some simple questions based on your interview.

Exemples :

- *Ça t'a plu de rechercher ce sujet ?*

- *Parle-moi un peu de Ronan O'Gara.*

- *Tu aimes le rugby / le sport ?*

- *Tu joues au rugby ?*

Rappelez-vous !

As you can see, these questions relate to the person you have interviewed, the topic of sport/rugby, and whether you enjoyed researching this interview. Your teacher asks you questions regularly in class, so you will be very used to this.

3. Ideas for an interview

- Imagine you are going to France to interview a host family for a student exchange programme. Choose seven questions you could ask them that would help a prospective exchange student choose this family as their exchange family.

- Working in pairs, write an interview that you can carry out with a French teenager about their mobile phone use. Ask three questions each.

- Working in a small group, prepare for an interview with a French school that your school has an eTwinning project with. As part of your project, you will be visiting the school over the Easter break. You need to organise the trip, the accommodation, etc. and so you need information from the French school. Ask three questions each in your group.

4. Enfin et surtout ... Réflection

In your Reflection Note, you will explain the part you played in your interview.

If you did this in pairs or in a small group, each person must complete a Reflection Note. You should discuss this with your partner or group.

See the guidelines and sample Reflection Note on p. 405.

Reflection on my interview

	1	2	3	4
How was my pronunciation and intonation?	I had poor pronunciation – not French-sounding.	I made some mistakes, but it was understandable.	I had very few errors.	I had very accurate pronunciation and intonation.
How fluent was I?	I was halting, or hesitant. There were long gaps.	I had unnatural pauses.	I spoke fairly smoothly.	I had a smooth delivery.
Was I comprehensible?	The audience couldn't understand the communication.	I was difficult to understand.	I was understood.	I was easily understood and followed.
Did I use key vocabulary?	I didn't use key vocabulary.	I used minimal key vocabulary.	I used some key vocabulary.	I made good use of key vocabulary.
Did my interview include cultural references?	It had no connection with the culture.	It had little connection with the culture.	It sometimes reflected the culture.	It referred well to the culture.
How was my performance?	I read too much. I was monotonous. I made little eye contact.	I showed little enthusiasm. There was little interaction.	I was generally enthusiastic. There was some interaction.	I was lively and there was good interaction.
Did each of us contribute equally (if appropriate)?	One student seemed to do all the talking.	One student (or more) seemed to do most of the talking.	The speaking was a little unequal.	We shared equally: everyone participated.

Role play

Preparation

A. **Plan:** Choose the location for your role play.

B. **Research:** Research the context, so that your role play sounds authentic.

C. **Organise and write:** Prepare your responses. Plan your work with key words and question phrases.

D. **Practise:** Practise your role play, record it and obtain feedback on your performance.

Communication

Carry out your role play.

Reflection

Write your Reflection Note and answer any questions from your teacher.

If you choose to do a role play, you will need to decide the scenario. First, decide if you wish to do this with your teacher, with a fellow student or in a group. When you have decided this, it will be easier to pick a scenario for your role play. You can choose any scenario you wish (e.g. booking a holiday, a shopping trip or interacting with a host family). Remember that the role play is followed by questions by the teacher. They might ask you why you chose the situation and how you prepared for it.

Let's say that you are interested in the school system in France and this is a **topic** you would like to use for your Oral Communication. You would also like to use the **format** of a role play. You might decide to play the role of an exchange student staying with a host family. You could talk about Irish and French schools with, for example, the son or daughter of the family.

Preparation: First, you will do some preparation. With your partner/group, you will look back at Unité 1, for example, and note the key vocabulary that you would like to use. You will brainstorm what you would like to say during the role play. Then you will start to plan the role play, making sure that everyone in your group is equally involved. As with all communication, you will draft and redraft your work. Then you will practise it.

1. Sample role play

You are in France on holidays and you and your family decide to go for lunch. You are the only person in your family who speaks French and you have to order lunch for your family.

Vous-même :	Bonjour – une table pour quatre, s'il vous plait, monsieur.
Le serveur :	Bonjour, une table pour quatre personnes, voyons – ah oui, suivez-moi, s'il vous plait. Voici le menu.

Après quelques minutes, le serveur retourne.

Le serveur :	Avez-vous choisi ?
Vous-même :	Pour ma mère … elle voudrait un croque-monsieur. Mon père, il voudrait une crêpe au fromage. Ma sœur voudrait une crêpe au jambon … et moi, je voudrais un sandwich au jambon, s'il vous plait.
Le serveur :	Oui, d'accord et comme boissons ?
Vous-même :	Mes parents voudraient du vin rouge et moi et ma sœur nous voulons de l'eau.
Le serveur :	De l'eau plate ou pétillante ?
Vous-même :	Plate, s'il vous plait.

Après quelques minutes, le serveur retourne.

Le serveur :	Voilà – bon appétit.
Vous-même :	Merci, monsieur.

Après vingt minutes, vous avez fini.

Vous-même :	Excusez-moi, monsieur ? L'addition, s'il vous plait ?
Le serveur :	Voilà.
Vous-même :	Merci, monsieur.
Le serveur :	Merci et bonne journée à vous !

Astuces

1. As with an interview, in a role play, you are acting. You will really need to practise your role play so that it is authentic.

2. Remember your audience: you must make this enjoyable and believable for them! Use gestures when you speak, and make eye contact with the other performers in your role play.

3. Make sure to use good intonation: this ensures that you sound real, and not robotic.

4. You should sound clear and use good pace. That way, your French will be understandable for your audience.

2. Questions from your teacher

Your teacher will ask you some simple questions based on your role play.

Exemples :

- *Quel est ton plat préféré ?*
- *Tu aimes aller au restaurant ?*
- *Tu as déjà mangé un croque-monsieur ?*

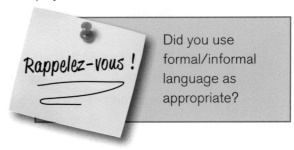

Rappelez-vous !

Did you use formal/informal language as appropriate?

3. Ideas for a role play

- Imagine you are visiting your friend and you decide to go to the cinema. Role play your conversation. Suggest going to the cinema, choose a film, decide on the time and call another friend to ask if they want to join you.

- Imagine you and two friends are in school but one of you has forgotten your school bag. Role play the conversation you would have to borrow what you need from your friends.

- Imagine you are in a shop and want to buy a new top. Give the shop assistant the size, colour and price of the top you would like to buy. Decide to buy it. Pay using a bank card.

4. Enfin et surtout ... Réflection

Practise the role play with your partners. Perform it for some friends and ask them for feedback. You might find it useful to use the grid below when you are reflecting and redrafting. It will help you to see where you can improve. Where would you rate your communication? Do you need to make any adjustments? Get ready any props that you are using.

Remember that each person must complete a Reflection Note. You should discuss this with your partner or group.

See the sample Reflection Note on p. 405.

Rappelez-vous !

As you go along, don't forget to keep notes for your Reflection Note. Why did you choose this topic/format? What attracted you to this stimulus material? What challenges did you encounter when you were preparing? How did you overcome those challenges?

3. Ideas for responses to a stimulus material

● Choose a French song you have heard. Use this to talk about your taste in music, your favourite singer/ group, and the last concert you attended. Describe some French groups/musicians and perhaps play a short clip from a French song. Include some information about the Eurovision Song Contest.

● Working in pairs, respond to a photo of Carnival in Quebec. Describe the events that take place, where Quebec is and what time of year Carnival takes place. Describe *Bonhomme Carnaval* and some of the competitions that take place.

● Working in a small group, respond to a stimulus of a photo that relates to *Le Cordon Bleu*. Name some famous French dishes and the regions they are from. Include a recipe of one simple dish and perhaps show a picture of it.

4. Enfin et surtout ... Réflection

Remember to complete a Reflection Note.

See the sample Reflection Note on p. 405.

Reflection on my conversation				
	1	**2**	**3**	**4**
How was my pronunciation and intonation?	I/we had poor pronunciation not French sounding	I/We made some mistakes but understandable	I/We had very few errors	I/We had very accurate pronunciation and intonation
How fluent was I?	I was/We were halting, or hesitant There were long gaps	I/We had unnatural pauses.	I/We spoke fairly smoothly.	I/We had a smooth delivery.
Was I comprehensible?	The audience cannot understand the communication.	I /We were difficult to understand.	I/We could be understood.	I/We were easily understood and followed.
Did I use key vocabulary?	I/We didn't use key vocabulary.	I/We used minimal key vocabulary.	I/We used some key vocabulary.	I/We made good use of key vocabulary.
Did my conversation include cultural references?	It had no connection with the culture.	It had little connection with the culture.	It sometimes reflected the culture.	It referred well to the culture.
How well did we respond to each other?	I/We were monotonous, no eye contact	I/We showed little enthusiasm, little connection with the stimulus	I/We were generally enthusiastic, and there was some good connection with the stimulus	I/We were lively and had good connection with the stimulus
Did we make an equal contribution?	One student seemed to do all the talking.	One student (or more) seemed to do most of the talking.	The speaking was a little unequal.	We shared equally, everyone participated.

Unité 12

CBA 2 and Assessment in Junior Cycle French

In this unit, we will focus on

How to prepare for CBA 2, your Assessment Task and your Final Written Exam in French.

You will be assessed at different stages through Second Year and Third Year, and various types of assessment will be involved. The diagram on the next page explains the types of assessment and when they occur.

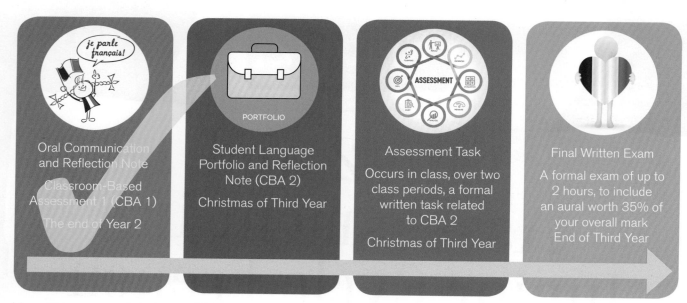

Oral Communication and Reflection Note

Classroom-Based Assessment 1 (CBA 1)

The end of Year 2

Student Language Portfolio and Reflection Note (CBA 2)

Christmas of Third Year

Assessment Task

Occurs in class, over two class periods, a formal written task related to CBA 2

Christmas of Third Year

Final Written Exam

A formal exam of up to 2 hours, to include an aural worth 35% of your overall mark
End of Third Year

You will have completed your CBA 1 at the end of Second Year. Now all that remains is your CBA 2, your Assessment Task and your Final Written Exam. Everything you have been doing in the activities and exercises throughout *Ça Marche !* has prepared you for these assessments.

CBA 2: The Student Language Portfolio and Reflection Note

Building a portfolio of work takes time. Since you have used a variety of modes (digital, oral, presentation, written, etc.), you will have learned the skills of planning, researching, preparing, drafting, redrafting, editing and reflecting. These all take time and practice, and you will have developed your own style and language skills.

To help develop these skills:

1. Follow the steps in *Mon portfolio*.

- Make use of *Les critères de réussite*.

- Ensure you use *Mon plan*.

- Self-assess, using *Mes étoiles* and *Mes vœux*.

- Always carry out *Mon bilan d'apprentissage*.

These steps, which you have used since First Year, are excellent training for your Student Language Portfolio.

2. In each portfolio exercise there are options to choose an oral or a digital format. Try out different formats so that you have a variety of texts in your language portfolio.

3. Get feedback. You will find valuable feedback in your own work, by looking over *Mes étoiles* and *Mes vœux*. You will also gain valuable feedback from your teacher and from your classmates.

4. You can also use the different exercises in *À vous de jouer !* (e.g. the research task, the mini drama) or other tasks that your teacher may have given you to build your Student Language Portfolio.

5. Your language portfolio will include a broad range of items: written texts, poems, diary entries, blogs, video blogs, cartoons, project work on aspects of French life and culture, emails, short scripts, audiovisual materials, learning logs (*Bilan de l'unité* in your Textbook), student reflections (*Bilan d'apprentissage* in *Mon portfolio*) and learning goals (*Discutez en classe* – at the end of every *Unité* of your Textbook). Your Student Language Portfolio must be varied.

6. Your Student Language Portfolio will also arise from normal classwork. So you might write a simple blog entry or an email, or make a short video, and then select that piece of work for inclusion in the portfolio. If, later on, you consider another piece of work to be of a better standard, then that piece can be added to the portfolio, or can replace the earlier one. The portfolio helps you to capture your language learning, develop cultural awareness, reflect on your language development and develop confidence in your communicative abilities in French.

1. Guidelines for your Student Language Portfolio

1. Create and keep **at least three pieces of work in a variety of modes**. These can be presented in different formats: handwritten, digital, multi-modal, etc. You have been practising different skills throughout the last three years. First Year is an important year to learn new skills, and **only the work created in Second Year and Third Year is submitted for your portfolio**. So, from the beginning of Second Year, you will be putting together your Student Language Portfolio. This is an opportunity to celebrate your achievements in French.

2. You must **choose three texts from your portfolio, one of which must be in oral format and at least one must demonstrate awareness of aspects of the French language, France or French culture.**

3. You must **include any drafts** you may have of a piece of work and **a Reflection Note with each of the three texts**.

1. Build a variety of texts throughout Second Year and Third Year.

Build a variety of styles into your portfolio: oral work, research projects, presentations, poems, etc.

2. Keep all your drafts and *bilans d'apprentissage*.

These will help you to complete your Reflection Note. You should also include drafts and *bilans d'apprentissage* with your three chosen texts.

3. Choose your best three.

One must be oral, and at least one must demonstrate awareness of the French language, France or French culture.

2. Checklist

Before you hand in your texts and Reflection Notes for CBA 2, use the checklist below.

- Answer each question in your own words (sample answers have been provided). This will ensure that you have done your best work and chosen your best portfolio pieces.

1. **Do you demonstrate good pronunciation, intonation and fluency in your oral piece? Could a French person understand your accent?**

   Yes ○   No ○   Could do better ✔

   My aim was to sound as French as possible, making sure I was certain how each word was pronounced and that I sounded natural as I spoke. I had practised my intonation, to avoid sounding like a robot! I practised it a lot in front of my peers and even in the mirror to see how I looked, making eye contact and using body language. I also recorded myself, to see how my accent sounded. I also checked over the various pronunciation tips I had picked up from my teacher and my Textbook. I listened to the video blogs and the CD again, noting what made them sound well.

2. **Does your culture/language/country piece show a good knowledge of France/ the French language/French culture?**

   Yes ✔   No ○   Could do better ○

   I chose a topic that interested me, and I wanted to make sure this was evident in my work. I wanted a person who knew nothing about this topic to find it interesting and want to learn about it. I spent a lot of time researching my topic, but also making sure that the information I found on the internet was true. I wanted this piece to be enjoyable and engaging for someone reading it, so I included interesting photos, a quiz and fun facts. I learned a lot about my topic that I didn't know before doing this piece and I think someone reading this would learn a lot too.

3. **Do your second and third pieces show a clear understanding of the task you set out to complete?**

   Yes ✔   No ○   Could do better ○

   In this piece, the task was to write a blog and record it. I had written a lot of blogs before and read back through them, noting positives from those. This helped me to ensure I had varied vocabulary and a nice chatty tone for my blog and that the blog was on topic. I like writing blogs, and I know how to structure one and the tone it should have. I then had to record it, so I chose to do a video recording of me reading my blog, with some props that I could use that related to what I had written. I practised this first, and my friend did the camera work – we just used my phone and I saved it as part of my portfolio. It was important that I named this properly as I had a lot of recordings done for my portfolio, and I wanted to be clear what each one was.

4. In all your chosen pieces, did you show accuracy in your French grammar?

Yes ○   No ○   Could do better ✓

I proofread my piece and checked my spelling, verb endings, tenses, accents and punctuation.

5. In all your pieces, did you show varied vocabulary?

Yes ✓   No ○   Could do better ○

Before I began each piece, I planned what I wanted to write and did a first draft. I made a keyword list, and I found this helpful. I also read a lot of other pieces from the Textbook, watched videos and checked online too to see if there was anything extra that I would really like to use. I also tried not to repeat the same words but to use synonyms instead. For example: I used génial, super and amusant.

6. Were you creative in all your pieces?

Yes ✓   No ○   Could do better ○

I tried to use my imagination, and to think about each task before I did it so that if someone was to read it for the first time they would enjoy it. I tried to use different media – written, digital, audio, video, posters. This made sure I was creative and innovative.

7. Did you proofread all your pieces?

Yes ✓   No ○   Could do better ○

I proofread everything, taking my time and coming back to each piece a few times to make sure I had spotted and fixed any errors.

8. Drafting and redrafting: Did you assess your work, and write a second draft based on your assessment?

Yes ○   No ○   Could do better ✓

I found this useful and important. It made sure that if I wasn't happy about a piece, I knew what I wanted to change, and included that in my second draft. I used Mes étoiles and Mes voeux and Mon bilan d'apprentissage to help me.

- Read all your chosen portfolio pieces again. Imagine that you are not the person who created them, and that you are reading them for the first time. Do you find them interesting? Do you enjoy reading or listening to them? What do you learn from them? Are they creative?

- Now that you have thought about all aspects of your portfolio pieces and the journey of creating them, you are ready to complete your Reflection Note.

3. Sample CBA 2 – Reflection Note

School: Saint Joseph's College	Student: Conor Kennedy

Topic, role play or stimulus: Un blog de mon weekend

I chose this item because:

I enjoyed writing this blog. It is about a weekend I spent in the city with my cousins. Some of my blog is true but some of it is fiction, and this was fun to include, especially when I describe going to the final between France and Ireland. I love sport, and my cousins and I always go to matches together, so I could draw on that experience for my writing.

In preparation, I found it helpful to read back through the blogs in my book. I also found some blogs online. These were interesting, as I could read authentic online blogs and could choose some nice phrases from these to use in my own blog. I enjoy writing blogs – and being able to use fact and fiction meant that my blog was a lot of fun.

My assessment of my work

What I learned from creating this text:	What I would do differently next time:
I learned that it is important to plan and prepare before you write. It is good to draw on fact and fiction. It means you can have some fun with your writing. I also learned that blogs in French are like blogs in English: they have a chatty tone, they are about interesting topics and you get to write as if you are speaking to an audience. I also learned that when you have done a first draft, it is good to read back over your work, assess it and decide on changes you would like to make. Doing a second draft really made my work better. Proofreading it meant that I corrected any spelling or grammar errors I didn't spot in my first draft. Blogs in English and French have a lot of similarities.	I would try to keep a notebook with key phrases, and divide it into sections for different types of writing in French (e.g. blogs, diaries, interviews). It is nice to include chatty phrases in a blog, so I would have a good bank of these. I would also revise my verbs and tenses. I found I needed to check my verb tables and I would be more confident if I knew them off by heart. Blogs use a lot of past tenses, and I would revise these before writing the next time.
Student: Conor Kennedy	Teacher: *Madame Français*

Date: le 12 décembre 2019

The Assessment Task

When you have completed CBA 2: The Student Language Portfolio, you will then do an Assessment Task. The AT is a formal written task completed during class time, which is submitted to the State Examinations Commission for marking along with your final Written Exam, which you do at the end of Third Year. The Assessment Task is worth 10% of your total mark.

The Assessment Task is in two parts:

Part 1: You will be expected to **engage with** a short stimulus in visual, written, audio or audio-visual format (e.g. a video, a poster or a clip from TV/film/radio).

Part 2: You will be expected to **respond in writing** to the questions asked in the Assessment Task booklet, given to you by your teacher, using your experience as someone who has created texts in French (as you did for your Student Language Portfolio).

1. Build a variety of texts throughout Second Year and Third Year.

2. Read/watch/listen to the stimulus. Then reflect on the stimulus.

3. Write your answers in the Assessment Task booklet in class. You will be supervised by your teacher.

Remember that, by the time you come to do your Assessment Task, you will have had a lot of experience in putting your Student Language Portfolio together, reflecting on your writing and your journey in learning the French language. Use this experience to inform your answers.

The Final Written Exam

At the end of Third Year you will sit your Final Written Exam. You will be required to engage with, demonstrate comprehension of, and respond to stimulus material (advertisements, short reading passages, cartoons/infographics/signs/menus, etc.), which will include a listening section.

The layout may vary from year to year and you may be asked to read different items or to write in different styles, such as blogs, diary entries, form-filling and emails.

The listening section is 35% of your marks.

There is one exam paper at common level and this exam will last a maximum of 2 hours.

June of Third Year One 2-hour paper, with a listening section	The content and layout of the exam paper may vary from year to year.	The content of the paper is linked to the the course Learning Outcomes, which your teacher may share with you.

To prepare for your Final Written Exam, remember that everything you have done in French is linked to this. Practise reading, writing and listening by revising the different *Unités* and using each *Bilan de l'unité* to check what you know or need to revise further. In each *Récapitulatif* you have a list of the key words and phrases you met in that unit.

1. Final Written Exam checklist

When it comes to revising, it is handy to have a checklist. The checklist below includes writing styles, grammar points, reading styles and learning strategies that will help you prepare for your Final Written Exam.

Writing styles

Ensure you have revised the structure and key vocabulary for different styles of writing:

- Blogs
- Emails
- Forms
- Letters
- Postcards
- Menus
- Posters
- Brochures
- Reviews
- Interviews

Practise reading different kinds of French:

- Brochures
- Advertisements
- Menus
- Short articles
- Drama extracts
- Letters
- Emails
- Blogs
- Forms
- Posters
- Literary extracts
- Blurbs for novels
- Film/book reviews
- Tweets
- Interviews
- Cartoons

Grammar

Make sure you revise all the grammar points in your Textbook:

- Le présent
- Le passé composé
- L'imparfait
- Le futur simple
- Le futur proche
- Le conditionnel
- Les noms
- L'article défini
- L'article indéfini
- Les adjectifs
- Les adverbes
- Le comparatif
- Le superlatif

- Les pronoms sujets
- Le pronoms possessifs
- Les pronoms d'objet direct
- Les pronoms d'objet indirect
- Les pronoms disjoints
- La négation
- Les adjectifs possessifs
- Les prépositions
- L'article partitive
- Les verbes – réguliers et irréguliers
- Les verbes pronominaux

Practice

Get into the habit of:

- Proofreading your work
- Planning your work
- Drafting and redrafting
- Self-assessing and peer-assessing your work

Revision

Re-read the following sections of your Textbook:

- Civilization
- Astuces
- ICT

Also re-read extracts from books, blogs, conversations and other French texts.

Verbes irréguliers

	présent	passé composé	imparfait	futur proche	futur simple	conditionnel
Aller – to go						
Je	vais	suis allé(e)	allais	vais aller	irai	irais
Tu	vas	es allé(e)	allais	vas aller	iras	irais
Il/elle/on	va	est allé(e)	allait	va aller	ira	irait
Nous	allons	sommes allé(e)s	allions	allons aller	irons	irions
Vous	allez	êtes allé(e)(s)	alliez	allez aller	irez	iriez
Ils/elles	vont	sont allé(e)s	allaient	vont aller	iront	iraient
Avoir – to have						
Je	ai	ai eu	avais	vais avoir	aurai	aurais
Tu	as	as eu	avais	vas avoir	auras	aurais
Il/elle/on	a	a eu	avait	va avoir	aura	aurait
Nous	avons	avons eu	avions	allons avoir	aurons	aurions
Vous	avez	avez eu	aviez	allez avoir	aurez	auriez
Ils/elles	ont	ont eu	avaient	vont avoir	auront	auraient
Boire – to drink						
Je	bois	ai bu	buvais	vais boire	boirai	boirais
Tu	bois	as bu	buvais	vas boire	boiras	boirais
Il/elle/on	boit	a bu	buvait	va boire	boira	boirait
Nous	buvons	avons bu	buvions	allons boire	boirons	boirions
Vous	buvez	avez bu	buviez	allez boire	boirez	boiriez
Ils/elles	boivent	ont bu	buvaient	vont boire	boiront	boiraient

	présent	passé composé	imparfait	futur proche	futur simple	conditionnel
Connaitre – to know						
Je	connais	ai connu	connaissais	vais connaitre	connaitrai	connaitrais
Tu	connais	as connu	connaissais	vas connaitre	connaitras	connaitrais
Il/elle/on	connait	a connu	connaissait	va connaitre	connaitra	connaitrait
Nous	connaissons	avons connu	connaissions	allons connaitre	connaitrons	connaitrions
Vous	connaissez	avez connu	connaissiez	allez connaitre	connaitrez	connaitriez
Ils/elles	connaissent	ont connu	connaissaient	vont connaitre	connaitront	connaitraient
Devoir – to have to / to owe						
Je	dois	ai dû	devais	vais devoir	devrai	devrais
Tu	dois	as dû	devais	va devoir	devras	devrais
Il/elle/on	doit	a dû	devait	vas devoir	devra	devrait
Nous	devons	avons dû	devions	allons devoir	devrons	devrions
Vous	devez	avez dû	deviez	allez devoir	devrez	devriez
Ils/elles	doivent	ont dû	devaient	vont devoir	devront	devraient
Dire – to say						
Je	dis	ai dit	disais	vais dire	dirai	dirais
Tu	dis	as dit	disais	vas dire	diras	dirais
Il/elle/on	dit	a dit	disait	va dire	dira	dirait
Nous	disons	avons dit	disions	allons dire	dirons	dirions
Vous	dites	avez dit	disiez	allez dire	direz	diriez
Ils/elles	disent	ont dit	disaient	vont dire	diront	diraient
Être – to be						
Je	suis	ai été	étais	vais être	serai	serais
Tu	es	as été	étais	vas être	seras	serais
Il/elle/on	est	a été	était	va être	sera	serait
Nous	sommes	avons été	étions	allons être	serons	serions
Vous	êtes	avez été	étiez	allez être	serez	seriez
Ils/elles	sont	ont été	étaient	vont être	seront	seraient

Les verbes

	présent	passé composé	imparfait	futur proche	futur simple	conditionnel
Sortir – to go out						
Je	sors	suis sorti(e)	sortais	vais sortir	sortirai	sortirais
Tu	sors	es sorti(e)	sortais	vas sortir	sortiras	sortirais
Il/elle/on	sort	est sorti(e)	sortait	va sortir	sortira	sortirait
Nous	sortons	sommes sortie(e)s	sortions	allons sortir	sortirons	sortirions
Vous	sortez	êtes sorti(e)(s)	sortiez	allez sortir	sortirez	sortiriez
Ils/elles	sortent	sont sorti(e)s	sortaient	vont sortir	sortiront	sortiraient
Tenir – to hold						
Je	tiens	ai tenu	tenais	vais tenir	tiendrai	tiendrais
Tu	tiens	as tenu	tenais	vas tenir	tiendras	tiendrais
Il/elle/on	tient	a tenu	tenait	va tenir	tiendra	tiendrait
Nous	tenons	avons tenu	tenions	allons tenir	tiendrons	tiendrions
Vous	tenez	avez tenu	teniez	allez tenir	tiendrez	tiendriez
Ils/elles	tiennent	ont tenu	tenaient	vont tenir	tiendront	tiendraient
Venir – to come						
Je	viens	suis venu(e)	venais	vais venir	viendrai	viendrais
Tu	viens	es venu(e)	venais	vas venir	viendras	viendrais
Il/elle/on	vient	est venu(e)	venait	va venir	viendra	viendrait
Nous	venons	sommes venu(e)s	venions	allons venir	viendrons	viendrions
Vous	venez	êtes venu(e)(s)	veniez	allez venir	viendrez	viendriez
Ils/elles	viennent	sont venu(e)s	venaient	vont venir	viendront	viendraient
Vouloir – to wish / to want						
Je	veux	ai voulu	voulais	vais vouloir	voudrai	voudrais
Tu	veux	as voulu	voulais	vas vouloir	voudras	voudrais
Il/elle/on	veut	a voulu	voulait	va vouloir	voudra	voudrait
Nous	voulons	avons voulu	voulions	allons vouloir	voudrons	voudrions
Vous	voulez	avez voulu	vouliez	allez vouloir	voudrez	voudriez
Ils/elles	veulent	ont voulu	voulaient	vont vouloir	voudront	voudraient

Les verbes